W0105354

Karl Eduard Vehse
Bayerns Könige privat

Karl Eduard Vehse

# Bayerns
# Könige privat

Bayerische Hofgeschichten

Herausgegeben von
Joachim Delbrück

Anaconda

Vehses *Geschichte der deutschen Höfe seit der Reformation* (48 Bände),
Vierte Abteilung (Bd. 23–27): *Geschichte der Höfe der Häuser
Baiern, Würtemberg, Baden und Hessen* erschien zuerst 1853
bei Hoffmann und Campe in Hamburg. Als Textgrundlage
dieser Ausgabe diente der Band *Bayerische Hofgeschichten* von
Eduard Vehse. Herausgegeben von Joachim Delbrück.
München: Georg Müller 1922.

Die Deutsche Bibliothek verzeichnet diese Publikation in der
Deutschen Nationalbibliographie; detaillierte bibliographische
Daten sind im Internet unter http://dnb.ddb.de abrufbar.

© 2006 Anaconda Verlag GmbH, Köln
Alle Rechte vorbehalten.
Umschlagmotiv: Lorenzo Quaglio d. J. (1793–1869), »Kronprinz
Maximilian auf dem Alpsee vor Schloß Hohenschwangau«.
Photo: akg-images / Jérôme da Cunha
Umschlaggestaltung: dyadesign, Düsseldorf, www.dya.de
Satz und Layout: GEM mbH, Ratingen
Printed in Czech Republic 2006
ISBN-13: 978-3-86647-028-6
ISBN-10: 3-86647-028-2
info@anaconda-verlag.de

# INHALT

# Bayerische Hofgeschichten

# ALBERTVS IV. BOIARIAE DVX.

Iura tui generis, Boiæ, gentisque, tuentem
Nulla, ALBERTE, sinet, QVARTE, perire dies:
Ad belli fueras, ad pacis idoneus arteis,
Propositum, haud mirum, te tenuiße tuum,

# Herzog Albrecht IV.
## 1465–1508

Gemäß dem in allen deutschen Fürstenhäusern während des Mittelalters üblichen Brauch, die Fürstentümer unter die Fürstenkinder zu teilen und wieder zu teilen, verfuhr auch das Haus Wittelsbach. Der Traktat von Pavia vom Jahre 1329 gründete die Hauptbranchen Pfalz und Bayern, deren Besitztümer erst nach 450 Jahren wieder zusammengelegt wurden. Die Hauptbranche Bayern teilte hinwiederum: Seit Ausgang des vierzehnten Jahrhunderts bestanden die Unterbranchen: Ingolstadt in Ober- und Landshut und München in Niederbayern. Doch erfolgte glücklicherweise die Wiedervereinigung Bayerns schon zu Anfang des sechzehnten Jahrhunderts: die Linie Ingolstadt war schon 1445 ausgestorben, die Linie Landshut erlosch 1503 mit Herzog Georg dem Reichen.

Der rechtmäßige Erbe von Landshut war nun Herzog Albrecht IV. der Weise von der Linie München, der Urenkel des Stifters derselben, Johann, der 1397 gestorben war. Aber Herzog Georg von Landshut, welcher »der Reiche« zubenannt wurde, weil er 36 Städte, 57 Märkte, 67 Schlösser, 64 Klöster und einen großen Schatz von Geld und Kostbarkeiten hinterließ, hatte den Hausverträgen zum Schaden jenem nächsten männlichen Erben seine Tochter vorgezogen und durch Testament den Gemahl derselben, den Pfalzgrafen Ruprecht, einen nachgeborenen Sohn Philipps des Redlichen, Kurfürsten von der Pfalz, zum Erben eingesetzt.

Es entstand infolgedessen der Landshuter Erbfolgestreit, der von 1503 bis 1507 dauerte und für Bayern mehrere Verluste brachte. Von dem reichen Erbe fiel ihm zwar der Hauptstock zu, aber dafür mußten bedeutende Abtretungen gemacht werden. Bayern verlor damals die sogenannte junge Pfalz, an der Donau gelegen (so genannt im Gegensatz zu der alten Pfalz am Rhein, der Kurpfalz) mit den Hauptstädten Neuburg und Sulzbach. Diese junge Pfalz erhielt der pfälzische Schwiegersohn Ruprecht. Demnächst mußten die Bundesgenossen Bayerns für die geleistete Hilfe entschädigt werden: Württemberg erhielt damals Neustadt am Kocher, Weinsberg, Heidenheim und Kloster Maulbronn; Hessen erhielt Homburg von der Höhe. Endlich mußte auch noch der Unterhändler des Vertrags abgefunden werden: Kaiser Maximilian von Österreich, der Schwager Herzog Albrechts, nahm nicht ohne herbe Vorwürfe seines Eigensinns und seiner Treulosigkeit von seiten Bayerns das Unterinntal, Kufstein, Kitzbühel und Rattenberg: Der Verlust dieses Landgebiets mit seinen herrlichen Waldungen und Erzgruben und dem damals überreich fließenden Bergsegen war ein unersetzlicher Verlust für Bayern.

In dem Jahr vor Abschluß des für die Integrität Bayerns fatalen Landshuter Erbfolgestreites hatte Herzog Albrecht IV., der Weise, die Primogenitur durch die Urkunde vom 8. Juli 1506 festgestellt, in dem zweiten Jahr nach dem Vertrag, 1508, starb er. Von seiner Gemahlin Kunigunde, der Tochter Kaiser Friedrichs III. von Österreich, hinterließ Herzog Albrecht drei Söhne und drei Töchter; der älteste Prinz, Wilhelm IV., folgte.

# HERZOG WILHELM IV.
## 1508–1550

Herzog Albrecht IV., dem Wiedervereiniger Bayerns und Stifter der Primogenitur, sukzedierte kraft des Primogeniturgesetzes in dem gesamten Fürstentum Bayern sein fünfzehnjähriger Sohn Wilhelm IV.

Gleich in den Anfang dieser langjährigen Regierung fiel das große Ereignis der Reformation, das die ganze europäische Welt umgestaltet hat. Daß Bayern durch sie nicht umgestaltet wurde, verschaffte großenteils dieser junge Herr, der deshalb der Standhafte zubenannt wurde, er trat nicht zu der Glaubensbewegung, er blieb streng katholisch: Die großen weltlichen Vorteile, die andere deutsche Fürsten durch die Losreißung von Rom errangen, erteilte ihm Rom gutwillig zum voraus.

Schon seit Ende des Jahres 1521, wo der in die Reichsacht erklärte Luther auf der Wartburg saß, waren die Unterhandlungen zwischen dem päpstlichen Hofe und dem jungen Herzog Wilhelm eröffnet worden, die dahin abzielten, das Haus Wittelsbach, das, wie die hochgeliebten Weifen, schon in früheren Zeiten gute Hilfe gegen widerspenstige Kaiser und sonstige Feinde Roms geleistet hatte, in ein besonderstes Interesse zu ziehen, um in Bayern einen starken Keil des Widerstandes in Deutschland zu gewinnen, sowohl gegen die Glaubensneuerungen der Ketzer als gegen Kaiser Karl V. von Österreich, der sich sehr geschickt dieser religiösen Bewegungen bediente, um den römischen Stuhl die Kaisermacht fühlen zu lassen. Die Zeiten schienen ganz so angetan zu sein, als wenn das alte Spiel der Ghibellinen wieder spielen solle, Roms Furcht war gegründet, denn die Habsburger besaßen eine ungleich furchtbarere Hausmacht als die Hohenstaufen. Das Unterhandlungsgeschäft zwischen Rom und Bayern kam sehr

# GVILIELMVS IV. ALBERTI IV. FIL.
## BAIOARIAE DVX.

Stemma propagantem tibi, Boica, terra, GVILIELMV.
Moribus en priscis et pietate grauem:
Patrem expreßurus, si quà vsus forte fuißet.
Æmulus eße Pij poßet vt, egit, avi.

bald zu einem für Bayern sehr glücklichen Abschluß: Der Preis des engen Bündnisses war eine außerordentliche Verwilligung für die weltliche Macht der wittelsbachischen Fürsten auf Kosten der Kirche. Papst Hadrian VI., der Lehrer Karls V., sicherte dem Hause Bayern in dem fünften Teil sämtlicher Einkünfte von den in Bayern gelegenen Abteien eine ungeheure Schenkung zu, denn es gehörte mehr als die Hälfte des Grundes und Bodens von Bayern der Kirche. Ferner ward dem Hause Bayern ein bedeutender Einfluß auf die bischöfliche Gerichtsbarkeit in den ihm untergebenen besonders angeordneten Inquisitionsgerichten zugesichert. Und endlich – und das war die wichtigste Verwilligung, erhielten die nachgeborenen Prinzen des Hauses Bayern, die nach dem Primogeniturgesetz unversorgt waren, als Hausversorgungen nicht nur die bayerischen Bistümer zugesichert, sondern auch die westfälischen und die rheinischen Bistümer, insonderheit die reichen Bistümer Lüttich und Köln. In Köln haben von 1583 an bis 1761, also fast 200 Jahre lang, fortwährend bayerische Prinzen regiert; sie haben dadurch dem Hause Bayern eine ungemein bedeutende Macht im Nordwesten des Reiches beigefügt.

Dieses Bündnis mit Rom ward die Hauptursache, daß die bayerischen Herzöge die Reformation in ihrem Land – für die sich, wie in andern Ländern, und namentlich in den beiden Nachbarländern Süddeutschlands, Württemberg und Österreich, starke Sympathien erhoben –, von Anfang an und je nachdem die Umstände es nur irgend ermöglichten, mit eiserner Hand niedergehalten haben. Ein drastisches Exempel, das von dieser eisernen Hand frühzeitig in Bayern verhangen wurde, war der Flammentod des protestantischen Märtyrers Lienhard Kayser.

Lienhard Kayser, Pfarrvikar zu Waizenkirchen, Freund der neuen Lehre, hatte sich zu Luther nach Wittenberg geflüchtet. Kindliche Liebe führte ihn an das Sterbebett seines Vaters nach Bayern zurück, er ward verraten, angeklagt beim Bischof Ernst von Passau, Bruder Herzog Wilhelms und nachherigen Erzbischof von Salzburg, und starb, trotz der Verwendung Kurfürst Johann Friedrichs des Großmütigen von Sachsen, am 16. August 1527 den Märtyrertod. Über diesen Tod war Luther so erfreut, daß er die Worte schrieb: »Gelobt sei Gott in Ewigkeit, daß er unter so vielen Ungeheuern und Unwürdigen so einen herrlichen Anblick und Glanz seiner Gnaden beweiset und sehen hat lassen an diesem seligen Manne, daran wir merken können, daß Gott uns nicht verlassen hat. Er heißt recht und billig Lienhard, d. i. leuenhart, denn er hat sich beweiset als ein starker, unerschrockener Leue. Und er führt billig den Namen Kayser mit allen Ehren, denn er hat den überwunden, des Gewalt so groß ist, daß ihr keine auf Erden mag verglichen werden.«

Jenes Bündnis der Wittelsbacher mit dem päpstlichen Stuhl hat für ihre Stellung für die ganze Folgezeit entschieden. Sie erhielten, wie gesagt, durch reichlich vergoltene Treue dasselbe Ziel, das die andern Fürsten, die zur Sache des Protestantismus übertraten, zum Teil allerdings in weit größerem Umfang, vom Klostergut sich selbst nehmend, durch Abfall von Rom erlangten.

Herzog Wilhelm IV. war, als sich endlich Kaiser Karl V. mit Rom zur Unterdrückung der Ketzerei in Deutschland ernsthaft verband, der Alliierte desselben im Schmalkaldischen Krieg und zwar der geheime Alliierte: er diente ihm darum desto besser. »Der Kaiser wollte nicht«, sagt Mocenigo in einer Relation an seine Signoria vom Jahre 1548, »daß der Herzog von Bayern sich offen als Feind der Protestanten und als sein Freund bezeigte, wohl aber, daß er ihm insgeheim einen neuen Eid leiste, ihm als deutschem Kaiser ein gehorsamer Vasall sein zu wollen. S. Maj. bezog viele Lebensmittel aus dessen Staaten und erhielt insgeheim Geld von ihm, wie auch von seinem Bruder (Ernst) dem Erzbischof von Salzburg, war aber zufrieden, daß der Herzog sich noch mit den Protestanten hinhielt, wie er es tat; indem aus allen seinen Orten, wo jene durchzogen, ihnen Lebensmittel geliefert und sie als Freunde behandelt wurden, außerdem, daß er immer äußerte, die Vermittlung übernehmen zu wollen, woher unaufhörlich Schreiben und Boten hin und wieder gingen zwischen dem Herzog und dem Landgrafen von Hessen, was der Kaiser wußte und ihm sehr lieb war; denn durch dieses Mittel erfuhr er die Fortschritte der Feinde und hielt sie in Ungewißheit usw. Die Protestanten nahmen immer Rücksicht auf den Herzog und wollten nicht in sein Land dringen, um ihm nicht Schaden zu tun; wodurch der Kaiser in Bayern einen bequemen Ort hatte, sein Heer zu bilden.«

Bereits in diesem ersten katholischen Glaubenskrieg in Deutschland sprach Bayern die pfälzische Kur der zur Reformation übergetretenen Stammvettern an, die es erst im zweiten, im dreißigjährigen, erlangte.

Drei Jahre vor dem Krieg war der katholische Glaubensheld Bayerns, der Ingolstädter Professor Dr. Johann Eck gestorben, 1543, siebenundfünfzigjährig, der schwäbische Mönch (er stammte aus dem Dorf Eck im schwäbischen Allgäu), welcher einst mit dem sächsischen Mönch Luther 1519 die berühmte Disputation in Leipzig gehalten und an ihm seinen Meister gefunden hatte. In Norddeutschland hatte Eck die öffentliche Meinung, die Luther so entschieden in Süddeutschland bei den Gebildeten, bei dem Adel und den Bürgern der Städte gewann, nicht gewinnen können. Die Rohheit, mit der er die gelehrten Händel anfaßte, empörte, man skandalisierte sich über die scholastischen Klopffechtereien, mit denen er seine Theologie stützte, die er ziemlich unverhohlen als ein einträgliches Gewerbe betrieb.

Noch roher, wie die Art dieses Lehrers der bayerischen Hochschule, war die Lebensart der niederen Geistlichkeit in Bayern, unter deren Seelsorge das arme Landvolk gegeben war. Der Herzog von Bayern klagte nach Sarpi selbst bei den in Trident versammelten Vätern der Kirche, »daß er unter fünfzig Priestern kaum einen sich zu finden getraue, welcher nicht ein notorischer Übertreter des sechsten Gebotes sei.« Die bayerische Priesterschaft hielt sich damals ganz frei öffentlich ihre Konkubinen: noch im Jahre 1549 bat auf einer priesterlichen Versammlung zu Salzburg ein Teil der Geistlichkeit ebenso ehrerbietigst als treuherzigst: »daß man sie ihnen doch lassen möge.« Gemeine Landschaft hatte bereits im Jahre 1510 geklagt: »Hat die Krankheit Malafranzosen in diesem Lande ob fünfzehn Jahren gewährt und viele Menschen an Leib und Gut verderbt.« Erst in der zweiten Hälfte des sechzehnten Jahrhunderts unter Herzog Albrecht V., dem Nachfolger Herzog Wilhelms IV., ward das öffentliche Frauenhaus zu München aufgehoben. Erst 1570 setzte man 500 Gulden Strafe auf das Halten einer priesterlichen Genossin. Noch in der Instruktion für den großen Kurfürsten Max vom 3. Januar 1584 ward eingeschärft: »von dem Prinzen sonderlich ärgerliche trunkene geistliche Personen entfernt zu halten.«

Eine Verbesserung der Kirche – dem Licht gegenüber, das die Reformation in Sachsen angezündet hatte – mußte notwendig auch in Bayern gegeben werden, nicht bloß, was den Wandel der Geistlichen anbelangte, sondern auch den Unterricht, der überall in Bayern, selbst in der Hauptstadt München, selbst auf der Hauptuniversität Ingolstadt auf der untersten Stufe stand. Die Aushilfe hierfür gewährte die neugeschaffene Gesellschaft Jesu: Herzog Wilhelm erbat sich vom Papst Jesuiten, um die theologischen Lehrstühle in Ingolstadt zu besetzen, es ward ganz ernstlich der Plan ins Auge gefaßt, allmählich Ingolstadt zu dem Hauptbollwerke gegen Wittenberg zu machen.

Von den Personalien Herzog Wilhelms IV. des Standhaften, der durch den mit Rom abgeschlossenen Vertrag für Festhalten des Katholizismus keine geringe Stelle in der bayerischen Geschichte einnimmt, ist wenig bekannt. Der venezianische Gesandte Mocenigo sagt, daß er ein Fürst gewesen sei, »der nie unternehmend war, sich immer nur mit Jagen, Essen und Trinken vergnügt und zwar 250 000 Gulden Einkünfte gehabt habe, aber auch über eine Million Schulden.« Er starb zu München im Jahre 1550, nach zweiundvierzigjähriger Regierung, 57 Jahre alt.

Herzog Wilhelm hinterließ von seiner Gemahlin Maria Jakobäa, Tochter Markgraf Philipps zu Baden, außer seinem Nachfolger nur eine Tochter Mathilde, die wieder ins badische Haus, an den Markgrafen Philibert von Baden vermählt wurde.

Von Margarethe von Hausen hinterließ er einen natürlichen Sohn, der Georg Dux von Hegnenberg hieß und sich einen Namen gemacht hat: er war 1525 mit bei der Schlacht bei Pavia und half den König von Frankreich Franz I. gefangen nehmen, 10 Jahre darauf 1535 zog er mit Kaiser Karl V. nach Tunis und nahm den Gegenkönig Muley Hassan mit eigener Hand gefangen. Für jene Tat bei Pavia wurden ihm vier trauernde schwarze Lilien, für diese bei Tunis der Reichsadler mit der Inschrift: »Barbaria« in sein Wappen verliehen. Bei seiner Verlobung mit der Hofdame Wandula Paulstorffer am 1. August 1542 verlieh ihm sein Vater das Schloß und die Herrschaft Hof- und Alt-Hegnenberg im Landgerichte Landsberg in Oberbayern, einen ehemaligen Sitz einer alten adeligen Familie dieses Namens.

## ALBERTVS V. GVILIELMI IV. FIL.
### BOIARIAE DVX.

Te pietas, te prisca fides, defensaq; pacis,
   ALBERTE, æterna munia laude vehent:
Vnde, tibi quantum debet tua Boica tellus;
   Teutoniæ tantum debet et omne solum.

# Herzog Albrecht V.
## 1550–1579

Herzog Wilhelms IV. Nachfolger war sein zweiundzwanzigjähriger Sohn Herzog Albrecht V. Seine Gemahlin war seit 1546 Anna, die ältere Tochter des späteren römischen Kaisers Ferdinand I., eine Prinzessin, die deshalb merkwürdig ist, weil von ihr im achtzehnten Jahrhundert nach dem Aussterben der Habsburger in Österreich Karl Albrecht von Bayern, als römischer Kaiser Karl VII., sein Recht auf die erledigte österreichische Erbschaft ableitete.

In die erste Zeit dieser Regierung fiel der Zug des Kurfürsten Moritz nach der Ehrenberger Klause gegen Karl V. 1552, wodurch das zu Trident versammelte Konzil auseinandergesprengt wurde, der Vertrag zu Passau 1552 und der Religionsfriede mit den Protestanten zu Augsburg 1555. Der Herzog bezeigte sich, dazumal noch durch die bedenklichen Zeitläufte gedrängt, im Anfang gegen die Protestanten gemäßigt und zum Nachgeben geneigt. Durch Ausschreiben von 1556 ward der Genuß des Abendmahls unter beiderlei Gestalt und sogar Fleischgenuß an Fasttagen erlaubt. Albrecht selbst besuchte, man sagt sogar freiwillig, im Jahre 1561 die Predigten des evangelischen Pfarrers Pfauser zu Neuburg mit seinem ganzen Hofe. Im Jahre 1562 hatte das zersprengte Konzil seine Sitzungen wieder begonnen. Albrecht sandte an dasselbe seinen Rat Dr. Augustin Paumgartner und den Professor der Theologie zu Ingolstadt Couvillon, einen Jesuiten aus Flandern. Er ließ den Vätern den Antrag stellen, zu Vermeidung größerer Kirchenspaltung und zur Befriedigung der Gemüter in Deutschland überhaupt und in Bayern besonders die Priesterehe und die Kommunion unter beiderlei Gestalt zu gewähren, wie im Interim Karls V. schon geschehen war. Aber dieser Entwurf, der vielleicht in kurzer Zeit alle Spaltungen aufgelöst hätte, ward bekanntlich vom Konzil verworfen, da alle Bischöfe Spaniens und viele Kardinale der römischen Kurie widersprachen. Das alte katholische Priestertum und die alte katholische Satzung vom Abendmahl unter einer Gestalt ward von neuem bestätigt, am Schlüsse der Sitzungen des Konzils 1563 alle Ketzer feierlich verflucht.

Von jetzt an wirkte Herzog Albrecht V., während Maximilian II. gleichzeitig den Protestanten Religionsfreiheit in Österreich gab, und zum Teil erschreckt durch die Fortschritte, die der Protestantismus in Österreich machte, mit den Jesuiten in Bayern im allerstrengsten Eifer für den alten Glauben. Bayern ward förmlich gegen die Reformation hermetisch versperrt, die evangelischen Einwohner mußten ihre Habe verkaufen und aus dem Land ziehen, eine Menge vermögender Einwohner Münchens, zumeist Handelsleute, sind damals in die benachbarten Reichsstädte gezogen: schon 1570 klagte der Rat, »daß viel Häuser feil und wertlos stünden und über 100 000 Gulden jährlich durch den Abgang der Steuerzahler dem Stadtfiskus abhanden gekommen seien.« Alle evangelischen Beamten wurden entlassen, sogar den bayerischen Handwerksburschen war keine Reise zu den Ketzern mehr erlaubt, lutherische Bücher wurden haufenweise verbrannt, die strengste Zensur in die Hand der Jesuiten gelegt. 1569 erschien schon ein Index, ein Katalog verbotener Bücher in München. Man erforderte Berichte über Besuch des Gottesdienstes, der Messe, der Jahrtäge und die Erfüllung anderer Kirchenpflichten.

Die Jesuiten schlugen ihr Hauptlager in Bayern auf. Ignaz Loyola hatte im Jahre 1556 die förmliche Errichtung eines Kollegiums in Ingolstadt bewilligt, das man, als das letzte, kurz vor seinem Tod von ihm selbst noch bestätigte, »seinen Benjamin« zu nennen pflegte. 1557 ward es eröffnet, achtzehn Jesuiten umfassend, worunter ein Spanier, vier Italiener, ein Franzose, zwei Österreicher, zwei Rheinländer und sieben Niederländer und Norddeutsche. Darauf ward 1559 ein zweites Kollegium zu München eröffnet, dessen Rektor Theodor Canisius wurde, ein Stiefbruder des Provinzials von ganz Oberdeutschland Petrus Canisius. 1564 kam das dritte Jesuitenkollegium zu Dillingen im Bistum Augsburg noch hinzu. Von diesen drei Kollegien zu Ingolstadt, München und Dillingen aus wurden nun die Zwecke des Ordens ins Werk gesetzt. Die erste politische Tendenz desselben zeigte sich schon 1563, wo man die bisher noch vereinigte Provinz Oberdeutschland, wozu Bayern, Schwaben, Österreich und die Schweiz gehörten, trennte. Man bildete aus Österreich und Polen eine selbständige Jesuitenprovinz, und wahrscheinlich lag hierbei die Absicht zugrunde, daß sich in einer und derselben Provinz ein österreichisches und ein bayerisches politisches Interesse zugleich nicht wohl behandeln lasse. Eine zweite Spur der Einmischung des Ordens in fremdartige politische Zwecke tauchte in einer Schrift, die ums Jahr 1573 in München erschien, auf, die die Pariser Bluthochzeit vom Jahre 1572 verteidigte und mit Frohlocken pries.

Der Orden fing nun an, die Erziehung der bayerischen Prinzen zu übernehmen. Ein Jesuit des Münchner Kollegiums, Pater Menginus, ward Hofprediger und Beichtvater des mit einer lothringischen Prinzessin 1568 vermählten Erbprinzen Wilhelm V., dem Landshut als Residenz angewiesen wurde. Mengin war ein Landsmann der Prinzessin, ebenfalls ein Lothringer, ein stolzer, hochfahrender Mann, aber ein gewandter französischer Redner, Gesellschafter und Briefsteller, es gelang ihm, des innersten Vertrauens des fürstlichen Ehepaars sich zu versichern.

Im Jahre 1576 erwarb Herzog Albrecht V. mit seinem jüngsten Sohne Ernst, der seit 1566 Bischof von Freisingen war, ein Jubeljahr vom römischen Stuhl: drei Monate lang ward völliger Ablaß der Strafen erteilt. In demselben Jahr wurden die Gebeine des heiligen Benno, des Slawenbekehrers und Bischofs von Meißen, von Sachsen, wo man nichts mehr von ihm wissen wollte, nach München geführt: er hatte nie das Bayerland betreten, wurde aber jetzt sein erwählter Schutzheiliger gegen Hungersnot und Pestilenz. Zum Schutz der Feldsaaten wurden sogar in allen Kirchen wider die Feldmäuse Gebete zu diesem Heiligen angeordnet. München wurde nun recht das, was sein Name Monachium besagt, eine Mönchsstadt, ein Mönch war auch das Wappen der Stadt.

Die Jesuiten haben von Anfang ihres Auftretens an die Pracht neben der Andacht begünstigt. Herzog Albrecht war der erste Fürst von Bayern, der in ihre Prunktendenzen einging, um vor seinen Untertanen mit fürstlichem Glanz und Schimmer sich zu zeigen und dadurch seine Autorität zu steifen.

Die Hochzeit seines Erbprinzen Wilhelms V. zu München 1568 mit der lothringischen Prinzessin Renata ward mit größerer Verschwendung begangen, als selbst die des reichen Herzogs Georg von Landshut begangen worden war. Zur Ausstattung und Vermählung bewilligte die Landschaft die ungeheure Summe von 190 000 Gulden. Lange vorher schon waren Boten nach Rom und Spanien, nach Wien und Florenz und durchs ganze deutsche Land geschickt worden, um Papst, Kaiser, Könige und Fürsten einzuladen. Die Braut ward von dem Herrn von Maxelrain und Ritter Georg Preysing aus Lothringen »herbeleitet«. In der alten Hofrechnung wurden die Kosten zu 865 Gulden berechnet und noch 50 Gulden nachträglich für Preysing.

Vom 21. Februar bis zum 10. März dauerten die Festlichkeiten der Hochzeit. Auf die Turniere, die Ring- und Scharfrennen folgten Tanzlustbarkeiten und auf diese Feuerwerksglanz. Den Preis im Turnier trug ein bayerischer Herr Caspar Nothhafft von Achalming davon. Als eine besondere Art komischer Turniere wurden sog. Kübelstechen angestellt, wo die Ritter, zu dicker Ungestalt ausgestopft, von Blumenschnüren umzogen, sonderbar gemalte Kübel statt der Helme auf den Köpfen tragend, auf Sätteln, die nicht gegürtet waren, mit stumpfen Lanzen aufeinander rannten und sich zu leichtem Fall brachten, zur freudigsten Ergötzlichkeit der Zuschauer. Beim Hochzeitsmahl zeigte sich noch der ganze kopiose Luxus, mit dem Speise und Trank den Riesenmagen der eisernen turnierenden Ritter des Mittelalters zugeführt wurde: es wurden auf einmal 300 Speisen aufgetragen. Von Schauessen, einer beliebten Augenweide der mittleren Zeiten, waren fliegende Pfauen, laufende Hasen, Hirsche und Löwen und als ein ganz ausbündiges Stück eine Burg, die vollständig mit Mannschaft und Geschütz versehen war, zu sehen. Unter anderm ward eine Pastete aufgetragen von kolossalen Verhältnissen. Aus ihrem Innern stieg ein drei Spannen langer Zwerg heraus und spazierte auf der Tafel herum; er trug einen kleinen, schönen vergoldeten Küraß, hielt ein Fähnlein in der Hand und grüßte die Gäste ganz freundlich und zierlich. Dieser Zwerg, der Thomele hieß, gehörte dem Gemahl der schönen Philippine Welser; sein Küraß wird noch als eine Kuriosität im Rittersaal des Schlosses Erbach im Odenwald aufbewahrt.

Die Kosten dieser prächtigen bayerischen Hochzeit verrechnet eine von Westenrieder mitgeteilte Hofrechnung auf 125 604 Gulden.

Hans Wagner, Kanzleiverwalter zu München, und Heinrich Wirre, oberster Pritschenmeister in Österreich, haben alle Festlichkeiten dieses stattlichen Beilagers in Folio mit Holzschnitten illustriert herausgegeben, und letzterer hat sie auch in deutschen Knittelversen besungen.

Herzog Albrecht V. ist von seinen Zeitgenossen »der Großmütige« zubenannt worden: Diese Großmut betätigte sich vornehmlich in dem prunkvollen Aufwand, den er machte. »Ist«, heißt es einmal in der von Westenrieder mitgeteilten Hofrechnung, »Herzog Albrecht ein gottesfürchtiger, stattlicher und gar vernünftiger Herr gewesen, der gelehrte und kunstreiche Leute fast lieb hatte und Bayern zieren wollte von innen und von außen.«

Herzog Albrecht wollte Bayern und namentlich die Hauptstadt zum Hauptsitz der neuen Jesuitenkunst machen. Es zeigte sich bei ihm schon die ganz gleiche Überschwenglichkeit in dieser Richtung, wie sie sich in späteren Tagen bei König Ludwig wiederholt hat: München, obgleich in rauher Luft und in einer Sandwüste gelegen, sollte damals die glänzendste Oase der Jesuitendevotion werden. Es wimmelte schon damals an dem Münchner Hofe außer einer reichen Schar von Hofdienern, von Scharen von Malern, Bildnis- und Glasmalern, von Kupferstechern, Bildschnitzern, Bildhauern und Steinmetzen, es wimmelte von Spielleuten und Tänzern, von Narren, Spruchmachern und Kurz-weilern, von Diamant-, Rubin- und Kristallschneidern, von Goldschmieden und Juwelenhändlern, von Teppichwirkern, Sei-denstickern, Putz- und Federmachern, Büchsen- und Harnisch-machern, Feuerkünstlern und was dergleichen Leute mehr sind, die die mannigfaltigen Dinge lieferten, welche bei den weltlichen und kirchlichen Festen des Hofes gebraucht wurden. Albrechts Hofleben war eine Kette solcher Feste: Wenn er Gäste hatte, wenn er Kirchen besuchte, wenn er auf Wallfahrten ging, in allem zeigte sich seine überschwengliche Liebe zur Pracht. Die Gemä-cher seines Palastes zu München waren mit allem geschmückt, was die neu hervorgerufene Jesuitenkunst geschaffen hatte, auch die Lustschlösser wurden in demselben Stile montiert. Auf dem Starenberger See, im bayerischen Tirol, hielt der Herzog sich eine kleine Lustflotte, eine sogenannte »königliche Fregatte«, drei Schiffe von Lärchenholz mit eichenen Säulen und zierlich geschnitzte, bunt bemalte und vergoldete Gondeln. »1575, heißt es einmal in der erwähnten Hofrechnung, ist das große Hagel-wetter zu Starenberg gewest, ist der Herzog gerade auf dem See gefahren, hat die Leute und das Schiff jämmerlich abklopft, aber dem Herzog, Gottlob, nichts geschehen. Ist seine liebe Gemahlin nebst andern Frauenzimmern mehr dabei gewest, haben gebebet und gezaget, daß der Herzog Trost zusprechen müssen, aber nichts geschehen.«

Die bedeutendste Kunststiftung, die Herzog Albrecht in Bay-ern hinterließ, war seine berühmte Kapelle, Sie war die zu seiner Zeit vielleicht ausgezeichnetste in ganz Europa, und einer der größten Komponisten aller Zeiten, Orlando Lasso, stand ihr vor. Dieser moderne Orpheus, wie ihn seine Zeitgenossen nannten, stammte aus der Pflanzschule der Musik, den Niederlanden, er war zu Bergen im Hennegau geboren. Albrecht berief ihn 1557, fünfundzwanzigjährig, an seinen Hof, 1562 ward er Kapellmeister mit dem bescheidenen Gehalt von 400 Gulden. Kaiser Maximi-lian II. verlieh ihm 1570 den Adelstand, 1594, zweiundsechzig-jährig, starb er zu München.

Orlando Lasso ist der unsterbliche Meister der berühmten Motetten, die seine vier Söhne im »Magnum Opus musicum« gesammelt haben.

Unterkapellmeister war Johannes a Fossa, Orgelschläger Josephus de Lucca. Dazu waren im Jahre 1577 17 Sänger, 7 für die tiefe, 7 für die Mittel- und 3 für die hohe Stimme, und dazu 28 Instrumentisten, 7 Geiger, 11 Posauner, 9 Trompeter und ein Pauker in beständigem Sold. Durch diese Kapelle ward nicht nur die Kirchenmusik versorgt, sondern auch die italienische Oper eingebürgert. Sie führte in italienischer Sprache gedichtete und gesetzte Singspiele auf; dazu kamen italienische Pantomimen mit Tänzen untermischt, die von wandernden Italienern gegeben wurden.

Herzog Albrecht hat den Grund zu dem Gemäldeschatz Münchens gelegt und zur Bibliothek. Er berief aus Florenz unter anderen den Maler Peter Candid, einen Schüler Vasaris, eigentlich de Witte genannt, geboren um 1548 zu Brügge: er hat die 1500 Fuß lange und mit 25 offenen Bögen erhellte Galerie am Hofgarten mit Fresken geschmückt. Der Münchner Rottenhammer, der deutsche Tintoretto, und Christoph Schwarz florierten zu Herzog Albrechts Zeit, jener in Augsburg, dieser als Hofmaler in München. Alles, was nur bemalt werden konnte, wurde bemalt: 1572 wird unter anderm eine gemalte Wiege für den Hof erwähnt und 1589 vergoldete und gemalte Wachskerzen zur Lichtmeß.

Wie sein Zeitgenosse, Kaiser Rudolf II. in Prag, war Herzog Albrecht einer der ersten sogenannten »curieusen Herren«, er legte auch den Grund zu der berühmten späteren königlichen Schatzkammer, dem Antiquarium und dem Münzkabinett. In seiner Kunstkammer häufte er alte Münzen, Gemmen und andere Kunst- und Naturkostbarkeiten aller Art auf. »Item für eine Rüstkammer von H. Reymundt Fuggern erkauft um 3000 Gulden«, heißt es 1568. Aus Venedig kamen einmal 1571 »10 Truhen mit Antiquitäten« und 1579 »steinerne Bilder« (Statuen) von ebendaher. 1596 bestand das Verzeichnis der Kunstkammer schon aus 3349 Stücken.

In seinen Zwingern hielt Herzog Albrecht gezähmte wilde ausländische Tiere, Löwen und Leoparden, ein zahmer Löwe begleitete ihn auch, wie Kaiser Rudolf II., durch die Zimmer seines Palastes in München.

Herzog Albrecht stiftete eine Menge neuer Schulen in seiner Hauptstadt und im Land, und 1569 gab er eine allgemeine Schulordnung für Bayern. Sie war im Geist der Jesuiten. Auf den Knien, andächtig und züchtig, überlaut betend ward der Tag begonnen, das Büchlein von geistlicher Lehre des Canisius, der katholische große und kleine Katechismus, wurde dem Glaubensunterricht zur Grundlage gegeben, die Schulmeister angewiesen: »sie sollen wissen, daß es mit unserer heiligen Religion mehr um demütige Einfalt, als freche, spitzfindige und vermeinte Wissenschaft zu tun sei.« Zuweilen fanden öffentliche Prüfungen statt, die die Jesuiten mit vieler Leutseligkeit und besonders großer Prunkausstellung hielten, um Aufsehen, Bewunderung und Anhänglichkeit beim Volk zu erhalten. Mit diesen Prüfungen verbanden die Jesuiten lateinische Schau- und Singspiele, wobei ebenfalls die damalige burlesk-heilige Poesie mit Musik und Bühnendekoration verbunden war, neben den Heiligen spielten die Teufel, die sogenannten Schauteufel, die Lustigmacher- und Possenreißerrolle. Es gab damals eine eigne Poetenschule des Gabriel Kastner in München. Die Universität Ingolstadt ward nach und nach die Hauptuniversität des altgläubigen Deutschlands, ihre Professoren verfehlten nicht, ihre Geisteswerke dem dafür gnädig sich erzeigenden Herrscher zu Füßen zu legen. In dem alten Ausgabenverzeichnis des bayerischen Hofes vom Jahre 1575 heißt es: »Magistro Valentino Professor zu Ingolstadt von wegen Macherei eines Buchs und dessen Dedizirerei 20 Gulden.«

Man nannte Herzog Albrecht V. »den Vater der Musen, den Prächtigen, den Goldbrunnen, durch den alle Gebiete der Wissenschaft und der Künste überströmend, befruchtet würden«. Er war auch von Ansehen ein stattlicher Herr, ein rundes Gesicht voll Würde und Gravität, ein dicker Glatzkopf, ein spannlanger schwarzer Kinn- und Knebelbart, volle Gestalt, seine Kleider waren immer mit Gold, Edelsteinen und Ketten geschmückt. Er erschien nie ohne ein prunkvolles reiches Gefolge. Ebenso prächtig und stattlich angetan war seine Gemahlin, die Kaiserstochter Anna; auch ihre Kleider von Samt- und Seidenstoff, deren bauschige Ärmel an den Achseln aufgeschnitten waren, waren mit Juwelen behängt, um den Hals trug sie die zartesten Spitzenkrausen, das aufgeschlagene Goldhaar war gewöhnlich von einem kronenartigen Goldreifen umspannt.

Aber das Land dieser prächtigen Herrschaft verarmte über der Pracht des Hofes. Immer höher und höher wurden die Steuern getrieben, 1568 klagte die Landschaft, daß sie vervierfacht worden seien. Die erhöhten Aufschläge von Bier, Fleisch und anderen unentbehrlichen Lebensbedürfnissen machten das noch sehr wohlfeile Leben schon weit teurer, als es früher war, und steigerten auch den Lohn der Arbeiter. Man verminderte diese, und dadurch ward zugleich der Landesanbau vermindert. Die Güter wurden entwertet. Der Druck der Abgaben fiel endlich so. schwer, daß viele Dienstboten brotlos wurden, Bürger sich aus Städten und Märkten entfernten, selbst mehrere Schlösser des Adels feil wurden. Schon damals, wie heutzutage noch, empfand das bayerische Volk am schwersten den erhöhten Aufschlag auf das Getränke. Die Landschaft brachte laute Klagen darüber an, aber der Herzog, dem sein hochgebietender Minister, der Landhofmeister Graf Ott Heinrich von Schwarzenberg, zur Seite stand, wies sie barsch zurück mit den Worten: »Wer Wein trinken will, dem wird er fürwahr mit dem einigen Pfennig nicht verleidet, den er mehr zahlen muß. In anderen Ländern ist auch Getränkesteuer, mehr denn hier; das mindert Gewerb, Hantierung und Reisen nicht.« Um sich ganz sicher zu stellen, ließ sich Herzog Albrecht von seinem Schwager, Kaiser Maximilian II., 1566 das schon 1546 von Kaiser Karl V. erwirkte Privilegium, kraft dessen die Aufschläge, auch wenn der Zweck erfüllt war, der sie veranlaßt hatte, von der Landschaft nicht wieder aufgehoben werden konnten, noch mit der weit umgreifenderen Freiheit bestätigen, daß nicht nur die Aufschlagseinnahmen der Landschaft entzogen, sondern sie von dem Herzog auch über das

Festgesetzte noch erhöht sollten werden können. So verwandelte der Herzog die früher freiwillig gegebenen Steuern in Zwangssteuern und zwar in stehende Zwangssteuern. Er ließ den Ständen auf ihre Klagen 1568, in dem Jahre, wo die splendide Heirat des Erbprinzen war, zurückentbieten: »Wollen die Stände nicht gutwillig, alsdann sollen sie seiner fürstlichen Gnaden nicht für ungut halten, daß dieselben, was sie begehren, selbst ins Werk stellen.«

Eine schwere Not machte dem Land nächst der übermäßigen Hofpracht auch die übermäßige Jagdlust des Herzogs. Er hegte einen bedeutenden Wildstand, nach der Landesordnung von 1553 durften nur der Adel und die Geschlechter aus den Städten Hasen, Füchse und fliegendes Wildbret schießen oder fangen, der Landmann nicht, ja dieser durfte nach einer Verordnung des Herzogs von 1567 nicht einmal seine Ackerfelder mit hohen spitzigen Zaunpfählen umhegen, der Herzog befahl sie auszureißen, damit die Rehe und Hirsche sich daran nicht schädigen möchten. Jeder Landmann, der ein Wild erlegte, mußte schwere Buße erlegen, wiederholte er sein Vergehen, so ward er Landes verwiesen oder gehenkt. Das Land war voll von aus entlassenen Söldnern und Landsknechten Diebe und Räuber gewordenen zuchtlosen hungrigen Landstreichern und Strolchen aller Art. Dennoch aber ließ der Herzog den Landleuten, mit Ausnahme der Grenzdörfer, alles Schießpulver wegnehmen. Die Folge war, daß viele Bauern ihre Güter aufsagen mußten. Beim Landtag von 1570 ward angeführt, daß die Leute sich genötigt gesehen hätten, Brot von Baumrinde zu essen. 1572 lauteten die Beschwerden auf dem Landtag: »wie muthwilliger Weise von den Gerichtsamtleuten die armen Unterthanen tribuliret werden, auch wie sie fressen, spielen, das ist nun offenbar und am Tage etc. und gehen die Schmiralien bei den Räthen fast in Schwang. Nicht weniger thut sich der Wucher gar zu weit auf, indem von etlichen 8 und 10 procento, auch wohl Traid (Getreide) dazu genommen wird.«

Herzog Albrecht V., der Großmütige – oder vielmehr der Prächtige – zubenannt, starb zu München im Jahre 1579, einundfünfzig Jahre alt.

# HERZOG WILHELM V.
## 1579–1598

Des prächtigen Herzog Albrechts V. Nachfolger war sein ältester, seit 1568, zwanzigjährig, mit der lothringischen Prinzessin Renata vermählter Sohn Herzog Wilhelm V. Er war der erste Zögling der Jesuiten unter den bayerischen Fürsten, er war ganz mönchisch-fromm von ihnen erzogen, ließ sich ganz von ihnen leiten und übertraf sie noch an Devotion. Sie priesen ihn deshalb, wie später die Kaiser Ferdinand II. und Leopold I., über alle Maßen und stellten den unvergleichlich »frommen« Herrn aller Welt als Muster auf. Seit seiner Zeit hießen Altbayern und Tirol nur die Zünfte Benjamin und Juda. Was Spanien in Europa, ward Bayern in Deutschland.

Wilhelm V. trug Kahlkopf und schwarzbraunen Zwickel- und Kinnbart, wie sein Vater. Obwohl stark von Knochenbau, war er aber doch von zarter, schwächlicher Natur, das hatte ihn zu dem klösterlichen Leben geneigt gemacht, welches er seither – er war schon einunddreißig Jahre alt – geführt hatte. Er setzte es auch als Regent fort. Während er den Rosenkranz und das Agnus Dei betete, Messe hörte, wallfahrtete, versahen seine Räte, an deren Spitze der hochgebietende, prächtige und verschwenderische Landhofmeister Graf Ott Heinrich von Schwarzenberg, den Staat. Auch an Geist war Wilhelm V. nicht stark. Früher liebte er noch das Waidwerk, das Scheibenschießen und das Ballspiel. Später entsagte er auch diesen Lustbarkeiten. Nachdem er in neunzehn-jähriger Ehe bis zum Jahre 1587 mit seiner Gemahlin zehn Kinder erzeugt hatte, lebte er fortan mit ihr in der Kontinenz.

Nur die Kunstliebe behauptete lange über sein sonst den Welt-dingen abholdes Gemüt Gewalt. Hierin bezeigte er sich prächtig, wie sein Vater. Er vermehrte noch die Kapelle unter Orlando Las-

## GVILIELMVS V. ALBERTI V. FIL.
### BAIOARIAE DVX.

Tene patrissanitem sinerent pietasque fidesque
Obduci turpi. Dux GVILIELME situ?
Est tibi quo magis hæc virtus immo utraqʒ cordi.
Semper eris præsens hoc magis ipse Deo.

sos Leitung, es finden sich unter den »Kantoreipersonen«, die meistens Italiener waren, auch im Jahre 1593 in der alten Hofrechnung »sechs castrirte Buben«. Ebenso vermehrte er die Hofmaler und die Gemälde. Auch die Bücher wurden berücksichtigt. »Item, heißt es 1553, um funfzig Stück griechischer geschriebener Bücher für die Liberei von einem Griechenmann erkauft 312 Gulden.«

Am prächtigsten erzeigte er sich gegen die Kirchen und Kloster. Als er 1585 seine Wallfahrt nach Loretto mit nur vier Personen antrat, schenkte er der hochgelobten Jungfrau daselbst jenen massiven achtzig Pfund schweren silbernen Hängeleuchter von bewundernswürdiger Arbeit, der das heilige Haus jahrhundertelang heller als Tageshelle erleuchtet hat, nebst vielen andern Kunstwerken, Kleinodien und Diamanten. Sein Hauptmonument ist das große Jesuitenkollegium, das er seinen teuren Lehrmeistern zu München erbaute, und das an Pracht alle andern in Deutschland weit überglänzte: er ließ es für siebzig Professen in den Jahren 1583–1597 aufführen. Ein ganzer Schwarm von zum Teil italienischen Baumeistern, Bildhauern, Stuckatoren, Malern und Illuministen ward dazu verwendet: es war wie in Dresden anderthalb Jahrhunderte später beim Bau der katholischen Kirche, wo das italienische Dörfchen entstand. Selbst Wilhelms Mutter, Anna, stellte ihrem Sohn vor, er könne sich dadurch um Land und Leute bringen. Der Herzog tröstete sie aber damit, daß er dafür vier Klöster und die geistliche Dezimation erhalten habe, die auch auf 100 000 Taler anzuschlagen sei. Nur der Eskorial übertraf dieses Münchner Jesuitenkollegium in Europa an Pracht und Größe, es hatte 800 Fenster und lange marmorgepflasterte Gänge. Ärmlich dagegen war Wilhelms eigner Palast, die sogenannte Wilhelminische Residenz, später die Herzog-Max-Burg genannt, zu welcher er aber seit 1578 die sogenannte »neue Veste«, die nachher von Max vollendete kurfürstliche Residenz erbauen ließ.

Geistliche Schauspiele und Feste liebte Herzog Wilhelm V. am meisten und entfaltete in ihnen eine verschwenderische Pracht. Er selbst entwarf dabei das Zeremoniell. Für das alljährliche katholische Hauptfest, den schönen »Antlaß«, die Fronleichnamsprozession des Jahres 1580 wurden folgende Vorschriften für München erteilt: Es wurde gefordert, »daß die Person Gottes des Vaters sei lang, gerade, stark und wohlformiert, fast einer solchen Gestalt, wie der alte Doktor Six seligen ausgesehen. Auch war ihm anbefohlen, fein einen stetigen Gang an sich zu nehmen, wenig umzusehen und nicht sauer, noch lächerlich, sondern fein sittsam auszusehen. In Ansehung der Person Christi solle man, heißt es weiter, vierzehn Tage zuvor Obacht auf den Straßen, in den Kirchen usw. fleißig haben, um Personen zu ersehen von gehöriger Manneslänge, nicht zu dicke, von guter gesunder Farbe, wohlgebildetem länglichen Angesicht, ohne unförmliche Nasen, Schielen und Zahnlücken, von feinen Pysiognomien, nicht langen, grauen, sondern ziemlich kurzen, kastanienbraunen oder noch etwas lichteren Barten, mit zwei Spitzen, auch sonst am Leib nicht tadelhaftig, insonderheit aber sittsam und gottesfürchtig. Ferner hatten aufzutreten sechzehn Marien, deren die letzte und schönste im Gewölk fahrend, den Fuß auf Mondschein, fein sittsam doch fröhlich aussehen mußte. Demnächst: die Hohenpriester Melchisedech, Aaron, Hannas, Kaiphas usw. sollen teils dicke, lange, graue Bärte, teils gar kurze Knebelbärtchen, zwei kleine Zipfel am Kinnbacken, dicke aufgeblasene Gesichter haben, sonst auch von Leib dick sein oder aber, wenn ihnen dies fehle, habe man Kissen einzuschieben. Ähnliche Instruktionen erhielten die Pharisäer, Schriftgelehrten, Hirten, Henkersknechte, Riesen und Pharaonen, Adam und Eva, scheinbar nackt, und die Götter des Olymps. Zu den Riesen Goliath und Urias wurden zwei lange Schmiede verschrieben. St. Georg mußte noch ganz besonders ein schöner und der stärkste Mann der ganzen Stadt sein, als Retter der heiligen Königstochter Margaretha und um, wie ein anderer Tell, den Rachen des sie bedrohenden Lindwurms stark und richtig zu durchbohren, daß die darin verborgene riesige Blutwurst, das zuschauende Frauenzimmer selbst in den zweiten Häuserstökken und alles Volk umher unter ungemeinem Hin- und Herflüchten und Gelächter mit dunkelm Blut übergösse.« Dem Teufel, der Feuer ausspie, gab man einen halben Gulden und alle

Materialien, als Schwefel, Branntwein und Baumwolle. Dann folgten bei dieser Fronleichnamsprozession noch alle Brüderschaften in ihren Kutten, alle Stadtzünfte mit ihren Fahnen, Rotten geputzter Kriegsknechte eröffneten und schlossen den Zug in langen Reihen mit Bannern, Kreuzstäben, Zweigen, brennenden Lichtern, Blumen und Rosenkränzen.

Der Lizentiat Ludwig Miller verfaßte eine Beschreibung dieses schönen »Antlasses von 1580«: sie ist im 5. Band der Beiträge Westenrieders aus den Manuskripten des Münchner Augustinerklosters im Auszug mitgeteilt, das Ganze umfaßt einen Folioband von nicht weniger als 595 Blättern. Der Autor erhielt vom Hofe 1582 »wegen Ordnung und Verrechnung des schönen Antlaß 797 Gulden« und 1586 »1297 Gulden«.

Es war natürlich, daß es bei diesen heitern Prozessionen auch sehr heiter, ja wohl ausgelassen und ausschweifend zuging. Aber man lebte und webte darin. Jedes Städtchen, jedes Dorf, jedes Haus kannte seinen Schutzheiligen, dessen Gelübde und Feste mit Umgängen, Gesängen, Lichtern, Blumen und einer Menge Lustbarkeiten zu feiern, waren. Selbst der Herzog, so devot er war, liebte zur Abwechslung Gaukeleien und Narreteien. So heißt es in dem alten Ausgabenverzeichnis des Hofs beim Jahre 1580: »Wastian Zechen, dem Kammerdiener, um einen narreten fast kunstreichen Spiegel, der schlagen und wecken thuet auch teutsche und welsche Uhr zeigen thuet 38 Gulden«, und beim Jahre 1592: »Item den Seilergesellen, welche den Liendl in der Fastnacht in der neuen Veste geschützt und allerlei narretes Springen und Hüpfen verbracht 1 Gulden.« Und noch vier Jahre vor des Herzogs Abtritt beim Jahre 1594 heißt es: »Item einem Buffon oder narreten Kurzweiler um seine Narreteytreibung 15 Gulden.« Im Bayerland zeigte sich das neukatholisch-jesuitische Leben gar frohsinnig und behaglich.

Gleich beim Anfang der Regierung Herzog Wilhelms V., im Jahre 1580, hatte der Nachfolger des Petrus Canisius im Provinzialat und zugleich deutscher Übersetzer seines Katechismus, P. Hoffäus, um des Herzogs günstige Gesinnung durch geschmeidige Lehren zu belohnen, auf den Kanzeln frei öffentlich gepredigt: »Alles Zinsenzahlen sei ein Gott mißfälliger Wucher.« Der mit Schulden bis zur Höhe von 1 500 000 Gulden belastete Fürst hielt sich darauf von der Zinszahlung dispensiert. Um die Kirchen zu bereichern, fuhr er gleichergestalt wie sein Vater fort, Landsteuern auf Landsteuern zu häufen und die unentbehrlichen Lebensbedürfnisse mit erhöhten Aufschlägen zu belasten.

Doch waren noch bis in die Drangsalszeiten des Dreißigjährigen Krieges hinein diese Lebensbedürfnisse wohlfeil, und die Obrigkeit sorgte, daß sie nicht überteuert wurden. Die Hauptsache für München, das Bier, war gar wohlfeil: 1585 kostete der Eimer Märzbier bei Hof und auch das Stadtbier nur einen Gulden, das Maß fünf Groschen.

Trotz der noch sehr wohlfeilen Zeit war der Hof in steten Geldverlegenheiten. Es versuchte deshalb der Herzog nach dem mittelalterlichen Brauch sein Glück bald bei der Schatzgräberei, bald bei der Goldmacherkunst. Im Jahre 1590 kam aus Venedig ein berühmter Adept nach München, Marco Bragadino, ein Grieche, von Geburt aus Famagusta von der Insel Cypern, er kam mit einem stattlichen Gefolge von sechsunddreißig Dienern, zur Beglaubigung seiner Macht über die Geister brachte er zwei kohlschwarze Bullenbeißer mit, die ein satanisches Aussehen hatten. Der Münchner Hof empfing ihn, da er bereits bei Kaiser Rudolf II. stattliche Aufnahme gefunden, mit Aufmerksamkeit, er machte vor ihm eine Probe seiner Kunst. Nachdem er aber dem Herzog ansehnliche Summen abgelockt hatte, ward er als Betrüger erkannt. Er gestand alles, beschrieb sein ganzes Lug- und Trugleben mit eigner Hand und bat nur nichts davon bekannt werden zu lassen, seine Maitresse aber, Signora Laura, und sein übriges Gefolge wieder nach Italien reisen zu lassen. Er ward in einem mit Flittergold beklebten Kleid an einem gleichfalls vergoldeten Galgen an einem nicht minder vergoldeten Strick gehangen. Die Jesuiten aber erbaten sich seinen Leichnam und bestatteten ihn. Die unschuldigen schwarzen Dämonen wurden zugleich unter dem Galgen erschossen.

In derselben Zeit war auch die Hexenverfolgung im Gange. In der alten Hofrechnung heißt es von den Hinrichtungen derselben beim Jahre 1590: »Zu Schongau einige Hexen verbrannt, so viel geweint und gelamentirt und aber sich gut gericht haben.« Und 1591: »Item die zwei Hexen zu Weilheim verbrannt, haben sich gar schön gericht gehabt.« Es machten diese »guten und schönen« brennenden Hexengerichte diesem bayerischen Hofe dieselbe Freude, wie dem Hofe Don Philipps von Spanien die Auto da fés machten. Die Jesuiten handhaben die Inquisitionsgerichte mit unerbittlicher Schärfe, auf Entdeckung von Sektierern wie zum Beispiel der Wiedertäufer stand eine Belohnung von 40–50 Gulden. Der Hofprofoß Simon Franke mußte mit den vier Richtknechten der Stadt die Häuser des Fleischessens wegen visitieren: 1585 erhielten sie nach der Hofrechnung dafür 3 Gulden, 1587 4 Gulden. Im Jahre 1586 waren allein wieder sechshundert Personen jedes Alters und Geschlechts Gewissens halber aus Bayern ausgewandert. Der Beichtvater des Herzogs war umfassender geistlicher Glaubens- und Gewissensrat, die Jesuiten konnten alles durchsetzen. Ihnen zu Gefallen eilten, wie zur Hofgala, selbst die Prälaten der Klöster herbei, um bei ihnen die Übungen des heiligen Ignatius zu machen.

Ein Ereignis, das sich im Mai 1590 zu München zutrug, hätte den Vätern zum Spiegel der Selbsterkenntnis dienen können. Am 4. Mai wollte des Herzogs Baumeister Friedrich Sustris, ein Niederländer und Protestant, an dem von den Jesuitenbaumeistern erbauten Turm, der neuen Jesuitenkirche, der Michaelskirche, wo jetzt das prächtige Grabmal des Herzogs von Leuchtenberg von Thorwaldsen steht, ein Sinken bemerken. Die Jesuiten hielten auf des Herzogs Weisung sogleich einen Rat und faßten den einstimmigen kollegialischen Beschluß: »daß am Thurm keine Veränderung zu bemerken gewesen sei. Des akatholischen Baumeisters Bemerkung finde ihren genügenden Erklärungsgrund in dessen Mißbelieben gegen alle katholische Kirchthürme. Er habe auch, nachdem er mit den Herren Patres den Thurm von Innen besichtigt, es richtig befunden, daß daselbst nicht die mindeste Spur des

Sinkens anzutreffen sei, er beschränke sich darauf, wie ihm die Sache von außen vorgekommen sei.« Aber schon am 10. Mai morgens zeigte sich am Turm der Jesuiten ein ungeheurer Riß von oben. Man beeilte sich nun, die Kuppel abzutragen, die Glocken abzunehmen, den Turm selbst von der Kirchenmauer zu trennen, vor allen Dingen aber die benachbarten Häuser schleunigst räumen zu lassen. Schon am 11. abends erfolgte der Sturz wirklich, er war mit der Zerschmetterung eines großen Teils des Kirchengewölbes und einer großen Anzahl unten stehender Häuser verbunden. Doch kam kein Mensch dabei ums Leben.

Im Jahre 1598, nach neunzehnjähriger Regierung, trat der große Wohltäter der Jesuiten die Regierung Bayerns gegen eine jährliche Pension von 60 000 Gulden an seinen Sohn Maximilian ab. »Es mag wohl«, bemerkt Lang in seiner bayerischen Jesuitengeschichte, »damit so ganz freiwillig nicht hergegangen sein, wenigstens meldete ein in Padua studierender polnischer Edelmann, Stanislaus Przowisky, daß der Herzog Wilhelm durch die Jesuiten um die Gunst des Volks und endlich gar um sein Land gekommen sei. Dem mächtigen Prälatenstand in Bayern konnte es nicht anders als hoch mißfallen, daß man ihm den neuen Orden mit vollem (1597 ausdrücklich verwilligten) Prälatenrecht an die Seite stellte, der ihm in kurzer Zeit vier Klöster entzogen, sowie daß dieser nämliche Orden die jungen Klostergeistlichen zur letzten priesterlichen Ausbildung in seine Seminarien ziehe. Der Ritterschaft gereichte zur Beschwerde, daß der Orden anfing, adelige Hofmarken an sich zu kaufen, oder sich vom Landesherrn schenken zu lassen und heimfallenden Lehen aufzulauern. Adel und Volk allgemein mißbilligten das Hingehen der Domänen zu den Jesuitenniederlassungen in München, Altötting, Regensburg, den nach damaliger Art Ungeheuern Bauaufwand für Kollegium und Kirche in München, die dadurch erhöhten Landesschulden und Abgaben. Den Höfling endlich schmerzte es, daß der Herzog nur Jesuiten zugänglich und daß man durch sie nur ihm zugänglich war. Der vereinte Unwille aller Stände auf einer und der feste Sinn auf der anderen Seite, seine Schützlinge, die Jesuiten, nicht aufzugeben, hat allerdings zu solchen dringenden Anträgen und Alternativen führen können, aus welchen sich eine plötzliche Regierungsentsagung, die in der Regel niemals freiwillig geschieht und niemals aufrichtig gehalten wird, am deutlichsten erklären läßt.« Aretin in seiner Geschichte des Kurfürsten Max behauptet die vollkommene Freiwilligkeit des Akts seitens Herzog Wilhelms, und allerdings ist keine Tatsache bekannt geworden, die eine spätere Mißhelligkeit zwischen Vater und Sohn ins Licht stellte. Die Hauptveranlassung war jedenfalls die Finanznot: der erste Hof- und Staatsbeamte, Graf Ott Heinrich von Schwarzenberg, der 1590 starb, hatte nicht nur das Land, sondern auch sich selbst durch üble Wirtschaft und ungemessenen Aufwand in die Schulden gestürzt, und Herzog Wilhelm war ein so schwacher Herr, daß er seinem ersten Minister nur schüchtern Vorstellungen dagegen zu machen wagte: die von Aretin beigebrachten Briefe Herzog Wilhelms an Schwarzenberg zeugen von dieser Schüchternheit auf die auffälligste Weise.

Von seiner Abdankung an lebte Herzog Wilhelm in seinem bescheidenen Palast neben dem prachtvollen Jesuitenkolleg. Er und seine Gemahlin zogen die schwarze Kleidung an, wie Chorherren und Nonnen, auch ihre sämtlichen Hofbedienten gingen schwarz. Herzog Wilhelm speiste hinfort nur von irdenem Geschirr. Alltäglich bediente er zwölf Dürftige nach Anzahl der Apostel bei der Tafel, alljährlich bekleidete er zweiundsiebzig Arme, nach Anzahl der Jünger des Herrn, samt ihren Weibern. In dem von ihm gestifteten Pilgerhaus zu München bewirtete er jeden Betfahrter drei Tage, bediente ihn und wusch ihm die Füße. In dem ebenfalls von ihm gestifteten Siechhaus, Waisenhaus und Findelhaus zu München wartete und pflegte er die Kranken, nährte und bekleidete er die Kleinen. Der ganze Tag ward in Gebeten und Liebeswerken vollbracht. Zu Fuß, einen hölzernen Pilgerstab in der Hand, wallfahrtete der Herzog oft zu den Gnadenörtern der Hochbenedeyten in Altötting, Ingolstadt, Duntenhausen. Einsame »Clausen« hatte er in München und besonders in dem 1597 durch Tausch von seinem Bruder Ernst

Bischof von Freisingen erworbenen Schleisheim, demselben Ort, der nachher ein besonderer Freudenort für die bayerischen Fürsten wurde: in der Fastenwoche geißelte der Herzog sich hier bis aufs Blut und trug auf bloßem Leib ein grobhärenes Kleid. Seine Gemahlin teilte diese ganze schwärmerische Lebensweise mit ihm. Bei aller Härte derselben erreichten beide ein hohes Alter: Herzog Wilhelm lebte nach seiner Abdankung noch achtundzwanzig Jahre, er starb erst 1626 im achtundsiebzigsten Jahre, er sah noch den Kurhut auf seines Sohnes Haupt.

# KURFÜRST MAXIMILIAN I.
## 1598–1651

Nachfolger des frommen Herzogs Wilhelm V. war Maximilian I. Er war der größte Fürst, der jemals über Bayern geherrscht hat und der ihm den Kurhut erwarb. Seine lange dreiundfünfzigjährige Regierung dauerte durch den ganzen Dreißigjährigen Krieg, und er erlebte noch den Frieden.

Maximilian war am 17. April 1573 im Schloß zu München geboren, »an einem Freitag zu morgens ¼ vor vier Uhr im Vollmond und im Zeichen des Skorpions, und hat der hochwürdige Fürst und Erzbischof zu Salzburg Johann Khüen in der Neufest (der neuen Feste, der kurfürstlichen Residenz) in den mittleren Rundstuben getauft«.

Der Prinz ward von Jugend auf von seinem frommen Vater zu Gottesfurcht und Fleiß, doch einseitig und mönchisch angehalten. Die noch erhaltenen Instruktionen an die Lehrer Maximilians vom 3. Januar 1584, als er im Ausgang des zehnten Jahres stand, atmen ganz den Geist der Gesellschaft der Väter Jesu. Mit Gebet auf den Knien ward das Tagewerk morgens sechs oder halb sieben Uhr begonnen; dann folgte eine Stunde Grammatik, dann um acht Uhr »ein Morgensüppel«, dann die Messe, dann Memorienübungen bis eine halbe Stunde vor Tisch. Nach Tisch waren ein paar Stunden frei, zwei Uhr fing der Unterricht in lateinischer und deutscher Sprache wieder an. Dann folgte Musik bis eine halbe oder ganze Stunde vor dem Nachtessen. Mit Gebet ward der Tag ebenso um acht Uhr beschlossen, wie er am Morgen angefangen hatte. Das Oratorium, die Messe, Wallfahrt, Rosenkranz, das Pater noster, das Agnus Dei, das Ave Maria beim Geläut morgens und abends und das Benedicte und Gratias bei der Tafel, endlich als die tägliche geistliche Speise des ehrwürdigen

## MAXIMILIANVS, GVILIEL. V. FIL.
### BOIARIAE DVX.

Degeneres animos fas est oblivo tollat,
  MAXMILIANE, patrem tute refers et auū.
Ergo quando sinent pietasque fidesq̃ perire
  Patris auique decus, tu quoq̃ nullus eris

Vaters Canisius Hauptstücke christlicher Lehre füllten nebst den von den Jesuiten herausgegebenen Schulbüchern und den von ihnen gleichergestalt zubereiteten Leben der Heiligen die Tagesstunden zum großen Teil aus. Alle heidnischen Autoren waren verbannt. In den Erholungsstunden erlaubte die Instruktion des Vaters »mäßiges Umlaufen«, ritterliche Übungen, Reiten, Ball-, Kugel- und Schachspiel, Rohrschießen und Fischen, nie aber »sorgliches« Springen, weites In-die-Wettelaufen, Schwimmen, Würfel oder Karte. Nie durfte der Prinz allein sein, mit niemand einsam sprechen, Schalksnarren, Gaukler, Springer, »sonderlich ärgerliche trunkene, geistliche Personen« sollten streng entfernt gehalten werden. Dem Hofmeister und den Präzeptoren wurde eingeschärft, daß man sie wegen ihrer Bescheidenheit, Treue und Gutherzigkeit um so mehr lieben werde, als wegen der Rute und tragenden Amts halber fürchten.

Als Max zum Jüngling heranwuchs, traten als Haupteigenschaften bei ihm hervor: Liebe zum Ruhm und stiller, fester Fleiß zu den Geschäften. Auf der Universität Ingolstadt schloß er die wichtige Jugendfreundschaft mit dem nachmaligen Kaiser Ferdinand II.; er trieb hier mit Eifer Jurisprudenz, Philosophie, Geschichte, Mathematik, von den Klassikern lernte er Tacitus, Cicero, Xenophon kennen. In der Ferienzeit besuchte er gern den Hof des Pfalzgrafen Philipp Ludwig zu Neuburg, der zwar eifriger Protestant war, aber wegen seines Reichtums und seiner Regentenklugheit in großer Reputation stand; zudem war sein Sohn Wolfgang Wilhelm, derselbe, der die rheinischen Herzogtümer Jülich und Berg erwarb, sich konvertierte und sein Schwager ward, sein Freund von Jugend auf; vielleicht kam Max auch noch deshalb gern nach Neuburg, weil er hier nach Herzenslust seine Lieblingsneigung, das Waidwerk, pflegen konnte. Doch begleitete ihn überallhin der Jesuitenpater Gregor von Valenzia. Wie blind der sechzehnjährige Jüngling in den Seilen der Väter der Gesellschaft Jesu ging, das beweist eine Auslassung, die er auf ein Gerücht von der Ermordung Heinrichs IV. von Frankreich von Ingolstadt aus unterm 21. August 1589 an seine Mutter schrieb: »Gestern habe ich mit großer Freude verstanden, daß der König von Frankreich umgebracht sei. Wenn solches wahr wäre, hätte ich mich dessen noch höher zu erfreuen.«

Im Jahre 1591 kehrte Max von Ingolstadt nach München zurück, um nun, achtzehn Jahre alt, von dem Vater selbst in die Staatsgeschäfte eingeführt zu werden. Das geschah zwei Jahre hindurch, dann begab er sich auf eine größere Reise, die über vier Monate dauerte und nach Italien und Lothringen ging. Am 4. Juli 1593 war Max wieder in München. Zwei Jahre später, am 6. Februar 1595, vermählte er sich im Palast zu Nancy mit seiner Kusine Elisabeth von Lothringen, Herzog Karls Tochter; die Kosten der Hin- und Herreise zur Hochzeit verrechnet die mehrfach angeführte Hofrechnung auf 51 448 Gulden. Seit seiner Vermählung ward Max von seinem Vater als Mitregent angenommen.

Über das Verhältnis, das zwischen beiden Fürsten, Vater und Sohn, bestand, belehrt ein merkwürdiges Schreiben, das der Vater, ein Jahr nach der Hochzeit, unterm 15. Februar 1596 aus Dachau an den Sohn abgehen ließ: man ersieht aus demselben, daß der Sohn dem Vater über die üble Finanzverwaltung Vorstellungen machte und der Vater dem Sohn über seine Jugenddebauchen.

»Ob du mir gleich gestern nichts gesagt, wie du dich befindest, so merke ich doch, daß du nicht so wohl auf seiest, als du dich stellest. Dieses sehe ich gar nicht gerne; und ob ich gleich nicht weiß, wie der Handel beschaffen sei, so kommt mir doch vor, es möchten, im Falle du so übel disponirt bist, wie ich es fast selbst wahrgenommen, vielleicht zwo Ursachen daran Schuld sein. Erstlich Melancholie und Kummer und dann Unordnung im Essen, Trinken und andern Excessen, es sei bei Tag oder bei Nacht. Ich habe deswegen den Dr. Meermann zu dir hingeschickt, um zu sehen, was dir fehle. Verhehle ihm nichts, was er zu wissen braucht. Das übrige aber vertraue mir. Gesetzt also, daß ich die Ursache errathen habe, so meyne ich, du sollst dich diese Sachen, die, wie ich leicht ermessen kann, hauptsächlich den Zustand Unseres Kammerwesens betreffen mögen, so hoch nicht zu Gemüthe ziehen u. s. w. Ich hoffe, wie so viele andre gute Leute zu Gott, es sei der Sache noch gar wohl mit der Gnade Gottes zu helfen u. s. w. Was die Unordnung im Essen und Trinken betrifft, habe ich selbst, wie mich dünkt, solches wahrgenommen, und daß du viele Sachen in Gedanken oder vielleicht aus Vorsatz issest, die gewiß für deinen bösen Magen und Komplexion lauteres Gift sind u. s. w. Alles dieses kann sich der Mensch leicht abgewöhnen u. s. w. Geht aber sonst auch was anderes vor circa actus et excessus nocturnos oder daß etwa dein Schaden sich auch noch rührt, so hast du solches fleißig in Acht zu nehmen. Ich wollte an deiner Stelle in diesem Allem mit Rat des Dr. Meermann handeln. Er ist treu, klug und discret u. s. w. Bedenke, was du Gott, mir, dir selbst, deiner Gemahel, der Succession und dem Vaterlande schuldig bist u. s. w. Verschweige nichts und simulire nicht (wie du, wie mich dünkt, bisweilen thust), wenn du dich nicht wohl befindest.«

Zwei Jahre nach Erlaß dieses Briefes, am 4. Februar 1598, wurde Max, fünfundzwanzigjährig, durch Resignation seines Vaters alleiniger Herr in Bayern.

Maximilian war nur von mittlerer Gestalt, aber festen Körperbaues, die Beine fast zu mager, seine Haltung war würdevoll, ernst und gefällig. Die Stirn war hoch, die blauen ernsten Augen durchdringend in der Nähe, doch nicht in die Ferne tragend. Er begann seine Regierung damit, daß er mit seiner Gemahlin zu Fuß eine Wallfahrt zur heiligen Jungfrau in Altötting tat; er legte ihr sein Lebensgelübde zu Füßen, ihr mit Gut und Blut zu dienen, und er hielt dieses Gelübde bis zum Tod fest im Gedächtnis. Vor demselben noch ließ er sich ein nach Altötting geschenktes goldnes Kästchen bringen, legte einen Zettel hinein und sandte es, vom Goldschmied vorher zugelötet, wieder zurück. Seine Gemahlin, die es öffnen ließ, fand ein Blatt, worauf mit seinem Blut geschrieben war: »In mancipium tuum me tibi dedico consecroque, virgo Maria, hoc teste cruore atque chirographo Maximilianus peccatorum coryphaeus.« Tagtäglich betete Max vielmals auf den Knien, die davon, wie gesagt wurde, hart wie Stein geworden sind. Er übernahm die stärksten Fasten und Kasteiungen an seinem Körper. Beständig führte er ein Kästchen mit sich herum, man glaubte, es enthalte Juwelen, nach seinem Tod fand man, daß es die Bußwerkzeuge waren, eine Geißel, harne Seile, eiserne stachlige Ketten.

Wie die Jesuiten, wollte Herzog Maximilian sein Leben im Dienst der hochgelobten Jungfrau Maria zubringen, aber er tat es, ohne wie sein Vater sich dabei von ihnen regieren zu lassen, selbständig und nach seiner Weise. Maximilian war ein durchaus auf sich selbst feststehender Charakter, die Jesuiten fanden an ihm ihren Meister. Frühzeitig schon hatten sie ihm zu schmeicheln gesucht, schon in seinem elften Jahr hatten sie ihn zum Präfekten aller marianischen Brüderschaften in Deutschland erwählt. Er aber ging seinen eigenen Gang. Um die Väter Jesu in Bayern nicht ganz allmächtig werden zu lassen, berief er die Kapuziner, die ihnen im Volk furchtbare Nebenbuhler wurden. 1600 bauten sie das erste Kloster in München, und bald war keine Stadt und kein Städtchen mehr im Land, wo sie nicht ihre Klöster hatten. Sie verdrängten die in alle Laster versunkenen Franziskaner, die Bettelmönche, sie legten sich aufs Predigen und auf die Seelsorge. Diese munteren Kapuziner waren reformierte Franziskaner, und man nannte sie die »Pudelhunde der Jesuiten«. Sie führten die mittelalterlichen Geißelungen wieder ein: »Den 25. März (1624) heißt es in einem alten, von Westenrieder mitgetheilten Tagebuche Abraham Kern's von Wasserburg, an unser lieben Frauentag haben sich in unser lieben Frauen Kirchen bey dem Miserere Ihr sechs Personen auf Anweisung der Herren Kapuziner öffentlich gegeißelt, so dem Volke noch seltsam, und viel zugelaufen, wenig Andacht gewest.« Auch ging die Sache, wenigstens wenn Frauen gegeißelt wurden, gar nicht auf Andacht allein. Am 3. April 1721 schrieb eine wohl in den Praktiken unterrichtete Katholikin, die Herzogin von Orleans, Mutter des Regenten: »Das Ruthenhauen ist ein Ragout von Debauchen; bei Pfaffen ist es mehr (mehrmals) geschehen.« Auch die Fegfeuerpredigt ward von den Kapuzinern stark getrieben und der Glaube mit handgreiflichen Argumenten gesteift. »6. März 1626, berichtet das angezogene Tagebuch, hat Pater Stephan, ein Kapuziner, so allhier in der Fasten bei S. Jacobs Gotteshaus gepredigt, ab der Canzel eine schwarze (abconterfeite) Hand herabgezeigt und vermeldet zu dem Volke, wie zu Altheim bei Horburg in der Margrafschaft Burgau ein Bauer zum Wahrzeichen der Pein, so er in dem Fegfeuer leidet, einem Schneider diese Gestalt der schwarzen Hand in einen Stuhl mit einem Streich geschlagen, und solches durch seine Stimme angezeigt, so anno 1625 beschehen soll sein, darüber das Volk, daß ein wahres Fegfeuer sei, zu glauben ermahnet.«

Max berief später nächst den Kapuzinern auch die barfüßigen Karmeliter, nachdem ihn ihr Oberst Pater Dominik de Jesu Maria in die Prager Siegesschlacht begleitet hatte. Doch behielt der Herzog einen Jesuiten, den P. Buslidius, zum Beichtvater.

Als die Jesuiten den überlegenen Geist sahen, den sie in Maximilian vor sich hatten, fügten sie sich ihm dienstwillig und bequemten sich, sich ihm als politische und diplomatische Werkzeuge anzubieten. Während der Herzog in seinem kleinen schmucklosen Kabinette der Residenz zu München den größten Teil des Tages oft bis Mitternacht den Geschäften obliegend, alles selbst las, prüfte und entschied, durchzogen sie die Länder und Reiche und beobachteten, unterhandelten, libellierten und intrigierten für ihn. In dieser Stellung erhielten sich die Jesuiten bei Herzog Maximilian die zwanzig Friedensjahre vor dem Dreißigjährigen Krieg, die mit so vielen Negoziationen angefüllt waren, und den ganzen Dreißigjährigen Krieg selbst durch. Es war allerdings keine dominierende Stellung mehr, wie sie zu Zeiten Herzog Wilhelms V. es gewesen war, es war eine untergeordnete Stellung. Aber die feinen Weltpriester beugten sich, wie sie stets getan haben, mit freudiger Selbstverleugnung dem überlegenen Geiste und der der Gebenedeiten mit völliger Hingebung geweihten Tugend des Herzogs.

Nur im Volke suchten die Jesuiten sich fort und fort immer festeren Boden zu machen. Sie traten jetzt als Wundertäter auf. Sie empfahlen den Frauen in Kindesnöten die in schweren Kästchen verschlossenen Kleiderreliquien des h. Ignatius, um durch eine mäßige Beschwerung des Leibes die Geburten zu erleichtern. Ja sogar ihre Ordenssatzungen, das Corpus Constitutionum, das im Jahre 1600 ein Jesuit einer vierundzwanzigjährigen Frau empfahl, nachdem sie in ihren Kindesnöten sich vergeblich der Amulette bedient und sich an drei berühmte Wallfahrtsorte verlobt, hatten, ebenso angewandt, die glückliche Wirkung, daß die Frau nach drei Stunden einen gesunden Knaben gebar.

Maximilian erkannte mit scharfem Blick, was nach ihm der Große Kurfürst in Brandenburg erkannte, die bayerischen Nachfolger aber, in den Hoftrouble versunken und von ihrem Adel mißleitet, verkannten. Maximilian schrieb unter den Monitis paternis an seinen Sohn Ferdinand Maria: »Nach Gott und der Liebe des Volks sind ein tüchtiges Kriegsheer, stets bereite Geldsummen und gute Vestungen eines Fürstenthums vorzüglichste Stützen.«

Die Regierung Herzog Maximilians war im eigentlichsten Sinne des Wortes eine Selbstregierung. Er war »ein Wunder von Arbeitsamkeit«. Die Bemerkungen und Resolutionen, die er an den Rand der an ihn eingegangenen Briefe und Vorstellungen zu schreiben pflegte und von denen mehrere Tausende noch vorhanden sind, zeugen von Sachkunde, treffendem Urteil und gesundem Witze. Er ordnete ohne Dienstentlassungen den Haushalt am Hofe. In allem drang er auf genaue Rechnung. Er übernahm mit fester Hand die Reform des durch die Finanznot unter seinen zwei Vorgängern zerrütteten Landes. Auf dem ersten Landtage, den er 1605 hielt, übermochte Max die Stände, eine Million Schulden zu übernehmen, er versprach dafür, niemals neue Schulden außer im Falle notorisch kundbarer Landesnot zu machen. Er übermochte sie ferner, eine halbe Million Defensionshilfe zur Befestigung der Städte, namentlich Ingolstadt, Schärdings, später auch Münchens, zu bewilligen. Er übermochte sie endlich, die Gefalle seiner Kammer mit 150 000 Gulden zu verbessern. Als die Stände Schwierigkeiten machten, womit sie ihn »gleichsam, wie man sagen möchte, an die Wand drücken wollten«, drohte er ihnen: »daß er wissen werde, Mittel zu ergreifen, sich bei Land und Leuten und in fürstlichem Stande zu erhalten«. Einen zweiten Landtag hielt er 1612 und dann nie wieder bis zu seinem Tode, im ganzen Dreißigjährigen Kriege nicht einmal. Er deckte die Bedürfnisse des Staats mit den 1612 im voraus auf neun Jahre bewilligten Steuern, die er sodann auch für die ganze Dauer seiner Regierung beibehielt, und mit dem Alleinhandel mit dem Weißbier, das die Städte nicht brauen durften, und mit dem bayerischen Salze, das er auf eigene Rechnung sieden ließ. Besonders das Weißbier brachte viel ein: es wimmelten, wie ein Erlaß von 1605 sagt, die Wein-, Met- und Bierhäuser tags und nachts von Zechern.

Den Zustand der Finanzen hüllte Max in ein allen andern undurchdringliches Geheimnis. Die Fundamente seines guten Staatshaushaltes waren nächst dieser Wirtschaft im stillen und geheimen Einfachheit der Verwaltung und sichere Wahl guter Beamter, die er scharf kontrollierte. Er stellte jeden auf den rechten Platz.

Es gelang ihm, immer Geld zu haben; er sammelte sogar noch einen Schatz. Er verwandte große Summen auf Bauten. Sein Hauptbau war das Zeughaus und die 1619 vollendete kurfürstliche Residenz in München. Er fand auch Geld zur Vermehrung der Gemäldesammlung, namentlich mit Bildern von Albrecht Dürer. Gelehrte Leute belohnte er stattlich, so den Stadtpfleger Markus Welser, den Verfasser der Rerum boicarum, der 1614, sechsundfünfzigjährig starb. Das Hofausgabenverzeichnis berichtet zum Jahre 1602: »Item Marco Vilsero für seine bairische Historienmacherei 300 Gulden jährlich.«

Ein zweites Hauptaugenmerk für Herzog Maximilian war die Justiz: er gab Bayern im Jahre 1616 ein neues Gesetzbuch, das Landrecht. Ein tiefeingewurzeltes Laster, namentlich bei den Adelspersonen, war der Ehebruch, der mit Geldstrafen abgebüßt wurde: 1605 verrechnete der Münchner Rentmeister in seiner Amtsrechnung über dreihundert uneheliche Kinder, »derjenigen nicht zu erwähnen, die nicht angezeigt wurden«. Dabei stand die Bemerkung: »Es wollen sich auch sehr viele Adelspersonen in diesem Laster finden lassen.« Maximilian setzte im Jahre 1635 auf Ehebruch bei Männern fünfjährige und siebenjährige Landesverweisung und bei wiederholtem Pönfall das Schwert; bei Frauen ward zwischen dem Bürger- und Bauernstand und dem Adelstand unterschieden: Frauen jener beiden Stände traf fünfjährige Landesverweisung, adelige Frauen der Verlust aller Ehrenrechte und bei wiederholtem Pönfall ward hier ebenfalls bei allen drei Ständen das Schwert angedroht. Das Laster war aber so tief eingewurzelt, daß Maximilian durch ein späteres Reskript doch wieder diese Strafen mildern mußte. Auch bei Mord kamen Adelspersonen noch mit einem Strafgelde durch: so büßte Wolf Wilhelm von Seiboltsdorf im Jahre 1599 einen Mord mit Zahlung von tausend Gulden ins Hofzahlamt. Die Strafgelder des Adels bildeten eine nicht unbedeutende Hofrevenue: es kamen solche Strafgelder zu 4000 und 6000 Gulden vor.

Nächst der Finanz- und Gesetzreform, die Maximilian durchsetzte, war die allerwichtigste die des Heeres. Da es noch kein stehendes Heer gab, bildete er sich einen kleinen stehenden Kern besoldeter Truppen, die den Namen der »Auserwählten« führten. Sie wurden nach einer 1600 anbefohlenen Generalmusterung an den Feiertagen im Gebrauch der Feuerwaffen unterrichtet und genossen besondere Privilegien. Keiner vom achtzehnten bis zum fünfzigsten Jahre erhielt das Bürgerrecht, kein Gesell oder Bauernbursche durfte heiraten, bevor er sich nicht in der Muskete hatte abrichten lassen. Um eine Uniform diesen Auserwählten zu verschaffen, ward anbefohlen, daß die Schneider bei Strafe künftig nur Hosen und Wams nach neuem Schnitt sollten fertigen dürfen. Es hielt aber sehr schwer, dies Hosenmandat vom Jahre 1602 bei dem Bauernstand durchzusetzen, der seine engen, gespannten Hosen, wie sie die Ungarn tragen, mit den weiten, wie die Schweizer sie angenommen hatten, nicht vertauschen wollte. Der Herzog stellte aber der Landschaft vor, daß es unmöglich sei, »daß sich der Bauersmann in der alten Hosenform recken, strecken und bewegen könne, wie er sich im Felde strecken und bewegen solle«, und befahl 1605, daß kein lediger Bauer-

48

sohn oder Knecht anders als in den neuen Hosen und Wamsen samt dazu passendem Hut auf den Tanzstätten zugelassen werde.

Seit dem Jahre 1610 war der tapfere und weise Wallonenobrist Tilly in bayerischem Dienste. Max stellte ihn sogleich an die Spitze seines Kriegsrats. Er hüllte auch das Landesdefensionswerk in ein undurchdringliches Geheimnis. Niemand selbst im Lande sollte die Stärke der ausgewählten Mannschaften kennen, seinen Räten und Kanzleiverwandten gebot er tiefes Schweigen. In einem eigenhändigen Handbillett schrieb er dem Geheimen Rate: »Es ist ein Spott und zum Erbarmen, daß bei dem Kriegsrath und der Kanzlei so gar kein Geheim ist. Wollets ihnen vorhalten und bedeuten, daß wenn ich einen wieder ertappe, ich einmal einen Kriegsprozeß vornehmen und mit Würfeln spielen lassen werde, wer den Strick bezahlen soll.«

So von allen Seiten sich vorsehend, sparend, schirmend und rüstend, erwartete Herzog Maximilian den Ausbruch des Dreißig-jährigen Krieges. Er selbst war es aber, der den inneren Frieden von Deutschland zuerst erschütterte und die gegenseitigen feind-lichen Verbindungen der evangelischen Union und der h. Ligue der Katholiken hervorrief. Das Ereignis, mit dem Herzog Maxi-milian eingriff, war die eigenmächtige Besitznahme der freien Reichsstadt Donauwörth 1607, deren protestantische Bürger die Prozession der Mönche der noch übriggebliebenen Benediktiner-abtei zum hl. Kreuz gewalttätig gestört hatten und deshalb vom Reichshofrat in die Acht erklärt worden waren. Herzog Maximi-lian benutzte diese Acht, um die Reichsstadt, nach der schon vor 150 Jahren die Bayernfürsten in Landshut gestrebt hatten, zu gewinnen. Am 17. Dezember 1607 rückten seine Truppen, zwanzig Fähnlein, 10 000 Mann zu Fuß und fünf Fähnlein, 1500 Reiter unter dem Feldobrist Alexander von Haslang im Morgenreif durch die beschneiten ausgestorbenen Gassen ein, mit ihnen kamen die Jesuiten. »Wir gehen, schrieb der Jesuit Mitner an den Herzog, Tag und Nacht auf den Seelenfang aus, haben aber bis hierher nur erst wenig Fische gefangen.« Max selbst schrieb nach Rom: »Es ist mit Donauwörth den protestirenden

Ketzerischen eine solche Demonstration geschehen, dergleichen sie nie erwartet hätten.«

Das Jahr darauf, 1608, traten die evangelischen Reichsglieder im Ahauser Verein zu einer Union zusammen: Kurpfalz, Pfalz-Neuburg, Brandenburg-Anspach und Bayreuth, Württemberg, Baden-Durlach und Anhalt, später traten Kurbrandenburg und Hessen-Kassel zu. Im Jahre darauf, 1609, schlossen die Katholiken zu München die heilige Ligue: Herzog Maximilian, die Bischöfe von Würzburg, Augsburg, Straßburg, Konstanz, Passau, Regensburg, der Propst zu Elwangen und der Abt zu Kempten, später traten die drei geistlichen Kurfürsten zu. Herzog Max ward zum Bundesobristen, zum Haupt der Ligue erwählt.

Noch dauerte es neun Jahre seit diesen geschlossenen gegenseitigen Verbindungen, ehe der Krieg wirklich zum Ausbruche kam. Diese Zeit durchkreuzen die feinsten Jesuitengespinste.

Der Orden umfaßte damals schon über 10 000 Mitglieder und 32 Provinzen, 23 in Europa, 4 in Asien und 5 in Amerika. Jene 23 europäischen Provinzen waren in den vier sogenannten Assistenzen: Italien, Spanien, Portugal und dem mit Frankreich verbundenen Deutschland gelegen. Als General des Ordens saß im Profeßhause zu Rom der Neapolitaner Claudius Aquaviva, Sohn des Herzogs von Atri. Im Jahre 1581 war er, achtunddreißigjährig, gewählt worden und starb 1615 nach vierunddreißigjähriger Regierung. Er war einer der energischsten und zugleich feinsten Generale, die der Orden gehabt hat. Die ganze Überlegenheit der Ruhe war in ihm, welche von einer vollendeten Selbstbeherrschung ausgeht. Mit der größten innerlichen Unerschütterlichkeit verband er die größte äußerliche Milde und Sanftmut. »Man muß ihn lieben, wenn man ihn nur ansieht«, so hatte auf seiner italienischen Reise Maximilian über ihn seinem Vater geschrieben. Aquaviva suchte dem Orden eine ganz unabhängige Stellung zu geben. Von ihm datiert die erste Idee einer christlich-jesuitischen Republik in Paraguay 1610. Er klagte sehr schmerzlich über den im Orden eingerissenen Hofgeist, den Aulicismus, er suchte ihn auf alle Weise auszurotten. Es gelang ihm durch Ausdauer und

Geduld, die Väter Jesu dem Einfluß der Höfe und selbst dem Einfluß des Papstes zu entziehen. Früher hatten die Jesuiten stets für »ihren König« Philipp II., den König von Spanien, gebetet, jetzt unter Aquaviva mußte Philipp von dem Orden sagen: »Alle andern Orden durchschaue er, den der Jesuiten aber nicht.« Aquaviva drohte in den Streitigkeiten, die über die Lehre des spanischen Jesuiten Molina über die freien Willen ausbrachen, selbst dem Papste Clemens VIII. mit einem Konzil. Der Papst soll damals ausgerufen haben: »Sie wagen Alles, Alles!«

Ein Hauptaugenmerk Aquavivas war, die Lenkung der Fäden der sich vor Ausbruch des Dreißigjährigen Krieges so vielfach durchkreuzenden französischen und deutschen Religionsinteressen in die Hände zu bekommen. In Frankreich herrschte ein ehemaliger Protestant, Heinrich IV., der zwar übergetreten war, jedoch die Protestanten in Deutschland aufs lebhafteste unterstützte. Frankreich und Deutschland waren noch unter einer Assistenz verbunden. Aquaviva errichtete deshalb für Frankreich im Jahre 1608 eine eigene Assistenz. Damit konnte den Franzosen desto sicherer verborgen bleiben, was von den bayerischen und österreichischen Jesuiten angesponnen wurde. Der Orden trat in Deutschland allenthalben als Feuerbrand auf, um die Flamme des Religionshasses auflodern zu machen, er erwies sich überall als Herold des Kriegs und zwar des blutigsten Kriegs, wie ihn Scioppius in seiner »Lärmtrommel des hl. Kriegs« haben wollte, der doch den Jesuiten ebenso feind war wie den Protestanten.

Bayern war der Hauptherd, aus dem geschürt wurde: Der Jesuitenpater Rektor Jakob Keller in München trat unter dem Namen Laurentius Sylvanus als Beistand des spanischen Jesuiten Mariana und als Verteidiger des an Heinrich IV. 1610 begangenen Meuchelmords auf, sodann unter unverhülltem eigenem Namen in der Schrift: »Tyrannicidium.« Sie erschien zu München 1611: es ward darin zwar dahingestellt, ob nicht Mariana in Verteidigung des Tyrannenmordes zu weit gegangen sein möge, – obgleich Luther, Melanchthon, Beza und Calvin mit denselben Worten das nämliche, was Mariana, behauptet hätten, indem das

51

Ganze auf einen Wortstreit hinauslaufe. »Tyrannen«, behauptete das Buch, »also Feinde der Kirche, könne man hinwegräumen, aber niemals rechtmäßige, d. h. der Kirche getreue Regenten.« Auf Kosten einer Anstalt, genannt »Das goldene Almosen«, die ihre Niederlagen in Bayern, in München, Ingolstadt und Dillingen hatte, verbreiteten die Jesuiten von Bayern aus religiöse Flugschriften über das ganze südliche Deutschland. Vom Rheine her kam der eingeweihte Jesuit Theodor Busäus 1611 als des Ordens Generalvisitator. Er reiste von Provinz zu Provinz, von einem großen Hofe zum andern. Er war das wichtigste diplomatische Organ zwischen dem Papst und der katholischen Liga, der gemeinschaftliche, geheimste Dolmetscher zwischen Bayern und Österreich. Er richtete in allen Landen der Ligisten Jesuitenkollegien, wo sie noch nicht waren, ein, gleichsam als die Korrespondenzquartiere seines geheimen Generalstabs zu Lenkung des bevorstehenden großen Kampfes.

In dieser Stimmung, als die Erbitterung der beiden Religionsparteien auf dem Punkte war, in einem großen Konflikte feindlich aufeinanderzutreffen, befand sich Herzog Maximilian in einer eigentümlichen Lage. Auf der einen Seite zog ihn alte Freundschaft zu seinem ehemaligen Ingolstädter Freunde, dem als König von Ungarn und Böhmen anerkannten Erzherzog Ferdinand von Österreich, dem mächtigsten katholischen Herrn in Deutschland, dem einmal nach Matthias' Tode die Kaiserkrone zufallen sollte; auf der andern Seite kannte er recht wohl den gründlichen Ehr- und Gewaltgeiz des Hauses Habsburg, und es kamen ihm die Fürsten der protestantischen Gegenpartei mit der verführerischen Einladung entgegen, Bayern möge selbst die Kaiserkrone annehmen. Selbst der andächtige Wilhelm V. hatte einmal im Jahre 1611 aus seiner frommen Abgeschiedenheit seinen Sohn gewarnt: »Max möge ja nicht zu viel noch vor der Zeit nach Prag, Wien oder Grätz mitteilen, die Maximilianische Linie Österreichs habe stets jeden Vorteil Bayerns für einen Ihrigen Verlust geachtet. Zwar sei die Grätzer Linie weniger mißgünstig, aber ohne Spanien traue sich Ferdinand nicht den geringsten Schritt zu tun.«

Und auf solche Warnung hatte Max unterm 31. Oktober 1611 geäußert: »Wie ihm Österreich überall, wo es nur könne, Prügel in die Füße werfe«. Max war vorsichtig, aber er war edel, er glaubte, wenn er Österreich in seiner schweren Notlage helfe, werde es ihm das danken. Die Unterhandlungen mit der evangelischen Union, mit dem Pfalz-Heidelbergischen Hofe, der an der Spitze derselben stand, zogen sich durch den ganzen Sommer des Jahres 1617. Max war ehrgeizig, aber er war nicht eitel, der leere Pomp der Kaiserkrone blendete ihn nicht. Zudem warnten seine Räte vor der »calvinischen Schlinge«. Als in dieser Stimmung der junge Kurfürst von der Pfalz, Friedrich, der nachmalige Böhmenkönig, im Februar 1618 selbst Maximilian in München besuchte, um ihn auf die Seite der Gegner Ferdinands zu ziehen, weigerte er sich, eine bestimmte Erklärung zu geben, »wegen der Wichtigkeit der Sache, die, wie er meinte, weitere und reifere Deliberation erfordere. Wolle demnach Gott und Zeit Alles befehlen«.

Schon am 23. Mai 1618 trat darauf der Ausbruch des Dreißigjährigen blutigen Kriegs mit dem Fenstersturz der kaiserlichen Räte zu Prag ein. Einer von ihnen, Martinitz, flüchtete nach München. Am 26. August 1619 ward der Pfälzer Kurfürst zum König von Böhmen, am 28. August 1619 Erzherzog Ferdinand II. zum Kaiser gewählt, Matthias war am 20. März vorher gestorben.

Wegen Annahme der böhmischen Krone war Friedrich von der Pfalz mit seinem Vetter, »dem hochverständigen und allenthalben respektierten« Maximilian von Bayern in Korrespondenz und Unterhandlung getreten. Max riet ihm offen ab, Friedrich erwiderte: »er glaube doch in der ganzen Konstellation die sonderbare Vorsehung Gottes sehen zu dürfen«. Max widerriet nochmals durch einen eigens abgeschickten Gesandten, dieser traf aber Friedrich schon in dem festen Entschlüsse, sich und sein Haus dem revolutionären böhmischen Fahrzeug anzuvertrauen, er bat um Maxens Neutralität. Am 26. Oktober 1619 lehnte dieser sie ab. Der Bruch der beiden verwandten Häuser Pfalz und Bayern war damit entschieden. Schon am 8. Oktober hatte Max mit seinem Schwager, Kaiser Ferdinand, der von der Kaiserwahl zurückreisend über München kam und acht Tage lang blieb, ein Trutz- und Schutzbündnis abgeschlossen.

Während in Wien der Reichsprozeß gegen Friedrich eingeleitet wurde, um ihn mit der Acht zu erdrücken, erfolgte von daher nach München die Zusage der pfälzischen Kur im Anfang des Jahres 1620. Die Heere der evangelischen Union und der katholischen Ligue lagen an der Donau bei Ulm und bei Dillingen einander gegenüber, durch den französischen Unterhändler Herzog von Angoulême kam aber zu Ulm am 3. Juli ein friedliches Abkommen zustande. Die Häupter der Union gaben den Böhmenkönig auf die schmählichste Weise preis.

Sofort brachen Maximilian und Tilly nach Oberösterreich aus ihrem Lager von Dillingen auf, mit dem bereits schlagfertigen Heer von 32 000 Mann, dem auch Jesuiten, namentlich P. Buslidius, des Herzogs Beichtvater, Kapuziner und Karmeliter folgten, um im Kriegsrat zu wirken, in den Feldkapellen und Hospitälern zu dienen und die Besiegten dem alten Glauben wieder zuzuführen. Nach der Enns hin war alles Land im Aufstand gegen Kaiser Ferdinand begriffen. Es ward bald unterworfen.

Am 8. November gewann Tilly den großen Sieg auf dem Weißen Berge bei Prag und Max damit den Kurhut. Schon am 25. November war er wieder in München, begleitet von 2000 Mann zu Fuß, 1200 Reitern und 1500 Wagen mit Beute. »Entgegen fuhr ihm«, heißt es in einem alten von Westenrieder mitgeteilten Tagebuch, »der alte Herzog Wilhelm als Ihro Fürstl. Drlt. höchst geehrter Herr Vater, und Herzog Albrecht, als Herr Bruder, sammt beiden Fürstinnen. Anfangs ist er zu u. l. Frauen in die Kirche, wo man das Te Deum laudamus hielt, gegangen. Es ging ihm der Bischof von Freising sammt der Klerisey bis zu der untersten Kirchenthür entgegen, wo sie ihn empfingen.«

Tilly, der Feldmarschall ward und vom Kaiser zum Reichsgrafen erhoben wurde, blieb mit der bayerischen Armee in Böhmen zurück. Am 22. Januar 1621 ward Kurfürst Friedrich von der Pfalz in die Reichsacht erklärt und deren Vollstreckung in der Oberpfalz Herzog Max, in der Rheinpfalz den Spaniern aufgetragen. Erst nach zwei Jahren, am 6. März 1623, empfing Max zu Regensburg den Pfälzer Kurhut und die Erbtruchseßwürde aus den Händen seines Schwagers. In demselben Jahre trugen über 100 Maultiere die berühmte Heidelberger Bibliothek aus der seitdem von den Spaniern und Tilly eroberten Pfalz nach Rom, auf jedem dieser Maultiere stand eine Tafel mit den Worten: »Ich bin von der Bibliothek, die in Heidelberg erbeutet und als Siegesgeschenk an den Papst Gregor XV. geschickt hat Maximilian Kurfürst von Baiern.«

In der eroberten Pfalz, namentlich in der Oberpfalz, ward nun durch die Jesuiten und Kapuziner die katholische Religion überall wiederhergestellt, wer sie nicht annehmen wollte, mußte auswandern. Auch in Altbayern unterdrückte Max jeden Rest der Ketzerei. Jeder Untertan mußte einen österlichen Beichtzettel aufzeigen, und verbotener Bücher wegen wurden plötzliche Hausuntersuchungen angeordnet. Die Jesuiten traten immer offener mit ihrer Tendenz, die europäische Politik zu regieren, hervor: der Pater Rektor Jakob Keller in München, der, wie man glaubt, unter dem Namen Fabius Hercynianus die nach der Prager Schlacht erbeutete »Geheime Anhaltische Kriegskanzlei« herausgegeben hatte, trat mit heftigen politischen Flugschriften gegen den seit 1624 zum Ruder in Frankreich gekommenen Kardinal Richelieu hervor: in der Schrift »Mysteria politica«, die ums Jahr 1625 erschien, warf er ihm seine doppelzüngige Politik vor, mit der er die Protestanten in Deutschland begünstige, während er sie in Frankreich verfolge. Seine Schrift: »G. G. R. Theologi ad Ludovicum XIII. admonitio. Augustae 1625« wurde in Paris vom Henker verbrannt.

Kurfürst Maximilian hatte für die für den Kaiser aufgewendeten Kriegskosten 13 Millionen Taler berechnet, es war ihm dafür bisher Oberösterreich verpfändet. Am 22. Februar 1628 wurde nun wegen der Abtretung der Pfälzer Kurlande ein förmlicher Vertrag abgeschlossen, kraft dessen an Maximilian und seine Nachkommen die Kurwürde, die Oberpfalz (Amberg) und der auf dem rechten Ufer des Rheins gelegene Teil der Unterpfalz mit den Städten Heidelberg und Mannheim übergehen sollten; der auf dem linken Rheinufer gelegene Teil blieb den Spaniern für die Kriegskosten, die sie ihrerseits aufgewendet.

Im Jahre 1629 erstieg Kaiser Ferdinand mit Erlassung des berüchtigten Restitutionsedikts vom 6. März 1629 scheinbar den Gipfel seiner Macht, der Triumph der katholischen Sache schien vollkommen zu sein. Aber die große kirchliche Reaktion rief jetzt eine politische hervor. Alle protestantischen Reichsfürsten, namentlich Brandenburg und Sachsen, die sich dem Kaiser zeither so willfährig erzeigt hatten, sahen ihren Besitzstand bedroht, und die katholischen ließen ihn nun ebenfalls im Stiche. Die Liga kam zu Anfang des Jahres 1629 unter Maximilian in Heidelberg zusammen. Man beschloß, die ligistische Armee nicht zu entlassen, der Kaiser solle dagegen genötigt werden, seine Truppen und namentlich seinen Feldherrn Wallenstein aufzugeben. Im Anfang Juni 1630 traf der Kaiser Ferdinand II. in Regensburg zum Fürstentage ein, hier ward hauptsächlich durch Maximilians Vorstellung Wallenstein am 13. August entlassen, entlassen in denselben Wochen, wo unterdessen Gustav Adolf an der deutschen Küste ans Land gestiegen war.

Nachdem die ligistische Armee unter Tilly am 17. September 1631 durch Gustav Adolfs Sieg bei Breitenfeld vernichtet war, wandte sich die Macht der Schweden gegen das Haupt der Ligue. In den ersten Tagen des Dezembers 1631 vernahmen die Einwohner der Bayern mit Gewalt unterworfenen Pfalz das Geschütz des Befreiers. Aus der Rheinpfalz rückte Gustav Adolf mit 40 000 Mann nach Bayern, Anfang April 1632, 25 Jahre nach Maximilians bewaffnetem Einmarsch, nahm er Donauwörth. Von da rückte er schnell an den Lech vor. Am 8. April, am grünen Donnerstag, floh der kurfürstliche Hof von München nach Salzburg zum Erzbischof Graf Paris von Lodron, bei dem Max auch seine Schätze in Sicherheit gebracht hatte, wie Wallenstein recht wohl zur Erfahrung gekommen war. Die Kurfürstin nahm das wundertätige Gnadenbild der heiligen Jungfrau von Altötting mit. Von vermöglichen Bürgern und Personen des Herren- und Ritterstandes gingen zu ihrer Sicherheit viele nach Tirol und sogar nach Italien. Der Kurfürst befand sich bei dem Heer.

Bald darauf erfüllte die Nachricht von der Niederlage und tödlichen Verwundung Tillys am Lech am 15. April die bange Hauptstadt mit Furcht. Hier führte der Geheime Rat und Hofratspräsident Freiherr Johann Christoph von Preissing, der Ahnherr der Hauptlinie von Hohenaschau, den Oberbefehl. In einer nächtlichen Versammlung, am 20. April, vereinigten sich die Väter der Gesellschaft Jesu auf alles, selbst auf den Tod, vierzig von sechsundsiebzig blieben in München. Man täuschte das Volk noch mit Siegesnachrichten, während Gustav Adolf am 24. April schon in Augsburg eingezogen war und nun über Landshut und Freisingen herzog. Endlich vermochte der französische Gesandte St. Etienne die Münchner, Abgeordnete dem König nach Freisingen entgegenzuschicken. Der Gesandte, Kriegsrat Küttner von Künitz, die beiden Bürgermeister Friedrich Liegsalz und Ferdinand Barth und der Ratsherr Paulus Paastorffer trafen den König zu Freisingen am 14. Mai: die bereits geforderte Kontribution von 500 000 Talern wurde hier glücklich auf 300 000 Taler herabgehandelt. Man übergab dem König die Schlüssel der Stadt. Er sagte den Abgeordneten: »Ihr habt es gut gemacht, und eure Unterwerfung entwaffnet mich. Mit Recht hätte ich an eurer Stadt das Unglück von Magdeburg rächen können. Fürchtet aber nichts und seid eurer Familien und Güter und eurer Religion wegen unbesorgt. Geht in Frieden! Mein Wort gilt mehr als alle Kapitulationen der Welt.«

Am 16. Mai, mitten unter dem Sonntagsgottesdienste, langten die ersten schwedischen Eskadrons in München an, um den vornehmsten Häusern, wo man sie einquartierte, als Salvegarden zu dienen. Am 17. Mai gegen 12 Uhr mittags hielt der Schwedenkönig selbst seinen Einzug in die Stadt mit dem Feldmarschall Horn und vielen fürstlichen und anderen hohen Herren, darunter auch der vertriebene König von Böhmen, sein Bruder, Pfalzgraf August, der Pfalzgraf Christian von Birkenfeld und Herzog Wilhelm von Weimar sich befanden. »Ist, heißt es in einer alten

Nachricht, die Westenrieder aus dem Münchner Franziskaner-archiv mitgeteilt hat, durch das Isarthor, das Thal hinauf, über den Markt in die Weinstraße, durch die Oberschwäbinger Gassen ein-gezogen, und Quartier in der Churfürstlichen Residenz genom-men, darauf die Stadtthore gleich mit schwedischen Soldaten besetzt und also starke Wacht gehalten, daß niemand ohne schwe-dische Paßzettel aus oder ein ist gelassen worden.« Die übrige Armee bezog ein Lager vor den Toren.

Es war drei Tage vor dem Jahrestag der grausamen Zerstörung Magdeburgs durch Tilly. München aber ward verschont mit der Rache. Um 2 Uhr nachmittags schon, sagen die Jesuiten in ihren Berichten, seien bereits alle Läden der Stadt wieder offen gestan-den und habe man in allen Straßen und Plätzen die Münchner Frauen und Mädchen mit Schweden im Arme lustwandeln gese-hen. Jedermann war vor Diebstahl, Raub und Totschlag sicher, der König hielt strengste Mannszucht. Drei als Diebe ertappte schwedische Soldaten wurden ohne weiteres öffentlich auf dem Markte aufgeknüpft.

Gustav nannte die in ihrer rauhen Sandebene gelegene baye-rische Hauptstadt »einen goldnen Sattel auf magerem Gaule«, er bewunderte die Schönheit und Pracht der Zimmer des Schlosses, wo er mit dem König von Böhmen wohnte, und bedauerte es nur, »die Residenz mit ihren Kunstwerken nicht auf Walzen setzen und nach Stockholm führen zu können«. Den folgenden Tag begab er sich ins Zeughaus und fand hier nichts als leere Lafetten. Aber ein Bauer entdeckte das Geheimnis: man hob den Fußboden auf und fand darunter 140 Kanonen, von den 50 Fünfundsiebzigpfünder waren. Er ließ sie nach Augsburg abführen. Ein Geschütz, das Schwein genannt, fand sich mit 30 000 Goldgulden gefüllt.

Drei Wochen lang blieb Gustav Adolf in München. Interessant sind die Details, die der Ritter von Lang in der bayerischen Jesui-tengeschichte über die Unterhaltungen mitteilt, die Gustav Adolf damals mit den Jesuiten hatte:

»Am 19. Mai, gerade den Tag vor Himmelfahrt, hielt der König beim Hinausreiten ins Lager mit seiner ganzen Generalität bei der Jesuitenkirche still, stieg ab und ging mit entblößtem Haupte in die Kirche, gerade auf den Chor zu. Der benachrichtigte P. Rektor eilte mit allen seinen Geistlichen herbei, um den König zu empfangen, der sich sogleich erkundigte, wer die Kirche gebaut und wo das Mausoleum des Herzogs Wilhelm wäre, »dessen Demut ihm zu groß geschienen«. Weil es gerade zur Zeit der Vesper gewesen, die alle Mittwoche »für einen siegreichen Ausgang des Kriegs« gehalten worden und eine Menge Volks zum Segen herbeigeströmt, so fragte der König, was denn das bedeute? Der Rektor antwortete: »Es geschehe, um sich mit Weihwasser besprengen zu lassen«, worauf der König aus Neugierde so nahe hinzugetreten, daß auch er besprengt worden. Er verlangte hierauf eine Erklärung vom Weihwasser und fragte, nachdem sie ihm der P. Rektor gegeben: »ob man das glauben müsse?« Der Rektor, »um einen Sieger durch unnütze Grübeleien nicht verdrießlich zu machen« erwiderte: »So bestimmt ließen sich vielleicht vom bloßen Weihwasser die Wirkungen nicht erwarten, wie von einem Sakramente.« Bei weiterer Fortsetzung des Gottesdienstes erkundigte sich der König über alles genau, über das Klingeln, Niederfallen und sagte: »Also betet Ihr ja doch die Hostie an. Wo steht das geschrieben?« Hierauf begann eine Unterhaltung über die Transsubstantiation, die aber der König mit den Worten endete: »Es ist meine Sache nicht; kann mich darüber nicht genug verständlich machen«, und als der Rektor in seiner Demonstration doch noch weitergehen wollte, unterbrach ihn der König plötzlich mit der Frage: »Wie ist's, habt Ihr denn für den Tilly auch ein Seelenamt gehalten?« Der Rektor – so meldet seine eigene Erzählung – bat Gott in einem stillen Seufzer um Verzeihung für die Lüge, die er jetzt machen müsse, und sagte: »Nein!« Der König, aber wollte wissen, warum denn nicht? Der Rektor gab an: »Es sei dazu keine Zeit gewesen, der Tilly werd's auch nicht nötig g'habt haben«, wovon aber der König abermals den Grund wissen und vom P. Rektor hören wollte, wo er denn glaube, daß der Tilly wirklich sei? Der Rektor äußerte: »Er müsse hoffen, er sei im Himmel.« Hierauf fiel der König ganz heftig ein: »Er war ein Barbar!« Der König brachte nun selbst ein anderes Gespräch auf die Bahn und betrachtete die Votivtafeln an der Wand, die seiner Meinung nach die Kirche sehr verunstalteten. Beim Herausgehen aus der Kirche brach er für sich selbst in die Worte aus: »Ein prächtiger Tempel!« und als sich der P. Rektor noch erkundigte, ob er nicht befehle, das Kollegium zu sehen, lehnte der König es mit freundlichem Abschiede ab. Bei der Tafel äußerte der König: »Wenn ich katholisch wäre, hätt' ich doch die Jesuiten noch am liebsten.«

Aber während der König die Jesuiten besuchte, lag im Kollegium ein feindlicher Spion verborgen, und täglich wurden schwedische Soldaten unter den Augen des Königs katholisch gemacht.

Am 7. Juni, eines Montags, Vormittag zwischen 9 und 10 Uhr, brach der König mit seiner ganzen Armada wieder von München auf. Er nahm als Geißeln, weil die Kontribution noch nicht ganz aufgebracht war, zwanzig vornehme Bürger und ebensoviel Personen aus allen Orden mit: vier Augustiner, zwei Kapuziner, drei Franziskaner, zwei Zisterzienser, zwei ordentliche Chorherrn und statt drei Jesuiten, wie die Distribution besagte, auf ausdrücklichen Befehl des Königs sechs. »Sind, nachdem sie in dem Jesuiterhof zusamenkommen, von einem schwedischen ansehlichen Officieren abgelesen, bald auf die Kutschen gesetzt mit einer starken Reiterey, die vor dem Hof gehalten, begleitet, nach Augsburg geführt worden.« Sie kamen erst nach drei Jahren zurück.

Die Vorstände der Münchner Jesuiten erließen sehr lobpreisende Berichte über die Behandlung, die ihnen von seiten des Königs von Schweden und seiner Generale zuteil geworden. Sie wurden aber von dem Ordensgeneral Viteleschi aus Rom bedeutet, »sich da, wo man von Ketzern Gutes zu sagen habe, kälter und kürzer zu fassen«. »Hat«, berichtet noch die alte Nachricht, »der eingenommene Schrecken in München schwere Krankheiten, überaußvielen den Todtverursacht, also daß es bald dahin gekommen, daß das Sterben und böse Sucht grassiert.«

Unterdessen hatte sich Kurfürst Maximilian, der im Lager bei Regensburg stand, zu einer empfindlichen Demütigung bequemen müssen. Der Mann, den er einst gestürzt hatte, war vom Kaiser wieder mit dem Heerbefehl betraut worden und zwar in absolutissima forma, dergestalt, daß er keinen Oberen über sich dulden sollte. Als der Kurfürst mit Wallenstein sich bei Eger vereinigte, mußte er nur froh sein, daß der Generalissimus sich herbeigelassen habe, zu kommen und damit die Schweden aus Bayern wegzuziehen. Lange genug hatte er gezögert, lange genug hatte er müßig in Böhmen zugebracht.

Da die blutige Affäre des Sturms der Wallensteinischen Linien bei Nürnberg zu nichts geholfen, machte Gustav Adolf einen nochmaligen Zug nach Bayern; Wallenstein aber folgte dem Schwedenkönig nicht dahin nach, sondern wandte sich nach Sachsen, bei Koburg trennte sich Max von seinem unversöhnlichen Feinde. Während Wallenstein bei Lützen geschlagen ward und Gustav Adolf sein Leben verlor, suchte Maximilian gegen die von dem Schwedenkönig in Bayern zurückgelassene Streitmacht aufzukommen und sein Land wieder zu befreien. Es befehligte diese schwedische Streitmacht nächst Baner ein Pfälzer Fürst, der Pfalzgraf Christian von der Zweibrücker Unterlinie Birkenfeld, ein unmittelbarer Urahn des späteren königlichen Hauses in Bayern. Er wütete furchtbar in dem Lande des Hauptfeindes seines Vetters, des vertriebenen Kurfürsten Friedrich. Erst spät kam der kaiserliche General Aldringer zu Hilfe herbei. Aber selbst Regensburg ließ 1633 des Friedländers Rache in der Schweden Hände fallen, indem er immer und immer Hilfe zu senden verzog, auch selbst wenn Max einmal sieben Eilboten hintereinander zu ihm sandte. Endlich ward dieser unbequeme Wallenstein 1634 zu Eger ermordet. Der Kurfürst schrieb darauf an den Kaiser: »Daß der Allmächtige den Meineid und die Bosheit des Friedland's und dessen Anhang mit ihrem endlichen Untergang so augenscheinlich gestraft, erfreue ich mich mit E. K. Maj. von getreuem Herzen und ist Gott billig dafür Ehr' und Lob zu sagen.« Regensburg ward 1634 wieder erobert, und der 6. September 1634, wo der große Sieg bei Nördlingen von den Kaiserlichen erfochten ward, befreite Bayern von den Schweden. Gallas trieb sie im Jahre 1637 bis nach Pommern zurück.

Um sich mit dem Kaiser, der schon sein Schwestermann gewesen war, noch enger zu verbinden, heiratete Max nun nach der siegreichen Nördlinger Schlacht Ferdinands II. Tochter Maria Anna, 1635, 15. Juli: seine erste Gemahlin, die lothringische Elisabeth, deren Ehe unfruchtbar gewesen war, war kurz zuvor gestorben. Die neue österreichische Gemahlin gebar Max schon 1636 einen Erben, seinen späteren Nachfolger Ferdinand Maria. Er hatte das Gelübde getan, dafür dem heiligen Franz von Paula ein Kloster zu stiften, er stiftete es 1638 zu Neuburg, später ward es nach Amberg versetzt.

Sechs Jahre lang, seit der Nördlinger Schlacht, hatten die Feldherrn des Kaisers und des bayerischen Kurfürsten die Schweden vom deutschen Süden abgehalten. Noch 1640 hatte der Kurfürst für den glücklichen Fortgang der katholischen Waffen beständiges Tragen geweihter Dinge und Rosenkränze anbefohlen. In den ersten Tagen des Jahres 1641 standen die Schweden aber wieder an der bayerischen Grenze. Baner drang bis Regensburg vor und schreckte mit Kanonenschüssen die Stadt, wo der Kaiser mit dem Reichstag eben war Mit den Schweden waren seit 1635 auch die Franzosen als Feinde in Deutschland erschienen. Bayern dagegen erhielt an Tillys Statt wieder einen tapferen Feldherrn, den Wallonen Jean de Werth, der vom Reiterbuben bis zum General stieg. Er hatte sich bei Nördlingen 1634 mit seinen Kürassieren die Freiherrnwürde erfochten und war zum Schrecken der Franzosen 1636 im Sommer bis in die Nähe von Paris gestreift, bei Rheinfeldern ward er aber 1638 gefangen, und Herzog Bernhard von Weimar schickte ihn zur größten Freude den Parisern, er saß vier Jahre lang im Schloß zu Vincennes. »Die Freude über seine Gefangenschaft«, schreibt sein Biograph in den Ferdinandeischen Annalen, von Khevenhüller, »war ungemein wegen des Schreckens, das er dem Volk in Paris eingejagt hatte usw. Sobald er sein Wort von sich gegeben hatte, ließ man ihm alle Freiheit, er besuchte den Hof und ward von den größten Ministris tractiret; wenn der König zu Vincennes war, ließ er ihn ebenfalls prächtig tractiren, und die vornehmsten Damen in Paris machten sich ein

Vergnügen daraus, wenn sie ihn speisen sahen, denen er zwar mit aller Höflichkeit begegnete, aber doch den Deutschen und den Soldaten jederzeit mit unterlaufen ließ. Sonderlich konnte er unvergleichlich trinken und in dem Schnupf- und Rauchtaback war er ein Meister.« Erst 1642 ward dieser streitbare Held, der den Parisern und Pariserinnen wie ein fremdes Meerwunder erschien, gegen den bei Nördlingen gefangenen schwedischen Feldmarschall Hörn wieder ausgewechselt.

In den letzten Jahren des Dreißigjährigen Krieges, nach dem Tode des Schwagers und Schwiegervaters Ferdinands II., änderte sich Bayerns Stand gegen Österreich sehr. Noch im Jahre 1641 hatte Kaiser Ferdinand III. mit seiner Gemahlin vom Reichstag zu Regensburg aus acht Tage lang in München verweilt. Als aber Wrangels und Türennes Einfall in Bayern 1646 den Kurfürsten nötigte, zu Ulm am 14. März 1647 Stillstand zu schließen, besorgte Österreich, der Kurfürst könne sich wohl Frankreich ganz in die Arme werfen, und beschloß, sich auf alle Fälle sicher zu stellen. Es handelte sich damals um nichts Geringeres, als daß der von Österreich erkaufte Jean de Werth des Kurfürsten Heer zum Kaiser überführen, ja, »den Kurfürsten selber mit seinen gehässigen Räten als Geißel nach Wien liefern« sollte. Nur durch einen Zufall glückte es Max, dies große Unglück zu entdecken und zu verhüten. Die Truppen blieben treu, ließen sich nicht aus Bayern über die Donau nach Böhmen führen, Jean de Werth floh, da sie durch ein Proklama des Kurfürsten unterrichtet, mitten auf dem Marsche gegen ihn aufstanden, Juli 1647, nach Österreich, wo er 1652 auf der ihm vom Kaiser geschenkten böhmischen Herrschaft Benatek im Bunzlauer Kreise gestorben ist. Der Hauptzweck aber war doch erreicht: Bayern war geschreckt.

Am 14. September 1647 kündigte Max den schwedischen Waffenstillstand wieder auf. Im Jahre 1648 ward aber auch ganz Bayern hinwiederum von Schweden und Franzosen unter Wrangel und Türenne überschwemmt und fürchterlich verheert. Maximilian mußte nach Salzburg fliehen. Da endlich tönten die Friedenstrompeten aus Westfalen.

Fünfundsiebzig Jahre alt war Max, als er durch den Freiherrn Georg Christoph von Haslang, einen Bruderssohn seines Lieblings, des alten Obristen und Hofmarschalls Alexander, und den Dr. Johann Adolf Krebs den Frieden in Osnabrück und Münster mit abschließen ließ. Er hatte den ganzen schrecklichen Krieg durchlebt, sein Haar war schon längst vor Gram erbleicht. Der Frieden nahm Bayern wieder zum Teil, was der Krieg ihm gegeben hatte: der Hauptteil der Pfälzer Kurlande, die Rheinpfalz, mußte gänzlich aufgegeben werden, es blieb nur die Kurwürde und die Oberpfalz und dazu der Trost, daß hier das Normaljahr nicht gelten, daß man hier nicht wieder protestantische Lehre einführen durfte, stillschweigend überließen die Reichsstände Max das Land »wie bisher«. Bayern aber hinterließ Max, als er bald nach dem Frieden starb, als eine Wüste, »als eine warnende Lehre, wie Lang sagt, gegen das gefährliche Spiel einer kriegerischen Politik für mittlere Staaten, deren einziger Zweck ein ewiger Frieden sein sollte«.

Kurfürst Maximilian starb im Jahre 1651, achtundsiebzigjährig, am 27. September. Er starb unter seinen Jesuiten zu Ingolstadt, in der Stadt, wo er einst seine Universitätsstudien absolviert hatte. Die nächste Ursache seines Todes war eine Erkältung, indem er jede einzelne Kirche besucht hatte. Sein Leichnam ward nach München abgeführt und am 3. Oktober 8 Uhr abends in der Jesuitenkirche begraben, ganz in der Stille. Er hatte selbst demgemäß noch eigenhändig angeordnet: »Mein Madensack soll man nicht lang auf Erden lassen, noch viel Grandezza und Ceremonie, sondern die Spesa auf die Armen wenden und keinen Pomp machen.«

Der kriegerische Sinn des Kurfürsten hatte sich dem Land sehr bemerkbar gemacht. Von den von Maximilian neu eingerichteten berittenen Söldnern, der Landreiterei, ward ein gerüsteter Mann im Jahre 1605 zu zehn Gulden Löhnung monatlich veranschlagt. Ein gemeiner Fußknecht erhielt in früherer Zeit, zu Anfang des sechzehnten Jahrhunderts, drei Pfund Pfennige monatlich im Feld; unter Max erhielt er acht Gulden, der Rottmeister 14, der

Feldwebel 35, der Leutnant 45, der Fähnrich 70, der Hauptmann 250 Gulden. Tilly als Oberfeldherr hatte monatlich 4500 Gulden. Eine Armee von 30–32 000 Mann, wie sie Max stellte, kostete monatlich über eine halbe Million Gulden und die Tillysche Armada im Jahre 1625 monatlich 265 600 Reichstaler. Der Adel diente nicht mehr in Person, er schickte seine Reisigen: Max verlangte 1605 von ihm die Stellung von 1000 Pferden wenigstens. Für ein Pferd wurden Ende des 17. Jahrhunderts 80 Gulden verrechnet. Das schon angeführte Tagebuch von Abraham Kern von Wasserburg sagt vom Zug nach Donauwörth 1607: »Bey diesem Zug habe ich auch unter der Reuterey ein gewisses Pferd und Reiter Melchior Nörlich genannt auch 2 Musquetiere gehabt, sind den 7. Dec. 1607 usw. weg gezogen und 28. dieses wieder hierher glücklich ankommen« – und 1621 vom Zug in die Oberpfalz gegen den Mansfelder: »Haben (17. Jul.) auch die Pandallier-Land-Reutter, darunter auch mein Hofbauer, fortgemußt usw., erst den 2. Oct. wieder anherkommen.«

Westenrieder hat in seinem historischen Taschenbuch auf das Jahr 1803 und 1804 ein interessantes Schreiben, das Max am 3. Jan. 1627 an Tilly, der damals an der Weser gegen den Dänenkönig stand, mitgeteilt, das deutlich zeigt, wie es damals mit »den Offizieren« und mit den »gemeinen Soldaten« zuging – zugleich gibt es einen Begriff von der Denk- und Ausdrucksweise des großen Kurfürsten:

>»lieber Graf,
Ich weis gar woll, das Ihr in Euren schweren Caricho mehr als zuvil yberheufft, auch bey einem so weitschichtigen werckh nit woll allen inconvenientien remediern, oder auch wie dieselbe beschaffen, gründlich wissen könt, sonder ohne Zweifel Euren vnderhabenten hochen vnd nidern Officiern so vil verthrauen thuet, das ein jeglicher sich der Gebühr nach in seiner Function verhalten werde. Dannenhero Ich je beykommetes schreiben lieber einstellen wollt. Dieweill es aber an dem, daß besagten Officiern bishero gefiehrte Eigennüzigkeit gar zu groß, auch alle Inconvenientia bey einer vnwilligen Soldatesca fasst einig daher

entsprüssen, dessgleichen weill mir eben so wenig, als einem vill höcheren Veldtherrn möglich solchergestalt zu continuiern, sondern da nit remediert würde, Ich vnd Ihr mitten, ja fasst am Endt der bishero verliehenen wunderbarlichen glücklichen Victorien erligen, was zu der Rom: Kais. Mayt. vnd der Catholischen Stänndte Versicherung löbl. erhalten, widerumb verlohren, ja nichts gewisers, als das Wür sammentlich in die grosse gefahr, vnd woll genzlichen Ruin gesezt werden miessen, vnnd zwar nit von vnsern Feundten, die Ihr vnd dise Mannhaffte Armada fasst gedempft, sondern aus vnsern eignen verursachen, darumben ich in meinem gewissen mich schuldig fände, Euch die Vmbständt, vnnd wie es an ihm selbst ist, etwas weithleuftigers zuentdeckhen, darneben Euch ganz beweglich, vnd so weith Ich kan, zu ermahnen vnnd zu ersuchen, daß Ihr vmb der Ehr Gottes, Conservation der catholischen Religion, vnd der catholischen Stänndte willen, Euer hoches Ambt bey den eingerissenen Unordnungen interponiern, solche mit Ernst, vnd nothwendiger Straff abschaffen, auch eben dardurch die an euch selbst besorgte gefahr bey der Soldatesca verhüetten wollet, dann ja sowohl vnerhört, als vnmiglich ist, bey lang continuierten Kriege, bey so grossen vnerhörten exactionen, auch villmahls guetten Quartiern, dennoch jederzeit so grosse, vnnd gegen andern Kriegenten theillen ganz vngleiche Geltssumma einzuschickhen, welche, wo nit alle, doch meisten theils, nit den armen sich woll verhaltenten Soldaten zu guetten kommen, sondern in die officier schlieffen, aus welchen dann der gemeine Soldat, so seine Dienst vfs beste leistet, vnwillig, vertrossen, auch woll durch Anstüfftung etlicher geltsichtigen, zu aufstandt angereizt würde, sonderlich wan er sieht, daß Er nur fechten, sein leib aufsetzen, daneben hunger, kummer vnd noth leiden muß, entgegen alles Geldt, forthl, vnnd was Sye verhoffen können, nur Ihren Officiern bleibt, So kombt es den Bundsstänndten vnd andern, etwas wunderbarlich für, das, wan ain oder zween Monath Soldt auszutheillen, alsdann sovil Soldaten vorhanden, entgegen wan man fechten mueß, die Armada so schwach, vnnd sowohl von dem Kaiser, als den Spaniern hilf gesuecht werden.

Ich wais woll, das Euch als einem so beriehmbten vnnd der ganzen Welt bekanten General solche Vngelegenheit vnlieb, Ihr daran vnschuldigt, auch alles nur von andern herriehrt, dahero Ich Euch hierinn nit Verdenckhe, villweniger mein schreiben dahin gemeint, sondern Ich gib Euch nur mein Beschaffenheit vnnd meine Vorschlag, wie den Sachen zu remediern, vnd die von Euch besorgente gefahr bey der Soldatesca zu verhietten, wollmeinend zuerkennen, als zu deme Ich vnd die Bundständt all vnser verthrauen gesezt, vnd deme wür in effectu all vnser wolfahrt, Lanndt, vnd Leuth anbefolchen, disswegen Ihr dann mein Schreiben nit vngleich, oder als wan Ihr an den Inconvenientien schuldig, solt aufnemmen, sonder vergewist sein, daß Ich Euch bishero jederzeit also auch noch vnd hinforthan hochachte, Ehre vnd Liebe, mein ganze hoffnung auf Euch fundire, ohnezweifel Ihr werdet entgegen von Euren so löbl. Gemüeth nit ablassen, auch desto mehr Vrsach nemmen, wann, wie wohl zu vermuthen, mann Euch dergleichen Vmbständt nit also vorgebracht, oder woll gar verborgen oder verbliembt, alsobaldt genuegsam.be erfahrung einzunemmen, vnd allenthalben nach Möglichkeit zu Remediern. Bleib Euch annebens mit sonderbahren Gnaden zugethan.

München den 3. Januar A. 1627.

Maximilian.«

Unterm 16. März 1627 berührt der Kurfürst, indem er nochmals den Sinn und Verstand des vorigen Schreibens wiederholend bekräftigt, noch einen großen Schaden:

»Sonst ist Vns, Vnnd zwar bereith öffters vorkommen, das etliche lang anwesente, vnd bey den Regimentern verdiente Befelchshaber von den Obristen mit deren beförderung offt zurückh gestelt werden, vnnd Ihnen andere erst ankommente, sonderlich Franzosen und Ausländter dissfahls vorgezogen werden, welches gleichwohl, wie Ihr selbst ermessen kündt, alsdann vnwillige Gemiether macht, vnd verursachet, daß ein solcher, nach so lang geleisten gethreuen Diensten in seiner hoffnung frustrierter Befehlshaber sein hayl weiter zu suechen begierig, vnnd in den alten Diensten vertrossen würdet usw.«

Ein sehr unwilliges Gemüt machte sich der Kurfürst selbst bei Jean de Werth, und dieser Unwillen war der Hauptanlaß, daß jener ihm die Treue brach und 1647 zum Kaiser überging. Man kann kaum zweifeln, daß Ärger über Nichtbeförderung das Hauptmotiv bei Werth gewesen sei, daß er diesen desperaten Schritt tat; wiederholt hatte der Kurfürst ihm andere vorgezogen, wiederholt schon seit Jahren an seinen Leistungen gemäkelt. Sein verwegener Streifzug nach der Picardie im Jahre 1636, der Paris so in Alarm brachte, daß man mit dem Namen Jean de Werth seitdem den Kindern Furcht machte, war in München als »ungeheißen« gar nicht wohlgefällig aufgenommen worden, er erhielt einen Verweis »wegen nicht gehaltener Disziplin und ruinierter Infanterie«. Schon damals schrieb Werth aus Köln: »weil er sehe, daß einige ihn gern in Ungnade bringen wollten, wolle er gern quittiren und dem Kurfürsten aufwarten.« Dieser suchte ihn zu begütigen, versicherte ihm: »er sei nicht in Ungnade, er solle nur eifrig continuiren.« Am 7. September 1644 hatte man Werth aus München geschrieben: »Man vernehme vom Feldmarschall Mercy, er (Werth) habe auf dessen Kommando mit 2000 Mann eine Kavalkade unternehmen sollen; obgleich er dem Feind überlegen und das Heer im Rücken, hätte er den Feind nicht allein ungerupft von sich gelassen, sondern gar keinen Gefangenen eingebracht, so doch vorher, wenn er schwächer gewesen, nie gesehen. Er solle berichten, wie das zugegangen, damit man ihn entschuldige und nicht sage: er sei derjenige alte von Werth nicht mehr, der er hiervor gewesen.« Darauf gab Werth unterm 14. September nach München zu vernehmen: »Mercy (Werths Hauptrival) habe ihm das Fußvolk abgeschlagen, weshalb er seine schöne Gelegenheit versäumen müssen. Wenn er nur einen Tropfen Blut oder ein Fünkl von Discourage im Leibe hätte, wolle er es mit Zangen herausreißen lassen, oder wenn sonst einer wäre (außer Sr. Kurfürstl. Durchlaucht), der es sagte, wolle er lieber sich mit Zangen mit ihm reißen. Seine bisherigen Actiones, wie auch alle Soldaten vom höchsten bis untersten, müßten ihm deß Zeugniß geben. Man wolle die Opinion von ihm haben, wenn er beide Feinde, als den Torstenson vormittags, die Franzosen aber nachmittags ruiniren könnte, er sein Leib und Leben, Gut und Blut daran strecken wolle.« Darauf kam von München die Begütigung: »Mehr verlange man nicht zu wissen, um ihn entschuldigen zu können, er solle mit seinen treuen Diensten continuiren.« Die bloße Kontinuation genügte aber Werth nicht, er wollte das Oberkommando, und da er es nicht erhielt, fiel er ab.

Die Schreiben an Tilly und Werth waren recht glimpflich, ganz anders wurde Piccolomini angelassen, als er im letzten Jahre des Krieges zögerte, Bayern zu schützen. Unterm 9. Oktober 1648, kurz vor dem Friedensschluß, schrieb Piccolomini an Max: »Habe in zweiunddreißig Jahren, so lange ich dem Kaiser und dem Reich diene, dergleichen Schreiben nit empfangen, fällt mir also schmerzlich.« Und der Feldmarschall Baron Enckefort klagte sogar im bayerischen Kriegsrat, »daß er bishero von Sr. Churfürstl. Durchl. mit Schreiben so hoch tractirt worden, als wenn er ein Schülerbub wäre, da er doch von Jugend auf bis auf seine grauen Haare seine Profession erlernet usw.«

# KURFÜRST FERDINAND MARIA
## 1651–1679

Der Nachfolger des ersten großen Kurfürsten von Bayern, Ferdinand Maria, war minderjährig. Es trat daher eine vormundschaftliche Regierung ein unter der Mutter, der kaiserlichen Prinzessin Maria Anna und dem Oheim Herzog Albrecht von Leuchtenberg bis zum Jahre 1654, wo der Kurfürst volljährig wurde.

Ferdinand Maria war von einem geistesüberlegenen Vater und den Jesuiten erzogen worden und blieb sein ganzes Leben lang ein schwacher, schüchterner Herr, der neben unbegrenzter Demut gegen die Kirche unter die Leitung seiner ihm sehr überlegenen Gemahlin und der von ihr bevorzugten Ratgeber sich stellte. Diese Ratgeber waren jetzt nicht mehr die Jesuiten, sondern die Theatiner. Die Kurfürstin hatte sie aus ihrem Vaterlande Savoyen mit sich gebracht, ihre Beichtväter waren Theatiner, erst P. Pepe, dann P. Antonius Spinelli aus Roveredo, der 1674 starb. Schon P. Pepe hatte zu dem Grafen Kurz, der die neue Kurfürstin aus Turin nach München begleitet hatte, gesagt: »Die Jesuiten dahier sind gar zu vorherrschend und gewaltig, nehmt uns in das Land auf, wir sind der Kappzaum der Jesuiten.« Jedoch die Grafen Kurz waren selbst zu sehr Jesuitenanhänger, als daß sie diesen Anschlag hätten unterstützen sollen. Er gelang erst, nachdem die Eifersucht der Jesuiten und Theatiner durch einen besonderen Vorfall zum öffentlichen Ausbruch gekommen war. Seit 1671 war in der Theatinerkirche ein Bild von Sandrart aufgestellt, das den Stifter des Ordens der Theatiner, den hl. Cajetan, Graf von Thiene, darstellte, wie er zu Neapel die Pest, heilt. Pater Gumpenberg in der Jesuitenkirche leugnete diese Wunder des heiligen Cajetan, die man hauptsächlich nur von dem heiligen Sebastian, dem großen allgemeinen Schutzpatron gegen die Pest, oder Ton dem Jesuiten-

FERDINANDVS MARIA DVX BAVAR ET PALAT. SVP. S. ROM. IMP. ARCHIDAPIFER PRINC. ELECT. COM PALAT. AD RHEN. etc.

Der Durchleüchtigſte Fürſt vnd Herꝛ Herꝛ
Ferdinand Maria, inn Ober: vndt Nieder:
Bayern, auch der Ober Pfaltz Hertzog, Pfaltzgrav:
bey Rhein, deß Heyl: Röm: Reichs Erts Trüchſes:
vnd Chürfürſt, Landgrav zu Leüchtenberg

·Cum Privileg: S. C. M .                    Cnſp: Merian Extrudit

heiligen, dem heiligen Franz Xaver, erwarten könne. Der neue Theatinerbeichtvater der Kurfürstin, Spinelli, ließ dagegen auf ihren ausdrücklichen Befehl Gegensätze sogar an den Kirchtüren anschlagen. Im Jahre 1660 gebar Adelheid nach achtjähriger Unfruchtbarkeit die erste Prinzessin Maria Anna, die nachher an den Dauphin, den Sohn Ludwigs XIV. von Frankreich, verheiratet wurde. Der Kurfürst hatte dem hl. Cajetan ein Gelübde getan, daß er, wenn seine Gemahlin ihm Erben schenken würde, ihm eine Kirche und ein Kloster zu München bauen wolle. Nun war der Vorzug der Theatiner entschieden, der Kurfürst baute mit großer Pracht die neue Theatinerkirche in München, auf Bitten seiner beleidigten Gemahlin erklärte er gar den Jesuiten zum Trotz den hl. Cajetan zum Patron des Kurhauses, der Kurlande und der Stadt München, ohne selbst Rücksicht auf die frühere Patronatsherrlichkeit des hl. Benno zu nehmen, die ihm einst 1576 Herzog Albrecht V., sein Vorfahr, verliehen hatte. Die Näherstehenden und besser Unterrichteten behaupteten freilich, daß zur Fruchtbarkeit der Kurfürstin Adelheid weniger St. Cajetan, als die stärkende Arznei des damals am Münchner Hofe eine große Figur spielenden italienischen Arztes Baron Simeoni beigetragen habe.

Durch die Kurfürstin Adelheid ward der Kurfürst wie vom hl. Benno zum hl. Cajetan, so auch von dem zeither fast ununterbrochen im Hause Bayern festgehaltenen kaiserlichen Interesse in das französische herübergeleitet. Nach dem Tode Kaiser Ferdinands III. 1657 boten ihm Ludwig XIV. und der Kardinal Mazarin die wirksamste Unterstützung Frankreichs an zur Behauptung der eben durch den Tod Ferdinands III. frei gewordenen Kaiserkrone gegen Ferdinands Sohn, den König Leopold von Ungarn. Die Unterhandlung ging erst mehrere Wochen lang durch einen italienischen Kastraten Atto Melani, der ehemals in der Münchner Kapelle gesungen hatte und daher der Kurfürstin wohlbekannt war. Als dieser, ein drolliger Mensch, der nicht ohne Geist war, auf einer zweimaligen Reise, die ihn Mazarin nach München machen ließ, nichts ausrichtete, kam der Domherr Franz Egon

Graf von Fürstenberg, welcher Gesandter von Ferdinand Marias Vetter, Kurfürst Max Heinrich von Köln, beim Frankfurter Kaiserwahltag war, nach München. Dieser glaubte schon untrüglich über die Absicht des Kurfürsten sich aufgeklärt zu haben, die Kaiserkrone zu nehmen, als dessen Gesandter, Kanzler Dr. Oexl, in Frankfurt laut im Kurfürstenkollegium erklärte: »Wenn auch alle Kurfürsten seinem Herrn die Krone aufsetzen wollten, würde er doch den Kopf schütteln, so daß die Krone vor ihre Füße niederfallen werde.« Endlich im Dezember 1657 kam der Marschall von Grammont, französischer Botschafter zu Frankfurt, der ehemals nach der Nördlinger Schlacht der Gefangene des Kurfürsten Max gewesen war und den dieser mit den höchsten Ehren aufgenommen hatte: er hatte damals im Hause des Grafen Kurz gewohnt, und seitdem war eine Korrespondenz zwischen diesem und dem Marschall unterhalten worden. Grammont kam nicht, um zuzureden, wie er dem Kurfürsten sagte, sondern nur um sich über seine Intentionen aufzuklären. Diese Intentionen schwankten, wie der Kurfürst von Mainz Johann Philipp von Schönborn dem Marschall schon in Frankfurt gesagt hatte, stets zwischen »Vult« und »Non vult«. Er tat endlich, was Kurz, in dessen Hand er war, ihm riet: er erklärte sich dagegen, und zwar aus Gründen, »die, dürfte er sie verraten, jeden zum Schweigen bringen würden«. Grammont erzählt, daß der Schmerz der Kurfürstin überschwenglich gewesen sei, als sie erfuhr, daß mit einem Mann nichts anzufangen sei, der erfinderisch sich seiner eigenen Persönlichkeit bediente, um sich selbst Widerstand zu machen. Darauf ward 1658 der Erzherzog von Österreich als Leopold I. zum Kaiser gewählt.

Als jedoch der alte Graf Kurz, der so entschieden gegen die Annahme der Kaiserkrone sich erklärt hatte, 1662 gestorben war, trat nun Hermann Egon Graf von Fürstenberg, Sohn des Generals und Hofmarschalls Egon, in der Eigenschaft als Oberst-Hofmarschall und später Obersthofmeister und Präsident des geheimen Rats des Kurfürsten als dessen Hauptleiter auf. Er war der Bruder jenes bei den Unterhandlungen über Annahme der Kaiserkrone als Diplomat genannten Domherrn Franz Egon von Fürstenberg, der 1682 als Bischof von Straßburg, das unter ihm von Ludwig XIV. weggenommen wurde, starb, und zugleich war er der Bruder eines dritten Egon von Fürstenberg, Wilhelm, der bei Ferdinand Marias Vetter, Max Heinrich, Kurfürsten von Köln, alles galt. Man nannte diese drei schwäbischen Grafen Egon von Fürstenberg nur die drei Egonisten, um ihren Egoismus zu bezeichnen. Sie dienten, obgleich Kaiser Leopold Hermann Egon 1664 in den Reichsfürstenstand erhoben hatte, ganz dem französischen Interesse und empfingen Jahrgelder von Frankreich. Fürst Hermann befestigte das gute Einvernehmen zwischen den Höfen von Versailles und München bis zu seinem Tode 1674. Der Kurfürst Ferdinand Maria schloß sich dem neuen kaiserlichen System nicht an, das, seit Ludwig XIV. Holland 1672 überfallen hatte, den Kaiser, das Haupt der Katholiken, gegen Frankreich in den Bund mit dieser protestantischen, ketzerischen Republik und später mit dem ebenfalls ketzerischen England brachte. Er schrieb dem Kaiser noch unterm 6. Juni 1673 aus Schleisheim: »Er möge doch wegen der hochmüthigen Holländer, die es weder um Kais. Maj. noch um das Reich verdient hätten, den Friedens- und Ruhestand des geliebten Vaterlands nicht zerfallen lassen.« Obwohl das Reich 1674 dem Kriege des Kaisers beitrat, blieb Ferdinand Maria neutral, für diese Neutralität bezahlte ihn noch Frankreich gut: nach den Verträgen von 1670, 1673, 1674 und 1678 erhielt Ferdinand Maria 2 472 000 Gulden Subsidiengelder. Er sagte: »Schon als Knabe griff ich mit Händen, wie alle Hauskriege zu Reichskriegen gemacht, wie die Völker der Fürsten und der Liga zu fremden Zwecken mißbraucht worden. Im Krieg stets vorangestellt, bleibt das Reich im Frieden immer nur das geopferte Stiefkind.«

Seines Vaters Regierung hatten dreißig schreckliche Kriegsjahre erfüllt, Ferdinand Marias Regierung waren fast dreißig Jahre des Friedens. Das Land erholte sich wieder etwas in diesen Friedensjahren. Noch einmal nach siebenundfünfzigjähriger Unterbrechung ward unter Ferdinand Maria ein bayerischer Landtag gehalten, 1669, er war der letzte bayerische Landtag. Das Land übernahm auf demselben 1 340 000 Gulden Schulden, man traf Vorsorge selbst für außerordentliche Zeiten mit den Steuern, seitdem wurden nur noch in den sogenannten Postulatshandlungen von einem in München sitzenden landständischen Ausschuß von 20 Mann die Steuern gefordert. Diese Ausschußpersonen lohnte man, wie der Geschichtschreiber der bayerischen Landstände, Rudhart, sagt, mit dem übergroßen Vertrauen ab, »es mit Ablegung ihrer Rechnungen nicht so streng zu nehmen«. Sie bewilligten dem Landesherrn die Steuern, wie er sie begehrte. Unter dem letzten Kurfürsten Karl Theodor erhielten sie täglich zehn Gulden, dazu Orden, Kammerherrnschlüssel und andere Auszeichnungen, der Kanzler noch ein besonderes jährliches Gnadengeld vom Hofe oder eine Landpflege. »Dem Landschaftskanzler sagte man«, schreibt Rudhart, »nach, seine Stelle sei nach der des Ministers die einträglichste im Lande.«

Wegen der Kriegsunruhen zwischen dem Kaiser und Frankreich ward ein stehendes Heer unterhalten, das Münchner Zeughaus konnte 30 000 Mann mit Waffen versehen.

Die ganz französisch gebildete Kurfürstin Adelheid setzte den Hof auf einen ganz neuen Fuß. Das Schloß zu München ward ganz neu montiert und mit größter Pracht ausgestattet. Der Tourist Chapuzeau rühmt namentlich die Appartements der Kurfürstin, die aufs reichste, zierlichste und geschmackvollste mit den schönsten Möbeln, Plafonds, Täfelwerk, Vergoldungen, Lüsters und großen Spiegeln, namentlich aber mit ausgezeichneten Gemälden der besten Meister Italiens und Flanderns ausgestattet gewesen seien. Nymphenburg, von einem Edlen von Gassner erkauft, war der Kurfürstin nach der Geburt des Kurprinzen zum Kindbettgeschenk verehrt worden: seit 1663 ließ sie hier ein neues Lustschloß im französischen Stile von ihrem Architekten Agostino Barella bauen. Die kostspieligste Neuerung war die Einbürgerung der italienischen Oper 1658 wurde nach dem Muster des Palladioschen in Vicenza das neue Schauspielhaus hinter der Salvatorkirche gebaut, es stand bis zum Jahre 1802, wo es abgebrochen wurde. Die erste italienische Oper, die hier am 22. November 1662 bei der Taufe des Kurprinzen aufgeführt wurde, war von Peter Paul Graf Bissari, kurfürstlichem Kämmerer: Fedra incoronata. Die Opern gab der Hof unentgeltlich dem Adel und Volk mit großer Pracht, die Textbücher und sogar die Abbildungen der neuen Szenerien wurden dabei ausgeteilt. Der Hof hatte seinen eignen Theaterdichter: den genannten Grafen Bissari. Auch der Sekretär Dominic Gisberti, von dem Ottone in Italia, und der Rat Lodovico Orlandi dichteten mehrere Opern. 1680 führte der damals erst einundzwanzigjährige berühmte Neapolitaner Scarlatti eine seiner Opern in München auf. Nächst der italienischen Oper bestand noch ein deutsches und ein französisches Schauspiel – der Kurfürst unterhielt diese drei Schauspielergesellschaften in München.

Nächstdem gingen die Jesuitenschauspiele fort, dazu gab es noch eine Art von Volkstheater in München. Mit ihren Darstellungen, den sog. »Weberspielen«, wanderten diese Schauspielergesellschaften für das Volk, Schüler und müßige Handwerker, besonders Weber, in den Städten und Märkten umher, Faber, ein Brauer, räumte ihnen endlich zu München den Hinterteil seines Brauhauses auf der Sendlingergasse ein.

Auch die italienischen Lustreisen zum Karneval und andern Festen in Venedig, die nachher eine stehende Ergötzlichkeit für die bayerischen Kurfürsten seit Max Emanuel wurden, begannen unter Ferdinand Maria: wir treffen ihn 1667 bei der Vermählung des Dogen mit dem adriatischen Meere.

1674 brach im Schloß zu München ein Brand aus, um die Zeit des Schlafengehens, durch Unvorsichtigkeit des Fräulein von la Perouse, der ersten Dame d'honneur der Kurfürstin, einer sehr frommen Dame, die über ihrem Abendgebet bei brennender Wachskerze eingeschlafen war, die Bettvorhänge wurden von der Kerze ergriffen. Kaum konnte sich die Kurfürstin, halb angekleidet, mit ihren Kindern und Kammerfrauen durch den bedeckten Laubengang, der das Schloß mit dem Theatinerkloster verband, retten, vergebens hielt die herbeigeeilte Priesterschaft mit dem Allerheiligsten dreimal Umgang um die Flammen, das Schloß brannte zum großen Teile aus. Nur vier Skapuliere und Agnus Dei, die man ins Feuer warf, erhielten, wie der Marquis von Beauveau, der Gouverneur des jungen Kurprinzen berichtet, den übrigen Teil, oder die Besonnenheit eines italienischen Baumeisters, der die Verbindung mit den Vorzimmern zertrennte, oder endlich eine starke Quermauer vor dem sog. Kaisersaal. Der Kurfürst war nach Braunau gereist, er sah mit Gleichmut den Schutt und tröstete die untröstliche Urheberin des Unglücks. Seit diesem Schreck kränkelte die zarte Kurfürstin, zwei Jahre darauf starb sie, von den Jesuiten mit auffallendem Stillschweigen bei ihrem Tode behandelt. Von dieser Kurfürstin Adelheid ist die sogenannte »Zügenglocke« gestiftet, die, wenn jemand in den letzten Zügen liegt, auf Verlangen geläutet wird, damit die Gläubigen sich in der Kirche zum Gebet versammeln. Die Stiftung ward nach Aufhebung der Klöster von der Theatinerkirche auf die Kirche zu Unserer lieben Frau übertragen. Von derselben frommen Kurfürstin ward auch 1663 die hochadelige Versammlung der »Sklavinnen Maria« gegründet.

Mit ihrem Tod floh der Reiz des Lebens für Kurfürst Ferdinand Maria. Er zog sich in die Einsamkeit der Klause zu Schleisheim zurück, wo er in Schwermut und Andacht noch drei Jahre zubrachte. 1679 folgte er seiner geliebten Gemahlin nach, er starb in dem stillen Schleisheim an einer ganz plötzlich zugestoßenen Schwachheit innerhalb einer Viertelstunde.

# Kurfürst Maximilian II. Emanuel
## 1679–1726

Hatte sich Kurfürst Ferdinand Maria dem französischen Wesen und Interesse sehr geneigt finden lassen, so ward unter der siebenundvierzigjährigen Regierung seines Nachfolgers Max II. Emanuel 1679–1726 der bayerische Kurhof zu München völlig französisch.

Max Emanuel war 1662 zu München geboren und beim Tod seines Vaters noch nicht siebzehn Jahre alt. Es trat daher wieder eine kurze, vierzehnmonatliche vormundschaftliche Regierung ein, die sein Oheim Max Philipp von Leuchtenberg führte.

Schon als Kind hatte Max Emanuel die größten Erwartungen erregt. Er genoß die vortrefflichste Konstitution, zeigte frühzeitig bewundernswürdiges Geschick für ritterliche Übungen und saß schon als zehnjähriger Knabe wie der beste Stallmeister fest im Sattel. Besonders aber hatte der Prinz durch Folgsamkeit, gefällige Manieren und ein gewisses gesetztes Wesen angenehme Erwartungen erregt.

Sobald Max Emanuel sein eigner Herr war, traten, unter den Schmeicheleien der Höflinge wucherisch noch größer gezogen, die beiden Hauptneigungen der damals lebenden großen Herren bei ihm hervor: der Durst nach Wohlleben und Vergnügen und der Durst nach Ruhm und Glanz. Das Leben, das er wie einen Freudenbecher niederzuschlürfen gedachte, erwies sich leider Max Emanuel zuweilen sehr ernst, und in diesen ernsten Momenten fehlte ihm die Kraft des Charakters, die innere Sammlung. Von ihr nicht gekräftigt, ward er ein Spielball der äußeren Eindrücke, die auf ihn einkamen, ein trauriges Beispiel, zu welcher Erniedrigung auf einem Throne der Leichtsinn führt.

Max Emanuel scheint es schwer angekommen zu sein, sich mit den Geschäften zu befassen, sein ehemaliger Instruktor und dama-

MAXIMILIANVS EMANVEL V. B. S. P. D. C. PAL. RHENI S. R. I. ARCHIDAP. ELECTOR

liger Kabinettssekretär Corbinian Prielmayr von Priel war daher sinnreich genug, um dem jungen Herrn nach seinem Regierungs- antritt Geschmack an den Geschäften und namentlich am Selbst- lesen der einlaufenden Berichte beizubringen, eine Verordnung ausgehen zu lassen, daß alle Beamten in Bayern sich einer schönen Handschrift befleißigen sollten – bei Verlust ihrer Stellen. Alle Landeskanzleien empfingen in Kupfer gestochene Vorschriftsblät- ter, und es wurden sogar eigens Schreiblehrer angestellt.

Der Anfang der Regierung Max Emanuels fiel in die Zeit, wo in Deutschland alles zwischen dem alten Haus Habsburg und der neuen Sonne am politischen Himmel, der französischen Sonne Ludwigs XIV., schwankte. Die Räte Max Emanuels waren fast alle österreichisch gesinnt. Daher gelang es Ludwig nicht, den jungen Kurfürsten zu einem Bündnis zu bewegen. Um indessen Fuß in München zu fassen, erbat sich Ludwig für seinen Dauphin die Hand der Schwester Max Emanuels, der Prinzessin Maria Anna. Gleich nachdem der berühmte Colbert zu Nimwegen 1679 den Frieden mit dem Kaiser gezeichnet hatte, ward er von da weg als Ambassadeur extraordinaire nach München gesandt. Er brachte des Dauphins Bild mit, wie die Frankfurter Relationen berichten, »sehr künstlich in Wachs gemacht, so 8000 Livres gekostet«. Zugleich brachte Colbert einen berühmten Maler von Paris mit. Er malte die Prinzessin, das Konterfei ward durch einen Kurier nach Paris gesandt, wo man sie »admirabel schön« fand. Am 26. Januar 1680 erschien als anderweiter Ambassadeur extraordinaire der Duc de Crequy mit den Hochzeitsgeschenken in München: sie be- standen in sechs von Gold und Silber gestickten Garnituren und Spitzen, mit den herrlichsten Edelsteinen besetzt, im Wert 200 000 Kronen. Am 28. Januar vollzog der Duc die Heirat mit der Prinzessin durch Prokuration im Herkulessaal der Residenz zu München. Darauf reiste er mit der Prinzessin ab. Zu Schlettstadt im Elsaß übernahmen sie der Duc und die Duchesse de Richelieu; am 6. März empfing sie der König, die Königin und der Dauphin zu Chalons in der Champagne, am 18 März langte Madame la Dau- phine in St. Germain und am 20. März in Versailles an.

Es war im Werk, daß Max Emanuel seinerseits auch eine französische Prinzessin, die Tochter des Herzogs von Orleans, die Schwester der Königin von Spanien, heiraten sollte: die Österreichische Partei und die Jesuiten hintertrieben das, und Kaiser Leopold ward veranlaßt, eine Zusammenkunft mit dem Kurfürsten bei dem Muttergottesbilde zu Altötting persönlich zu halten: hier bat das allerhöchste Reichsoberhaupt.Max Emanuel um seine Freundschaft und verehrte ihm einen kostbaren Degen mit Diamantgriff. Der junge Max war enthusiasmiert: er widmete jetzt Österreich Blut und Leben – vorerst gegen die Türken, später auch gegen die Franzosen.

Max Emanuel war 21 Jahre alt, als er dem Kaiser Leopold in dem schwersten Jahr, das Österreich im siebzehnten Jahrhundert gehabt hat, 1683, mit 11 300 Mann in Person zuzog, um seine von den Türken bedrängte Hauptstadt zu entsetzen. Er machte auf diesem Feldzug und den ihnen nachfolgenden in Ungarn – die man die letzten Kreuzzüge nannte – seine Schule. Sein strategischer Mentor wurde der im holländischspanischen Krieg erprobte Feldmarschall Georg Briedrich, der erste Fürst von Waldeck. 1684 wohnte Max der Belagerung Ofens bei und erwies sich ungemein eifrig fürs Interesse Österreichs. »In den Geschäften von der größten Schwäche, im Felde von der höchsten Bravour, irresolu au cabinet, mais decidé aux coups de fusil, faible au conseil de guerre et ferme au jour de bataille«, so urteilte Prinz Louis von Baden über ihn. Wie sein Großvater, der große Max, Ferdinand II. Böhmen erobern machte, so half Max Emanuel hauptsächlich dazu, daß Ungarn Leopold wiedererobert wurde.

Im Jahre 1685 kam dafür die Belohnung, die Hand der Tochter des Kaisers, die Erzherzogin Maria Antonia, jene reiche Hand, die die Anwartschaft auf die bei einer nahe in Aussicht stehenden Erledigung des spanischen Thrones, die nicht nach salischem Gesetz bloß an Männer zu vererbenden Niederlande, ja die Anwartschaft auf die spanische Krone selbst gab. So glaubte man in München, kannte aber und ahnte nicht Österreichs geheime Pläne.

Nach seiner Heirat tat Max Emanuel noch drei Feldzüge in Ungarn. Er war 1686 beim Sturm von Ofen, das jetzt nach über anderthalbhundertjährigem Türkenbesitz wieder in Österreichs Hand kam, Max Emanuel siegte 1687 mit Lothringen bei Mohacz und eroberte endlich im dritten Feldzug 1688 als Oberfeldherr sogar das überaus wichtige Belgrad. Der junge feurige Kurfürst zeichnete sich überall aus; die Türken brüllten allemal, wenn er sich zeigte: »Der blaue König! Der blaue König!« Im Sturme von Ofen wurde er wiederholt zu Boden geworfen und verschüttet. Bei Mohacz pfiffen die Kugeln durch seinen Hut und Federbusch, und mehrere fuhren durch die Kleider. Eben als er in des Großveziers prächtiges Gezelt einreiten wollte, wurde ihm noch ein Pferd unter dem Leib erschossen.

Aber die Kosten dieser Feldzüge waren schwer: außer Tausenden von Menschen hatten die sechs Kampagnen 20 Millionen Gulden gekostet. Ebenso kostete die Ehre der Österreichischen Verwandtschaft sehr teuer. Um den Aufwand zur Vermählung bestreiten zu können, hatte Max Emanuel von den Ingolstädter Jesuiten eine große Summe, die sie aus der Bank von Venedig zurückgezogen, entnehmen müssen. Es war damals 1685 bei der Heirat ein prächtiges goldenes Service beschafft zu den zwei großen Büfetts von Gold, welche Max Emanuels Vater, wie Chapuzeau berichtet, bereits besaß. Das neue goldene Service bestand aus neun Dutzend Tellern und sechs Dutzend Schüsseln, ferner aus sechs Schalen, sechs Leuchtern, einem großen Gießbecken, zwei herrlich ausgearbeiteten Waschbekken, zehn Konfektschalen und vielen goldenen Löffeln, Messern und Gabeln, deren viele, gleich den Vorschneidemessern, mit Edelsteinen besetzt waren. Es war das erste jener prächtigen Service, deren es bis zur Revolutionszeit, wie behauptet wurde, nur fünf in der Welt gab. Bei den teuren Vermählungsfestlichkeiten, die in München stattfanden, ward unter anderm eine Oper von Abbe Agostino Steffani, nachherigem Kapellmeister in Hannover und Bischof von Spiga, mit wahrhaft königlicher Pracht gegeben.

Die kaiserliche Prinzessin blieb indes nicht lange bei ihrem Eheherrn, sondern ging in die Kaiserburg nach Wien zurück. Die Jesuiten setzten dem jungen Kurfürsten wegen seiner Türkenfeldzüge eine Statue vor ihrem Kollegium zu München. Taufen von gefangenen Türken reihten sich von jetzt unter die Hof- und Volksfeste ein.

Während der türkischen Feldzüge hatte der Kurfürst wiederholt den damaligen Hauptweltfreudenort Venedig besucht. Er kam im Karneval 1687 dahin, vor dem großen Sieg bei Mohacz. Zu gleicher Zeit war Prinz Eugen da und noch eine Menge deutscher, italienischer, französischer und polnischer Fürsten. Auch hier, im italienischen Venusberge, ward gewaltig viel Geld vertan. »I. Churf. Durchl.«, berichten die Frankfurter Relationen, »kamen (im Jan. 1687) mit einem großen Gefolg zu Venedig an, welchen die Republik durch einen Assessoren complimentiren und ein Regal von allerhand Wildpret, köstlichem Getränk und Fischen nebst anderem verehren ließ. Bald nach seiner Ankunft tractirte der Herzog von Mantua I. Ch. D. sehr magnific. Es fand sich auch ein der Prinz von Hannover, der Prinz von Sachsen-Eisenach, der Markgraf von Baireuth mit seiner Gemahlin, der Herzog von Nevers, die Söhne des Marquis von Louvois und des Marschalls von Crequy und der Fürst Lubomirsky. 10. Febr. hielt der Edle Morosini ein großes Fest in seinem Palast, wozu I. Ch. D. aus Baiern, Prinz von Baireuth nebst seiner Gemahlin, der Fürst Lubomirsky und alle anwesende große Herren und wohl über 300 Dames eingeladen wurden. Es war über den schönen Ball mit männiglicher Verwunderung anzusehen das über die Maaßen schöne Kleid, so I. Ch. D. anhatte, indem solches voller kostbarer Edelsteine dergestalt besetzt war, daß es einen solchen Schein von sich warf, daß es die Augen blendete. Die Republik suchte I. Ch. D. alle geziemende Ehre zu bezeigen, und weil Sie den 17. Febr. das Arsenal zu besehen sich vorgenommen, so wurden in Dero Gegenwart vier große Stücke gegossen, desgleichen wurde I. Ch. D. zu Ehren ein neugebautes Kriegsschiff mit 400 Personen von dem Land zum erstenmal ins Wasser gestoßen, auf welchem Schiff I. Ch. D. und andern Prinzen eine köstliche Kollation vorgestellt wurde. Bei dieser Gelegenheit praesentirten sich die beiden gefangenen Paschen und Gebrüder von Napoli di Romania und Chialefa und machten I. D. auf türkische Manier ihre Reverenz. Andern Tags hielt I. D. von Baireuth eine kostbare Musik, welcher I. Ch. D. und der Herzog von Savoyen nebst andern Prinzen beiwohnten. Den 23. Febr. erhuben sich I. Ch. D. nach Malamocco und besichtigten allda einige Kriegs- und Kauffartheischiffe, von welchen sie mit Lösung der Stücke empfangen wurden. Andern Tags wurde I. Ch. D. zu Ehren auf dem großen Kanal ein Schiffsgefecht von einigen venetianischen Edelleuten gehalten und selbigen Tags wohnten auch I. Ch. D. dem gewöhnlichen Jahrgefechte auf der Brücke zu S. Barnabas bei, allwo die Nicoletti diesesmal den Sieg und die Brücke erhielten.

Den 26. Febr. gab der Edle Venier zu S. Vito auch einen kostbaren Ball I. Ch. D. und Herzogen von Savoyen zu Ehren. Worauf sich andern Tags I. Ch. D. wiederum nach München begaben.«

Hier in München umgab Max Emanuel dieselbe Pracht, die man in Venedig an ihm bewundert hatte. Als sein Schwiegervater, der Kaiser, mit der Kaiserin und dem in Augsburg neugekrönten Joseph I. wieder nach Wien zurückgehend durch München kam, 1690, ließ er sie sehen – es war wieder Karnevalszeit.

»4. Febr. 1690«, berichten die Relationen, »kam das kaiserliche Komitat Mittags eine gute Stunde vor München auf das Dorf und Schloß Menzing, allwo I. Ch. D. von Baiern mit einer ansehnlichen Suite sämmtliche hohe Gäste einzuholen erschienen. Und weil dieselbe bereits vorhin sich diese hohe Ehre ausgebeten hatten, daß sämmtliche Majestäten in Dero Churf. Residenzstadt München eine kleine Einkehr zu nehmen sich gnädigst belieben lassen möchten, so waren inmittelst die Zurüstungen, diese hohen Kais. und Kön. Gäste daselbst gebührend zu empfangen, mit größtem Eifer gemacht und beschleunigt worden. Wie denn noch selbigen Tag und zwar wegen darüber einbrechender Nacht unter häufiger Beleuchtung der Fackeln und Windlichter, wie auch im Gewehr stehender Soldatesca und Bürgerschaft und voran marschirender etlicher Kompagnien wohl montirter Reiter und zu dreienmalen gegebener Salve aus den Stücken der Einzug mit größter Solennität in die Stadt München geschehn. Als nun die sämmtliche hohe Gesellschaft bei der Stiftskirche angekommen, empfing sie von dem H. Weihbischof von Freisingen das Weihwasser und wurden sämmtliche Maj. Maj. Maj. unter einem weißen Himmel von der ganzen Clerisei von da in den Chor geleitet. Nach geendigtem Te Deum laudamus ging der Zug vollends in die Churf. Residenz, allwo die Zimmer vor die Kais. und Kön. Majestäten extraordinari herrlich und mit den goldreichsten Tapeten behänget waren, darin auch aus dem Churf. Schatz in lauter Gold tractiret wurde.

Den folgenden Tag, nämlich den 5. Febr., ließen I. Ch. D. nach vollbrachtem Gottesdienste und darbei angehörten herrlichen Musique auch darauf eingenommener Mahlzeit – dabei sehr kostbar und aus lauter Gold gleichfalls tractiret und gespeist wurde – dero hohe Gäste mit einer angestellten opera belustigen, wobei die künstlichen Maschinen und das in sechzehn mal veränderliche Theatrum wie auch die Musik und die wohlgeschickten Komödianten sowohl als die sinnreiche Action ›von Heraclio‹ an ihr selbst nicht geringe admiration verursachten.

Den 6. war den Mittag ein ansehnlicher Turnier angestellet, zu welchem sämmtliche Maj. wie auch Chur- und Fürstl. hohe Anwesende vor die Stadt hinausfuhren. Es hatten I. Ch. D. sich gefaßt gemacht, in eigner hoher Person eine Probe von dero Behändigkeit sehen zu lassen, und trugen dieselbe einen rothsammtnen Rock, welcher über und über schwer mit Diamanten und Rubinen besetzt war, so etliche Tonnen Goldes werth geschätzt wurde. Auf dem Platz stund ein Parnassus, auf welchem sich die Hof-Musici enthielten und unterweilen sich sehr annehmlich hören ließen. Dergleichen bei dem Eingang die zwei Heerpauker sammt sechzehn Trompetern auch auf das Beste thaten …«

Max Emanuels Jahr war regelmäßig zwischen Kriegslärm und Freudenlärm geteilt: die Sommer brachte er auf der Türkenkampagne in Ungarn zu, die Winter riefen ihn teils nach Venedig, teils nach München. Der französische Gesandte hier, der berühmte Marschall Marquis de Villars, war mit dem Kurfürsten der Hoffestordner: »Den ganzen Winter über hatten Amouretten, Caroussels, Opern, Comedien und Schlittenfahrten kein Aufhören«, schreibt er.

Max Emanuel befand sich eben nach seiner gewöhnlichen Lebensweise wieder im Dezember 1691 zu Venedig, als Eilboten aus Madrid an ihn kamen, um ihm von seiten des letzten habsburgischen Königs von Spanien, Karls II., die Statthalterschaft der spanischen Niederlande mit unbeschränkter Vollmacht und einem Jahresgehalt von 180 000 Talern anzutragen. Er eilte sofort über die beschneiten Alpen nach München zurück und bestellte hier in Eile die Landesverwaltung. Darauf hielt er in den letzten Tagen des März 1692 unter dem Donner der Kanonen und dem Geläut aller Glocken seinen feierlichen Einzug in Brüssel. Er trat hier mit höchster Pracht auf, ließ goldne und silberne Münzen unter das Volk auswerfen, die 30 000 Gulden, die der Stadtrat ihm im vergoldeten Prunkwagen zum Willkommen verehrte, schenkte er den Soldaten der Besatzung. Dieselbe Pracht fuhr er fort in seinem Hofleben zu entfalten und belohnte königlich freigebig die Maler des Landes, die Schauspieler, die Sänger. Er fuhr fort, den französischen Feldzügen beizuwohnen, bis der Frieden mit Frankreich zu Ryswick 1697 abgeschlossen ward. Kam er aus den Lagern in seinen Palast zu Brüssel zurück, so überließ er sich dem Vergnügen.

Max Emanuel war ein schöner Mann von gefälligem Wuchs, seine Züge waren männlich, doch fein, einschmeichelnd sein Auge, stattlich Haltung und Manieren. Sein Anzug war immer mit Sorgfalt gewählt: er trug eine mächtige Perücke, die vom Scheitel über Achseln, Brust und Rücken in schön gekräuselten Locken herniederwallte, Rock und Weste waren reich gestickt, die Schöße reichten bis zum Knie, die Halsbinde war mit langen

Enden von zarten Brüssler Spitzen geziert, dazu kam ein leichter dreieckiger Hut und ein leichter Schmuckdegen an der Seite. Mutig, schön und freigebig, gewann er die Herzen der Männer und der Frauen. Ungeheure Summen verschlangen die Liebeshändel mit den Sängerinnen in Brüssel. Eine derselben, schon ihm ungetreu, während er sie noch unterhielt, führte eine Art Tagebuch über seine Liebesabenteuer und plauderte sie lachend aus, die Memoiren des Marquis von Sassenage, eines Schwiegersohns des Marschalls Tallard, enthalten davon die glaubhaften Belege, so romanhaft sie sonst sind. Max Emanuel liebte leidenschaftlich das Spiel, ein junger Soldat Dussarsan gewann ihm an einem Abend drei Hüte voll Gold ab und ward in Zeit eines Winters durch sein Glück in der Karte ein reicher Mann.

Zu diesen immerwährenden Vergnügungen Max Emanuels in Brüssel mußten ihm die Bürger und Bauern aus Bayern aufs doppelte erhöhte Steuern schicken: sie zahlten, aber sie meinten: »Der Kurfürst brockt den Niederländern sein Baiern ein.« Es ward Sprichwort im bayerischen Volke: »In Brüssel geht's zu wie im ewigen Leben.«

Natürlich kam der Kurfürst gar öfters in solche Geldverlegenheit, daß er Schulden über Schulden machen mußte. Betrüger mißbrauchten ihn. So kam der berüchtigte Conte Ruggiero zu ihm nach Brüssel, täuschte ihn durch Transmutationen und versprach, ihn zum reichen Mann zu machen. Während er zu Fertigung der Tinktur im Großen Anstalten machte, ließ er sich nichts abgehen und soll dem Kurfürsten 60 000 Gulden gekostet haben. Er ernannte den Betrüger, der nachher 1709 in Preußen am Galgen starb, zum kurbayerischen Feldmarschall, Generalfeldzeugmeister, Etatsrat, Obristen über ein Regiment zu Fuß und Kommandanten von München. Zuletzt entdeckte zwar auch der Kurfürst, daß er von Ruggiero hintergangen worden sei, er ließ ihn aufs Schloß Grünewald in Bayern gefangen setzen, nach sechs Jahren aber gelang es Ruggiero, zu entfliehen. Später kam noch ein Graf Taufkirchen und erbot sich, so viel Gold zu machen, daß Bayern dafür zu klein sei. Aber auch er war nur ein kostbarer

Prahler. Zuletzt kam der Kurfürst durch seine großen Geldverschwendungen in solche Not, daß er den Kaufleuten in Amsterdam seine Juwelen und die kurfürstlichen Kleinodien verpfänden mußte. Er war nach und nach den Holländern 1 125 000 Gulden und mehrere verfallene Zinsen schuldig geworden, im Jahre 1715 drohten ihm die Generalstaaten als Bürgen für diese Schulden, nachdem sie wiederholt an die Zahlung gemahnt, mit dem Verkauf seiner Juwelen, erst im Jahre 1721 bewilligte ihm der bayerische Ständeausschuß zu Einlösung der versetzten Kleinodien und Tilgung der übrigen vielen Schulden acht Millionen. Dennoch hinterließ Max nach seinem Tode noch die jener Zeit ungeheuer sich darstellende Summe von 30 Millionen Gulden Schulden.

Die Statthalterschaft der Niederlande betrachtete er in geheimer Hoffnung als die Vorstufe zu Erlangung der spanischen Kronen, deren baldiger Anfall nach dem Tod des letzten spanischen Königs vom Hause Habsburg, Karls II., der kinderlos und krank und schwach war, eben in Aussicht stand. Von seiner Gemahlin Antonia von Österreich, deren Mutter die Tochter Philipps IV. und Schwester Karls II. von Spanien war, hatte er einen zu Wien 1692 geborenen Sohn Joseph Ferdinand, den sein königlicher Großoheim in Spanien durch seinen Großbotschafter aus der Taufe hatte heben lassen. Da die andern beiden Kronprätendenten, Österreich und Frankreich, in hohem Grade die Eifersucht der Seemächte England und Holland erregten und der spanische König selbst allen Partagetraktaten entschieden abgeneigt war, so schien in der Tat für Max Emanuels Ehrgeiz die geheime Hoffnung auch eine gerechte Hoffnung werden zu können.

Neun Monate war er in Brüssel, als seine Gemahlin Antonia, die seit längerer Zeit in der Burg ihres kaiserlichen Vaters getrennt von ihm zu Wien gelebt hatte, Ende 1692 starb. Zwei Jahre darauf schritt der Kurfürst zu einer neuen Vermählung.

Die neue Kurfürstin war Therese Kunigunde, königliche Prinzessin von Polen, die Tochter des berühmten Johann Sobiesky, mit dem der Kurfürst einst 1683 die Türken von Wien weggeschlagen hatte. Therese war eine sehr schöne, aber bitterböse

Polin. Sie hatte die Wunderlichkeit, keiner andern Frau die Schönheit zugestehen zu wollen, und war besonders deshalb auf ihren galanten Gemahl sehr eifersüchtig. Trotzdem sie selbst es an Galanterien nicht fehlen ließ, plagte sie ihren Gemahl unaufhörlich durch Launenhaftigkeit und Starrsinn. In ihrem späteren Alter ward sie höchst bigott.

Sie war 18 Jahre alt, als sie 1694 mit dem zweiunddreißigjährigen Kurfürsten Max Emanuel sich in Warschau durch Prokuration vermählte. Sie reiste dann zu ihm nach Brüssel. Auf der Reise dahin kam sie am 5. Dezember nach Berlin und blieb drei Tage. Der prachtliebende Kurfürst von Brandenburg, der nachmalige erste König von Preußen, Friedrich I., empfing sie mit den ergötzlichsten Divertissementen, Ball, Oper, Bärenhetze, Feuerwerk. »Unter denen Divertissementen, so man der Durchl. Braut zu Baiern angestellet, hatte besonders das am 6. Abends angezündete Feuerwerk den Vorzug für allen. Erstlich brannte in einem blauen Feuer der Tempel der Liebe, in dessen Mitte sich die Göttin Venus präsentiret und war der Cupido zu oberst mit von sich schießenden Pfeilen fliehend, sehr rar zu sehen; zu beiden Seiten stunden zwei Grazien, so die Tugenden der Churf. Bair. Gemahlin vorgestellet« usw. So die Frankfurter Relationen. Aber die Prinzessin war sehr ungraziös. Der Kurfürst ließ am andern Tag ihr zu Ehren eine große Oper aufführen. Auf die an sie ergangene Anfrage, um welche Stunde man anfangen sollte, bestimmte sie 10 Uhr, allein man wartete bis Mitternacht vergebens auf sie. Sie ließ sich endlich durch einen Hofkavalier entschuldigen, daß ihr nicht wohl sei, man erfuhr aber, daß sie die ganze Nacht mit den polnischen Damen und Herren ihres Gefolges an der Tafel zugebracht habe. Wahrscheinlich erschien sie nicht, um nicht ihre Schönheit mit der der schönen Kurfürstin Charlotte – der nachherigen philosophischen Königin – in Vergleich bringen zu lassen. Diese seltsame Laune, nicht öffentlich erscheinen zu wollen und sich deshalb immer krank zu stellen, behielt sie auch bei, als sie am 2. Januar 1695 zu Wesel abends 8 Uhr durch den mitgebrachten Bischof von Plock in Person mit dem Kurfürsten ver-

mählt und mit ihm in Brüssel angelangt war. Sie verbat sich gleich
bei der Ankunft alle Empfangsfeierlichkeiten. »Sind«, berichten
die Relationen, »S. Churf. D. am 11. Jan. zu Brüssel Abends um
sieben Uhr angelanget, wiewohl ohne einige publique Freuden-
und Empfangsbezeugung, weil es S. Churf. Durchlaucht nicht
zugeben wollen, inmaßen solches alles nebst einer vortrefflichen
Cavalcade auf den Tag, da der Brüßler Magistrat den Ehrenwein
präsentirt, versparet worden.«

Schon mit dem ersten Beginn ihrer Ehe erklärte die seltsame
polnische Dame dem Kurfürsten, daß sie zu ihm keine Neigung
fühle. Im Jahre 1696 bereits schüttete der Kurfürst seine bitteren
Klagen gegen ihre französische Mutter aus, die Königin von
Polen. Er schrieb ihr, wie Lang in seinen Memoiren berichtet:
»Ihre Tochter habe keine Application, wolle nichts als Romane
lesen, mit jungen Leuten ihres Alters umgehen, nur immer Mas-
kenbälle, aber keine Kirche besuchen. Sie werde schon grollend,
wenn sie nur von fern eine Hofdame erblicke, nehme auf ihre
Spazierfahrten nur ihre Kammerfrau mit, lasse sich an keiner
öffentlichen Tafel sehen. Sie begegne dem Adel verächtlich. Sie
bete nicht, sie beichte nicht, sie rede nicht mit ihm, weil sie ihn
für untreu halte, ob er gleich schwören könne, daß er, seit der
Vermählung, mit seiner vorigen Maitresse (Anna Franzisca von
Louchier) nichts mehr zu thun gehabt, sie an den Grafen (Ferdinand) von Arco verheiratet und mit ihrem Kinde (dem Grafen
Emanuelde Bavière) nach Holland geschickt habe. Sie drohe ihm
immerwährend mit dem Heimgehn.« Als der Kurfürst endlich (im
Jahre 1696) die Freudenbotschaft bringen konnte, daß seine
Gemahlin in gesegneten Umständen sich befinde, schüttete er
neue Klagen aus: »Daß sie niemand um sich dulde als ihre polnischen Leute, den Sekretär Swaikocki, die Gelgikowa, die Kalmückin und den vermaledeiten Leibjuden, ihren Konditor, aus
Plock. Gott gebe nur, daß das Kind nicht der Kalmückin oder
dem verfluchten Juden gleich sehe.« Während der Schwanger-
schaft erschallten dieselben Klagen immerfort: »Sie soupire früh
Morgens, fange jetzt an zu spielen, sie führe ein Hofleben, wie

man es im Hause Baiern seit 300 Jahren nicht gesehen, ohne Kammerherrn, ohne Pagen, es sei eine Strafe Gottes; Sie verwerfe alle Ammen, die hübsch aussähen. Er habe verlangt, man solle das Kind mit Reliquien und dem Agnus Dei behängen, die gottlose Frau sorge aber wenig dafür.«

Der Kurfürst ließ nun die Gräfin Arco zurückkommen, aber die Kurfürstin forderte alsbald wieder ihre Abschaffung, »als einer alten Hexe, die Liebeszauber treibe«. Der Kurfürst weigerte sich dessen und erklärte in einer schriftlichen Antwort: »Wenn er überall seine Maitressen relegiren müsse, die er vor der Ehe gehabt, so müßte er, um nicht überall eine zu finden, nach Indien gehen. Die Frau Gemahlin solle unbesorgt sein. Auf alte Maitressen komme man nicht zurück. Das Evangelium der Liebe sei Neuheit.« Einmal wurde der Kurfürst im Ernst böse und schrieb: »Wenn sie sich wieder unterstehe, mit der Kammerfrau Nachts im Park herumzufahren, so werde er die Begleitung mit dem lieben jüdischen Konditor auf der Stelle zum Teufel jagen. Von nun an solle sie nicht anders promeniren, als mit zwei Hofdamen im Wagen, hinten mit zwei aufstehenden Lakaien und dann einer zweiten nachfolgenden Karosse des von Freiberg. So sei es bayrische Hofsitte, aber nicht wie sie Nachts maskirt herumzureiten.« Den folgenden Tag fügte er dieser Drohung noch eine zweite bei: »Wenn sie wieder im Parke spazieren fahre, so sollten vorher alle anderen Leute herausgetrieben werden.« Der Kurfürst hatte den Entschluß gefaßt, sich der Frau Gemahlin als Herrn zu zeigen, vorher »habe sie ihn nur als Liebhaber und Sklaven gekannt«. Darauf verweigerte die Kurfürstin ihrem Herrn die Ehre des Bettes und ließ ihm durch den Baron Mayr die Ehescheidung proponieren. Der Kurfürst gab ihr in seiner Antwort 24 Stunden Bedenkzeit – »außerdem könne etwas erfolgen, was sie nicht ahne. Sie werde aber wohltun, hierbei ihren Beichtvater – den Jesuitenpater Schmacke – nicht zu hören.« Der gedrohte, nicht geahnte Erfolg dieser ganzen Unterhandlung war endlich, daß der Kurfürst auf das Zimmer der Kurfürstin kommen und Abbitte tun mußte. Alles wurde nun der Verhetzung der Hofdame La Croy, einer äußerst einfältigen, aber boshaften Frau Schuld gegeben. Die Abbitte trug aber dennoch keine Früchte der Versöhnung. Vielmehr beschwerte sich jetzt der Kurfürst über das böse Herz seiner Gemahlin. Er klagte sie an: »Sie gönne keinem Menschen etwas Gutes, ja nicht einmal ein schönes Wort, noch nie habe sie ein Almosen gegeben, liebe nur sich selbst, hasse alle, die schöner sein wollten, als sie und esse Kampfer.« Die Kurfürstin, um der zeremoniösen Spazierfahrt auszuweichen, verkleidete sich nun als Kammerfrau und nahm als solche Abendbesuche vom Balkon an. Mit der steifen Oberhofmeisterin wurde aller Schabernack getrieben, dagegen stieg eine Frau von Valsassina zu großer Gunst.

Gegen die Vorwürfe seiner Schwiegermutter verteidigte der Kurfürst seine eigene Untreue mit folgenden Gründen: »Es hätten seine Liebschaften den Grund nicht in seinem Herzen, sondern in der Politik. Wenn Gott ihn fallen lasse, so geschehe es immer fein säuberlich nur unter der Hand. Diese seine Infidelités lasse er sich nicht verwehren, weder von Gott noch von Menschen.« Er weigerte sich auch fortwährend, die Gräfin Arco zu entfernen. Nun drohte die Kurfürstin neuerdings mit der Scheidung und Abreise nach Holland.

Als Therese Kunigunde später (1701 während des spanischen Erbfolgekrieges) nach München kam, empfing sie dort ein allgemeiner Haß. Sie wollte auch hier, wie in Brüssel, nur polnische Gesellschaft um sich haben, die Kinder sollten nicht einmal deutsch lernen. Sie selbst hatte unterdessen das Gitarrespielen gelernt. Endlich konnte es auch ihre polnische Dienerschaft nicht mehr bei ihr aushalten und lief davon.

Nachdem in Ryswick 1697 der Frieden zwischen dem Kaiser und Frankreich wiederhergestellt worden war, war die Ordnung der spanischen Erbfolge fort und fort die große Angelegenheit, welche alle Kabinette in Europa in Bewegung setzte. 1698 schon schloß man in Haag den ersten Partagetraktat ab, worin Max Emanuels Kurprinz wirklich als Präsumtiverbe Spaniens, der Niederlande und Indiens anerkannt wurde, der Sohn Kaiser Leopolds, Erzherzog Karl, sollte allein die Lombardei, der Dauphin Neapel und Sizilien und das kleine aber wichtige spanische Grenzland Guipuscoa erhalten. Aber Karl II. von Spanien war bitter gekränkt durch diese eigenmächtige Partage der spanischen Monarchie, und so krank und schwach er sein mochte, so erregte die geplante Teilung bei seinen Lebzeiten doch seinen heftigsten Unwillen. Am 14. November 1698 erschien der König persönlich im Staatsrat und proklamierte seinen Großneffen, den Kurprinzen Joseph Ferdinand von Bayern, feierlich als seinen Nachfolger im Reich. Das Testament, worin er dies als seinen letzten Willen aussprach, wurde verlesen, die Königin Maria Anna (von Pfalz-Neuburg) für den Fall der Minderjährigkeit zur Regentin, mit einem Regentschaftsrat zur Seite, ernannt.

Joseph Ferdinand, ein Kind von sechs Jahren, war bisher in München erzogen worden, wohin er nach dem Tod der Mutter in Wien gebracht worden war. Es ward ihm jetzt schon der Titel »Prinz von Asturien« gegeben. Man holte ihn von München nach Brüssel, er sollte sofort nach Madrid sich begeben. Vierundzwanzig holländische Kriegsschiffe lagen zu seiner Abholung segelfertig vor Amsterdam, – als er plötzlich erkrankte und nach sieben Tagen, noch nicht sieben Jahre alt, am 6. Februar 1699 zu Brüssel starb, wie man sagte, an den Pocken. Vierzig Tage nach ihm starb Graf Tattenbach, sein Oberhofmeister.

Dieser plötzliche Todesfall des Prinzen von Asturien erregte durch die allerdings unermeßlich wichtige Konstellation, unter welcher er erfolgte, in ganz Europa ungemeines Aufsehen, und nicht nur im Volke, sondern selbst in öffentlichen Schriften wurden die bittersten Vermutungen einer Vergiftung ausgesprochen. Die Leichname wurden nicht untersucht. Auf Österreich, als dieser Praktiken gewohnt, ward der gräßliche Verdacht wohl nicht mit Ungrund geschoben. Laut klagte Max Emanuel über Österreich, und Österreich schwieg. St. Simon schreibt: »Niemand zweifelte, daß es durch Einwirkung des Wiener Cabinets geschehen sei.« Und die alte ehrliche Herzogin von Orleans schrieb unterm 6. Dezember 1721, ein Jahr vor ihrem Tode: »Im kaiserlichen Rath ist man gar nicht scrupulös auf solche Sachen, ohne der Kaiser Wissen schicken sie die Leute in jene Welt.« Aber Österreich ließ durch Lamberty den Verdacht auf den französischen Hof zurückwälzen. Die Allianz Max Emanuels widerlegte nur zu gut diese Wälzung. Ermitteln hat sich die Wahrheit mit Bestimmtheit natürlich nicht lassen.

Ob die Jesuiten im Hintergrund gestanden, läßt sich ebensowenig ermitteln, Tatsache aber ist, daß die Empfehlung des bayerischen Kurprinzen nicht durch die Jesuiten, sondern durch zwei Dominikaner Diaz und Moretta erfolgte, die es dem König von Spanien zur Gewissenssache machten, das Näherrecht desselben zu ehren, für welchen auch ein Gutachten des bolognesischen Rechtsgelehrten Leonardo Pepoli gesprochen hatte.

Von dieser Zeit an neigte Max Emanuel sein Ohr entschieden dem französischen Einfluß. Vorgearbeitet dazu war schon lange. Nach Sassenage zahlte Ludwig XIV. ihm schon während der Verhandlungen über die spanische Erbfolge Millionen. Frankreich hatte schon seit lange her auch durch die Maitressen des Kurfürsten ihn zu umgarnen gesucht. Die Memoiren über die Feldzüge Ludwigs von Baden berichten, daß der Kurfürst kurz nach seiner Heirat mit der Kaisertochter 1685 in Wien zuerst eine starke Leidenschaft zu der Gräfin Kaunitz, einer geborenen Gräfin Sternberg, der Gemahlin des späteren Reichsvizekanzlers Dominic Andreas, der Großmutter des berühmten Fürsten Kaunitz, gefaßt habe. Durch diese geistreiche Dame, für die er alles, was sie wünschte, getan habe, sei er im österreichischen Interesse geleitet worden. Damals schon aber hatte ihm der Marschall Villars, auf einer Mission nach Wien begriffen, wie er selbst in seinen Memoiren erzählt, den französischen Interessen geneigt zu machen gewußt, indem er ihn von der Gräfin abzuziehen suchte. Villars hatte ihm nach München eine sehr schöne Hofdame der Kaiserin, die Gräfin Wehlen, nachgeführt, die im tiefsten Geheimnis im kurfürstlichen Schloß untergebracht worden war. Da sie jedoch zu wenig Geist hatte, um lange zu fesseln, so substituierte ihr Villars zuerst eine vollendete italienische Kurtisane, die Venetianerin Canossa, und endlich das Fräulein von Sinzendorf.

Diese Sinzendorf, obgleich nur von mittelmäßigem Geist und Schönheit, behauptete sich in der Gunst des Kurfürsten, weil sie ihn auf einer Linie zu erhalten wußte, die seine Leidenschaft in Atem hielt. Durch sie erfuhr Villars alles, was den Kurfürsten betraf. Man sandte zwar von Wien den Grafen Dominic Andreas Kaunitz als Gesandten nach München, aber Villars wußte schon nach vierzehn Tagen seiner Mission ein Ende zu machen. Dann sandte man von Wien die Gräfin Paar, die größte Intrigantin der Hauptstadt, sie kannte die Intrige mit der Gräfin Wehlen. Villars wußte auch diese Damen zu beseitigen, der Kurfürst gab der Paar, der Wehlen und einem in Schnelligkeit für diese geschafften Gemahle 100 000 Taler. Von da an hielt Frankreich durch die Maitressen den Kurfürsten in den Fesseln seiner Politik; auch als der Krieg mit Österreich 1688 wegen der Kölner Bischofswahl ausbrach, benutzte man diese Kanäle auf mannigfaltige Weise.

Jetzt eben in Brüssel war der Kurfürst in den Ketten einer Brüsseler Tänzerin, die sich auch zugleich von Ludwig XIV. bezahlen ließ und ihm alle Geheimnisse verriet, die der Kurfürst leichtsinnig ausschwatzte. Unter diesen Umständen erschien am Hof zu Brüssel der französische Gesandte Herr von Puiségur; darauf sandte Max Emanuel den Marquis von Bedmar nach Versailles, und in den ersten Tagen des Jahres 1701, wenige Tage nach der Abreise des von dem sterbenden König von Spanien zuletzt noch als Erben eingesetzten Herzogs Philipp von Anjou nach Spanien, reiste der Kurfürst selbst von Brüssel unter fremdem Namen, in einfachen Jagdkleidern, nach Versailles. Eben so ganz im geheimen kehrte er zurück, und erst die Folgen dieser Reise zeigten, was ihre Zwecke gewesen waren.

In einer und derselben Stunde der Nacht des 6. Februar 1701 erschienen vor allen festen Plätzen der spanischen Niederlande französische Truppen, und ohne Widerstand wurden ihnen die Tore geöffnet, überall wurde Philipp V., König von Spanien, als Herr ausgerufen. Darauf übergab Max Emanuel die Regierung der Niederlande an den Marquis von Bedmar und reiste von Brüssel nach München: er ging über Bonn, wo er sich noch mit seinem Bruder, Kurfürst Clemens Joseph von Köln, zu verständigen hatte. Seine Gemahlin, die Kinder, der ganze Hof, auch die geliebte Tänzerin folgten ihm nach.

Noch war nicht alles entschieden. Es erfolgte ein Schriftenwechsel zwischen dem Wiener und Madrider Hof. Max Emanuel nahm den vom Kaiser aus Regensburg ausgewiesenen spanischen Gesandten de Neuveforge, der Philipp V. daselbst hatte vertreten sollen, am Münchner Hofe auf. Im Herbst 1701 hielt er ein Lustlager bei München, bei dessen Beendigung ein 14 000 Gulden kostendes Feuerwerk abgebrannt wurde. Gegen den Herbst 1702 versammelte er wieder unter dem Befehl des Feldmarschalls Grafen Johann Baptista von Arco 20 000 Mann auf dem Lechfeld. Endlich aber am 8. September erfolgte der offene Bruch mit dem Kaiser durch die berühmte Überrumpelung der Reichsstadt Ulm.

Nun konnte freilich Kaiser Leopold, der Großvater des in Brüssel zu günstiger Zeit gestorbenen spanischen Thronerben, nicht mehr zweifelhaft sein, daß sein erbitterter Schwiegersohn sein Feind geworden sei. Noch einmal mahnte er als Kaiser ab, dann ergingen die kaiserlichen Mandate nach Bayern, die die Untertanen des Kurfürsten von Eid und Pflicht entbanden und Gehorsam und Abgaben zu leisten untersagten. Gleiche Mandate ergingen auch ins Erzstift Köln.

Aus der von Leonard Ennen in der Biographie des Bruders des Kurfürsten, Joseph Clemens von Köln, mitgeteilten Korrespondenz, haben wir einen Einblick erhalten, wie ungefähr Max Emanuel den Bund mit Frankreich gegen den Kaiser ansah. »Es verdroß ihn«, schreibt jener, »das spöttische Verfahren der Regensburger Schulfüchse, welche sich nicht gescheuet, ihn einen Friedensbrecher zu nennen und ein Reichsgutachten in den choquantesten terminis von der Welt an den Kaiser zu richten.« Er fand es »outrageant und scandalos, daß die Schulfüchse mit einem vornehmen Kurfürsten ähnlich umgehen wollen, wie mit ihren Schreibern, und hoffte demgemäß, daß ihnen wacker auf die Finger geklopft werde, damit sie lernen, auf nächste nicht ohne Noth neue Kriege in das Reich zu ziehen und jene nicht als Schelme tractiren, welche wahre vor die Teutsche Freiheit strebende Sentimenten und Conduite führen thun«.

1703 in den ersten Tagen des März brachen 30 000 kaiserliche Truppen in Bayern ein, um womöglich den Kurfürsten zu erdrücken, bevor ihm Frankreich Hilfe zugeschickt habe. Die bayerische Hauptmacht stand im Lager von Braunau, dabei war der Kurfürst; seine Gemahlin und der Hof retteten sich von München nach Ingolstadt. Max Emanuel sandte Kuriere über Kuriere an Ludwig XIV. um schleunige Hilfe, der König hatte auch an seinen Marschall Villars die gemessensten Befehle dazu gegeben. Aber Villars befand sich in Straßburg in den Armen einer schönen Dame aus der Normandie, Mds. Varangeville, die er Ende vorigen Jahres geheiratet hatte. Er zögerte und konnte sich nicht trennen. »Die Eifersucht plagte ihn«, sagt S. Simon in seinen Memoiren.

Endlich am 6. Mai kam die Hilfe von Frankreich: Marschall Villars vereinigte sich mit Max Emanuel bei Tuttlingen, er war 28 000 Mann stark. In höchster Freude rief der Kurfürst dem Marschall, dem er bis Riedlingen entgegenritt, ihn umarmend zu: »Sie haben mich, die Meinigen, meine Ehre, mein Land gerettet.« Aber das gute Vernehmen sollte bald gestört werden. Im Plan war erst, ohne Verzug auf Prag oder noch lieber Wien loszugehen, endlich ward man einig, daß der Kurfürst einen Zug ins Tirol hinein tun solle, um dem Marschall Vendôme in Italien die Hand zu bieten. Dem Marschall Villars, der durch ungeheure Brandschatzungen in Schwaben seine Koffer füllte und der nur immer damit umging, die Marschallin sich nachkommen zu lassen, war es lieb, an der Donau stehen bleiben zu können, er bestärkte Max Emanuel in dem Plan, Tirol zu erobern. Der Kurfürst ward an die Spitze von 16 000 Mann, Bayern und Franzosen, gestellt.

Der Zug ins Tirol im Juni und Juli 1703 glückte erst und mißglückte dann völlig. Zwar eroberte der Kurfürst Kuffstein und Innsbruck und zog über den Brenner Vendôme entgegen, aber während er dahinzog, erfuhr er, daß alles hinter ihm im Aufstand begriffen sei. Die Franzosen hatten das anfangs ganz ruhig gebliebene Bergvolk durch Gewalttätigkeiten, Plünderungen, Notzucht und Schändung der Heiligtümer mutwillig aufgestachelt, und die Bayern hatten diesem Mutwillen allzu nachgiebig zugesehen. Die Strafe dafür war höchst empfindlich: der Kurfürst konnte mit Mühe wieder aus dem Land kommen, nahe an der Martinswand ward sein Kammerherr Graf Ferdinand von Arco, der Gemahl der obenerwähnten Gräfin Arco, der Geliebten Max Emanuels, den die Tiroler Schützen wegen seiner reichen goldgestickten Kleidung für den Kurfürsten selbst gehalten hatten, dicht an seiner Seite erschossen. Von 16 000 Mann brachte Max Emanuel nur 5000 aus Tirol wieder heraus. Auch Vendôme war durch den Widerstand Tridents aufgehalten worden. Doch nahm der Kurfürst in dieser Kampagne noch Augsburg und Passau und nun war selbst Wien bedroht.

Im folgenden Jahr 1704 machte aber Marlborough, der mit seinem Heere in einem gewaltigen Zug von der Mosel nach der Donau rückte, dem Kaiser Luft. Er siegte am Schellenberg bei Donauwörth am 2. Juli entscheidend, der Kurfürst floh mit genauer Not nach Straßburg und knüpfte Unterhandlungen mit dem Kaiser an. Aber die Grafen Arco und Monasterol hintertrieben sie, der Marschall Marsin schrieb selbst an Ludwig XIV.: »Die beiden Grafen sind nicht im Land begütert, und die große Pension, die E. Majestät ihnen seit dem 1. Mai zu bewilligen geruhten, verbürgt ihre Anhänglichkeit an die königliche Sache.« Arco erhielt 18 000 Livres.

Am 13. August überlieferte der große Sieg Eugens und Marlboroughs bei Höchstädt oder Blindheim über den an Villars Statt eingerückten Marschall Tallard ganz Bayern. Es war dies eine der blutigsten Schlachten, 20 000 Tote und Verwundete bedeckten das Schlachtfeld. Die Grundlage der heutigen Straße von Höchstädt nach Blindheim bilden lauter Gebeine der Erschlagenen und ihrer Pferde. 25 000 Mann, darunter 15 000 Franzosen, die keinen Schuß getan hatten, wurden gefangen, auch Marschall Tallard. Eugen selbst gab der Tapferkeit der Bayern das schönste Zeugnis, und Marlborough gestand, daß er nie mehr gebetet habe als an diesem Tag.

Bayern wurde nun von Österreich förmlich in Besitz genommen. Als Statthalter kam der später, 1711, zum Fürsten erhobene Graf Max Karl von Löwenstein-Rochefort nach München. Alle Hofbedienten wurden kassiert, Löwenstein schloß Schloß und Residenz, verkaufte die Pferde aus den Ställen und Gestüten. Die Rache des Kaisers kannte keine Grenzen. Sie traf die armen Untertanen, die die Politik ihres Landesherrn verbüßen mußten. Schon Kaiser Leopold I. hatte an seinen Oberfeldherrn Markgraf Louis von Baden unterm 4. Oktober 1703 geschrieben: »Ich bin billig des Dafürhaltens, daß wenn die Contributiones an Geld, Vieh und Naturalia mit aller Schärfe eingetrieben, mithin das Land so viel als immer möglich gezwackt und ausgesaugt würde, könnte man zu Behuf der künftigen Subsistenz und Meines aerarii einen großen Vortheil verschaffen.« Das Patent Kaiser Josephs I. vom 26. Dezember 1705 lautete echt altspanisch, wie einst Philipps II. Patent in den aufgestandenen Niederlanden: »Es seien alle Baiern der beleidigten Majestät der Allerhöchsten Person Josephs I. als des ihnen von Gott dem Allmächtigen vorgesetzten alleinigen rechtmäßigen Landesherrn schuldig und daher ohne weiteres mit dem Strange vom Leben zum Tode zu richten. Nur aus allerhöchster Clemenz und landesväterlicher Müdigkeit werde verordnet, daß allezeit 15 zu 15 ums Leben spielen und jener, auf den das wenigste Loos fällt, im Angesicht der Andern aufgehenkt werden soll! – Dagegen aber müsse, von diesem Loose abgesehen, aus jedem Gerichtsbezirke ein Bösewicht hergenommen und ohne Loos hingerichtet werden.

Wenn sonach jeder fünfzehnte Mann hingerichtet, seien die Übriggebliebenen, denen aus angeborener, allerhöchster Milde das Leben geschenkt worden, in die Festung Ingolstadt zu liefern, die Tauglichen als gemeine Soldaten unterzustecken, die Untauglichen gleich andern Verbrechern zu öffentlichen Arbeiten anzuhalten! – Von den Bürgern sei nicht der fünfzehnte, sondern der zehnte Mann, oder wenn deren nicht genug, der fünfte Mann aufzuhenken, die tauglichen Bürger unter's Militair zu stecken, die übrigen gegen geschworne Urphede Baierns und der Oberpfalz auf ewig zu verweisen und ihre Habe zum Fiscus einzuziehen. – Alle bekannten Rädelsführer, alle abgedankten bairischen oder desertirten Soldaten sollten nicht unters Loos gezogen, sondern gegen alle solle standrechtlich mit dem Strange verfahren werden.«

Dies Patent des allerdurchlauchtigsten, großmächtigsten römischen Kaisers traf nur die Bürger und Bauern – der gesamte Adel, mit Ausnahme eines Paumgarten und eines Leyden, und kaum noch fünf anderer Herren, hatte sich mit der Geistlichkeit als Wohldiener, Kundschafter und Werkzeuge um den österreichischen Statthalter gedrängt. Nur das Landvolk in Bayern hatte sich unter dem Studenten Plinganser und dem französischen Hauptmann Gauthier mit der Losung empört: »Lieber bayerisch sterben, als kaiserlich verderben!« Man wollte München überrumpeln, die kurfürstlichen Kinder und das Land freimachen. In der Mordnacht von Sendung zu Weihnacht 1705 kamen 1500 dieser treuen Bauern um, Tausende später. Vierfache Steuer wurde dem Land auferlegt. Alles mußte Österreich huldigen und schwören. Zehn Jahre lang dauerte die österreichische Herrschaft. Fürstentümer und Grafschaften wurden wie in Württemberg zur Zeit des Dreißigjährigen Krieges an österreichische Herren und Günstlinge verschenkt, die Landgrafschaft Leuchtenberg an den Fürsten von Lamberg und andere Herrschaften, an die Löwenstein, Sinzendorf, Schönborn, Starhemberg, Seilern, Mollart und andre. Dem Grafen Mollart ward nachgesagt, er habe in wenig Monaten vom bayerischen Raub 1½ Millionen in die Bank von Venedig eingelegt.

Kurfürst Max Emanuel war wieder nach Brüssel geflohen, seine Gemahlin hatte einen Versuch gemacht, von München aus ihm zu folgen, sie fand aber den Weg von feindlichen Truppen verlegt, kam nur bis Memmingen und reiste nach München zurück. Von hier schickte sie ihren Beichtvater, den Jesuitenpater Schmacke, in Marlboroughs Hauptquartier; dieser bot ihr München als ungestörten Aufenthalt an. Sie ging aber im Februar 1705 nach Venedig, wo sie mit Pater Schmacke und ihrer von Rom kommenden Mutter ihren Wohnsitz aufschlug. Ihre Kinder – das letzte zehnte, einen Knaben, hatte sie 1704 Max Emanuel geboren – überließ die Kurfürstin der Gnade des Kaisers. Die vier älteren Söhne wurden 1706 nach Klagenfurt in Kärnten, später, seitdem Karl VI. Kaiser geworden war, nach Graz in Steiermark gebracht. Sie wurden zu Grafen von Wittelsbach degradiert. Die einzige Prinzessin sperrte man in ein Kloster in München. Niemand durfte ohne Vorwissen der österreichischen Behörden in die Nähe der bayerischen Prinzen kommen, der Name ihrer Eltern nie vor ihnen ausgesprochen werden, jedes Gespräch, das die Prinzen von selbst auf Vater und Mutter brachte, mußte laut Befehls von den anwesenden Aufsehern unterbrochen werden. Zwei Knaben starben, einer 1705, der jüngste 1709. Beinahe ein Jahr lang erfuhr der Kurfürst nichts Bestimmtes über seine Kinder. Erst im März 1707 fand die Kurfürstin an dem Grafen Bertonelli einen treuen Kundschafter, der sich in Klagenfurt an Ort und Stelle überzeugte, daß die Kinder noch existierten.

Max Emanuel und sein Bruder von Köln wurden am 29. April 1706 in Regensburg durch die Reichsversammlung und in Wien und München durch kaiserliche Herolde feierlich in die Acht erklärt. Die Nachricht hiervon, die von der Wegführung seiner Söhne und der Verstoßung seiner Tochter in ein Kloster vernahm Max an einem Tag. Beide Brüder lebten in den Niederlanden zu Brüssel. »Man wollte vorgeben«, heißt es in den Frankfurter Relationen des Jahres 1705, »daß die Einwohner dieser Provinzen über die Ankunft des vormals bei ihnen sehr beliebt gewesenen Gouverneur-General diesmal eben nicht so sehr erfreut gewesen, ohnerachtet S. Churf. Durchl. nach ihrer Ankunft publiciren lassen, daß alle Dero Creditores sich an gewissen Ort anmelden und ihre Zahlung empfangen sollten.« Nach der großen Niederlage der Franzosen bei Ramillies 1706 muß Max Emanuel nach Mons, von da nach Namur und endlich im Herbst 1709 gar nach Paris fliehen. Seine äußere Gestalt war verfallen durch das Unglück,

aber der Leichtsinn erlaubte ihm noch immer die wüstesten Ausschweifungen. Über beides berichtet die Herzogin von Orleans
in ihrer kaustischen Weise also: Marly 28. Mai 1711: »Heute
habe ich den Kurfürsten auf der Jagd gesehen und gesprochen.
Mein Gott, wie ist der Herr geändert seit den vergangenen Jahren! Sein Kinn ist spitzig, seine Nase auch, der Mund ist eingefal-
len, so daß Kinn und Nase schier ganz zusammenstoßen und
sieht viel älter aus, als er in der That ist. Er hat aber gute Mienen
noch und eine artige Taille.« – Später: »Der Churfürst kann mich
nicht leiden, ist embarrassirt mit mir, wie ein Kind – um Euch
die Wahrheit zu sagen, so habe ich diesen Churfürsten gar nicht
so angenehm gefunden, als man ihn beschrieben, stellt sich hier
gar nicht churfürstlich. – Daß er mich nicht leiden kann, ist kein
alter Groll von Haus, sondern nur sein cour hier bei dem Torcy
und andern mehr zu machen, die mich hassen, es ist ihm wohl zu
verzeihen, er hat der Leute von nöthen hier, müßte ja Hungers
sterben. – Er kann mich nicht leiden, weil es mich verdrießt, daß
man ihn hier nicht tractirt, wie es sein sollte, und weil ich's gut
mit ihm meine, so weiß er mir's Undank.« – »Der Churfürst hat
ein so groß Werk von den Grisetten gemacht, daß er mit aller
Gewalt wollte, wie der König den Routen in dem Walde
Namen gab, daß man eine sollte l'allée des grisettes nennen, welches der König seliger aber nicht à propos fand. Er hat von seiner
Race in den Dörfern gelassen.«

Weil nach dem Zeremoniell des französischen Hofes der jüngste Prinz von königlichem Geblüte den Vortritt vor den deutschen Kurfürsten hatte, mußte Max Emanuel sich gefallen lassen,
wider seinen Willen nur unter dem Namen eines Grafen in Paris
zu leben. Er verließ es mißvergnügt, aber ungern. Vor seiner
Abreise ließ ihm Ludwig XIV. durch den Marquis de Torcy noch
einen Diamantenschmuck und 25 Beutel, in jedem 100 Louisdor
zustellen. »Dies ist Alles«, sagte Torcy achselzuckend, »was der
König jetzt für Sie tun kann!« Doch unterhandelte Ludwig mit
seinem Enkel, dem spanischen König, noch 1711, ehe Kaiser
Joseph I. unerwartet starb, daß an Max Emanuel von der Krone

Spanien das Herzogtum Luxemburg und die Grafschaft Namur mit den Festungen Charleroi und Neuport als freiwilliges Geschenk abgetreten werden solle, auf den Fall, daß im Friedensschlüsse dereinst Bayern nicht wieder zu erlangen sei.

Jener unerwartete Tod Josephs I. rettete Bayern. Die Vereinigung so vieler Kronen in dem einzig noch übrigen Karl VI. vom Hause Habsburg schien allzu gefährlich. Die Seemächte verließen den Kaiser. Der Rastädter Frieden 1714, wobei bayerischerseits der Baron von Malknecht als Gesandter fungierte, gab dem Kurfürsten die völlige Restitution. Frankreich rettete Bayern. Der 15. Friedensartikel setzte fest: »daß der Herr Joseph Clemens, Erzbischof von Köln, und der Herr Maximilian von Baiern universaliter und gänzlich restituirt werden.« Eugen aber ließ Österreich zugunsten in den 18. Artikel noch eine besondere Klausel einschalten: »Seine allerchristlichste Majestät legt kein Hinderniß in den Weg, wenn das Haus Baiern nach seiner gänzlichen Wiederherstellung für gut finden sollte, ein oder anderes seiner Länder an andere zu vertauschen oder zu verwechseln.« Es war dies der erste Keim der nachher wiederholt wiederkehrenden Austauschsprojekte Österreichs mit Bayern.

Der Kurfürst erklärte sich darüber in einem vertraulichen Schreiben aus Saint Cloud unterm 11. Mai 1714 an seine Gemahlin, das Baron Freyberg mitgeteilt hat … Die in der schon angeführten Biographie des Kurfürsten Josef Clemens von Köln von Leonard Ennen bekanntgemachte Korrespondenz desselben mit seinem obersten Kanzler Baron Karg gibt näheren Aufschluß, wie und auf welche Weise das Tauschprojekt beabsichtigt war. »Ich habe«, schreibt Joseph Clemens unterm 9. Januar 1714, »heute früh aus einem Schreiben vom 6. dieses von Conte de Perl, so selber an St. Maurice lassen abgehen, ersehen, daß mein Bruder nun im Sinne habe, die obere Pfalz sammt dem Land Baiern, so jenseits der Donau und Inn lieget, dem Erzhaus zu cediren, um dadurch die spanischen Niederlande zu erhalten, welche (wie Er meldet) weit erträglicher sein werden, als dieser Verlust.« Unterm 13. März 1714 ließ sich Joseph Clemens, der entschieden gegen das Tauschprojekt war, über seines Bruders Neigungen so aus: »Mein Bruder und seine Liebe vor Königreiche und ausländische Länder ist ein hellscheinendes obstacle, welches nicht anders zu ändern, außer Gott mache einen neuen Menschen aus ihm, wodurch Baiern ruinirt, Frankreich ambarassirt und Oestreich offendirt wird usw. Vor meinem Herrn Br uder ist alles geheim zu halten, welcher gleich jaloux darüber werden würde, maaßen er aller Orten in capite libri sein will und ich nun in der Welt wie die Sonnenblume mich nach ihm wenden soll, wodurch aber oft viel gute Sachen schon verderbt worden und vielleicht noch verderbt werden können usw. Es hat zwar mein Bruder, da selber noch die Royauté von Sardinien im Kopf hatte, ein Project gehabt, mich vor seiner als seinen Vorläufer in Baiern zu schicken, um daß ich anstatt seiner sollte Possess nehmen, weil damals seine Gedanken waren, über Sardinien nach Italien zu segeln, die Churfürstin zu Livorno wieder zu empfangen und mit selber dann in Baiern als König anzulangen. Ob aber nun dieses nicht von sich selbst fällt, glaube ich selbst, jedoch hatte ich damals in meinem Bruder vermuthet, daß selber die odiosa gern von sich ablehnen wollen und dahero mich dazu gebrauchen wollen, damit allein ihm die gratiosa verbleiben thäten, denn die östreichischen Gesichter, so in Baiern nun regieren, er nicht zu sehen verlangt usw.« Im Januar 1715 übernahm des Kurfürsten Liebling und Vertrauter, Maximilian Graf von Preissing, von den kaiserlichen Behörden die Landesverwaltung Bayern zurück.

Nach der Rückkehr in sein Land regierte Kurfürst Max Emanuel noch 11 Jahre Bayern im Frieden. Die alten freundschaftlichen Verhältnisse mit dem Kaiser wurden wiederhergestellt, des Kurfürsten eigene Söhne führten bei dem 1716 von neuem begonnenen Türkenkriege 5000 Bayern nach Ungarn, die 1717 unter Eugen den Sieg bei Belgrad mit erfochten. Der Kurprinz Karl Albrecht ward sogar mit Kaiser Karls VI. Schwester Amalie 1722 vermählt.

Das größte Ereignis war, daß endlich der alte, besonders seit dem Dreißigjährigen Krieg bitter angefachte Haß zwischen den beiden wittelsbachischen Häusern Bayern und Pfalz durch die Hausunion von München 15. Mai 1724 ausgeglichen wurde. Die beiden Linien hatten es endlich einsehen gelernt, wie schnöde sie jahrhundertelang gegeneinander gehetzt worden seien. Sie beschlossen nun, alle Interessen gemeinschaftlich zu verfolgen. Den beiden weltlichen Kurhäusern traten die geistlichen Kurfürsten Clemens August von Bayern, Erzbischof von Köln, und Franz Ludwig von Pfalz-Neuburg, Erzbischof von Trier, bei.

Aber auch die Freundschaft mit Frankreich ward fortgesetzt, zur Vermählung Ludwigs XV. mit Maria Leszinska 1725 besuchten der Kurprinz mit seinen drei Brüdern Ferdinand, Clemens August, Kurfürst von Köln, und Johann Theodor, Bischof von Regensburg, den Versailler Hof.

Max Emanuel brachte auch noch die letzten elf Jahre, die er nach der Unglückszeit erlebte, wie früher in ewigem Rausch und Taumel des Vergnügens hin. Merkwürdig genug ist, daß dieser Vater des Vaterlands sich in Paris weit besser gefallen hatte, als in München. »Ihr betrügt Euch sehr«, schreibt die Herzogin von Orleans aus Paris 2. Januar 1718 an ihre Schwester, »wenn Ihr meint, daß Kur-Baiern froh ist, wieder in seinem Land und Ehren zu sein; er regrettiret alle Tage das Luderleben, so er hier geführt.« In München haßte ihn das Volk gründlich, und der Kurfürst hatte die äußerste Abneigung gehabt, wieder da zu leben. »Mein Bruder«, schrieb der Kölner Kurfürst Joseph Clemens unterm 14. Januar 1714 an seinen Oberstkanzler Karg, »mein Bruder hat allzu große aversion wieder in Baiern zu wohnen, daher um eine Scheune aus Niederland er eine Stadt in Baiern cedirn würde, um nur außer Landes bleiben zu können.« Indes trieb er's in München nach der Rückkehr wieder wie vorher. Opern, Komödien, Ballette, Jagdpartien, Karussels, Maskeraden, Schlittenfahrten und andere Prunkfeste wechselten, eingerechnet die galanten Abenteuer, fortwährend. Schon 1718 erschien der alte sechsundfünfzigjährige Herr, welcher so schweres Ungemach hatte erdulden müssen, wieder als Ungar auf einem »vermummten Tourniere«, sein Kurprinz als Mohr. Er selbst war der große Festordner. Noch sind eine Menge von seinen eigenhändigen Entwürfen vorhanden, worin er alle Verschönerungen anordnet, die auf seinen Lustschlössern vorgenommen werden sollten. Maler, Musiker, Schauspieler, Sänger, Sängerinnen und Tänzerinnen waren immer um ihn herum beschäftigt. Kein regierender Herr außer dem König von Frankreich besaß damals so üppig-schöne Lustschlösser, als der Kurfürst Max Emanuel von Bayern. In Nymphenburg zeugt von der wahrhaft königlichen Pracht, wie er sie liebte, der nach dem Versailler angelegte Garten, drei Stunden im Umfang, nach dem einstimmigen Zeugnis der Touristen damals der schönste und prächtigste in ganz Deutschland, mit seinen reichen Wasserwerken, vergoldeten Fontainen, Kaskaden, Vasen, Urnen und Statuen: eine einzige unter den 19 großen Fontänen, die große Florafontäne, 100 Schuh im Umfang, kostete 60 000 Gulden, die ganze Fontäne, der große und die acht kleinen Steinberge, die in dem Bassin standen, alle Statuen und Tiere auf diesen Bergen waren vergoldet. Besonders zeugen von dem Geschmack, wie ihn Max Emanuel liebte, die noch heutzutage in Nymphenburg vorhandenen Gebäude: die 1716 erbaute Pagodenburg, deren Inneres wie eine indische Pagode mit einer Einrichtung im orientalischen Stile versehen ist, die 1718 erbaute Badenburg, ein mit üppigen erotischen Gemälden und ausgesuchten Luxusgegenständen überreich ausgeschmücktes Badehaus – und dicht daneben die Magdalenenkapelle oder Eremitage, eine »Klause«, jener Bußheiligen der katholischen Kirche gewidmet, mit Freskobildern aus dem Leben derselben.

In Nymphenburg war der Park das Prächtigste, in Schleisheim war es der Palast. Max Emanuel hatte ihn schon vor der Unglückszeit drei Stock hoch, durch den Italiener Zuccali anlegen lassen. Die Einrichtung war königlich und strebte der von Versailles nach. Ein sehr rüstiger Maler, Franz Joachim Beich, 1665 zu Ravensburg geboren, war hier vielfach beschäftigt worden. In dem großen, durch zwei Stock hoch durchgehenden »Viktoriensaal« malte er die Türkenschlachten und Belagerungen des Kurfürsten, in dem großen Vorsaal vor diesem Siegessaal, der ebenfalls durch zwei Stock geht, den Entsatz von Wien. Besonders geschätzt sind die Landschaften Beichs, in der Manier Poussins und Salvator Rosas, die er im Speisesaal malte.

Der Aufenthalt in den Niederlanden hatte den Sinn für Kunst bei Max Emanuel lebhaft gefördert: die kostbaren Gemäldesammlungen der Herzöge Albrecht V., Wilhelm V. und des großen Kurfürsten vermehrte er mit einer großen Anzahl Bilder aus der niederländischen Schule: sie waren verteilt in dem kurfürstlichen Schloß in München, im Schloß zu Nymphenburg, und die meisten befanden sich in dem Hauptfreudenort Schleisheim.

Folge des großen Aufwands für die Hofvergnügungen, die Hofbauten, die Kunstsachen usw. waren bedeutende Hofschulden. In einem Bericht, welcher in den von Baron Freyberg in seiner Sammlung historischer Schriften mitgeteilten Memoiren des Kanzlers Unertel enthalten ist, vom Jahre 1720, findet sich die jährliche Hofzahlamtseinnahme auf 1 300 000 Gulden »auch höher« angegeben – die Ausgaben aber betrugen gegen 2 120 000 Gulden. Von Hofschulden, die das Hofzahlamt schuldete, finden sich in diesem Bericht aufgeführt: 12 656 760 Gulden. Davon rührten aus den Jahren 1620–1680 nur 2 869 314 Gulden, das übrige, teils Schulden, teils Rückstände, stammte aus der Zeit Max Emanuels, der bis 1715 nur allein 5 282 369 Gulden Schuld kontrahiert hatte. Seit seiner Zurückkunft aus Frankreich 1715 bis zum Jahre 1720 hatte er wieder 4 505 078 Gulden neue Schulden gemacht. Darunter finden sich folgende Posten:

Dem Wechsler Ruffini zu zwölf Procent: 1 306 263 Gulden; rückständige Interessen: 226 723 Gulden.
Dem Jud Oppenheimer nach zwölf und drei Procent: 125 000 Gulden.
Diese Schulden waren auf die Salzämter versichert. »Holländische Interessen: 100 000 Gulden.
Denen Kauf- und Handwerksleuten an ihren Conten gelieferten Waaren und gemachter Arbeit von 1701 bis 1705, dann 1715 und 1716 über 212 000 Gulden«.

Rückständige Besoldungs- und Gnadengelder seit Rück-
kunft des Kurfürsten 1715–1720: über 1 530 000 Gulden.

Die neuen Extraordinärausgaben ohne Einrechnung vieler kleinen Posten, weshalb die neue Schuld von 4½ Millionen Gulden
hatte gemacht werden müssen, betrugen seit der Zeit der Rück-
kunft 1715 im Jahre 1720: 4 601 145 Gulden. Darunter befinden
sich folgende Posten:

Zur Herausreise der Kurfürstin und jungen Herrschaften
von Venedig und Graz: gegen 40 000 Gulden.
Zur Überbringung der Bagage aus Frankreich: 47 360 Gul-
den.
Für den Kurprinzen und seine Reise nach Italien:
254 586 Gulden.
Reise- und Subsistenzkosten der Herzöge Philipp und Cle-
mens bei der italienischen Reise samt angeschafftem Sil-
berservice: 281 972 Gulden.
Zwei Reisen des Kurprinzen und Herzogs Ferdinands nach
Ungarn »ohne die Unkosten, so auf Bagage, Livree und
anders erloffen«: 434 377 Gulden.
Gesandtschafts- und Lehns-Investiturkosten in Wien
276 950 Gulden.
Das Münsterische Wahlwesén (bei der Wahl des Herzogs
Clemens 1719) 642 439 Gulden.
Herzog Ferdinands Gemahlin Durchl. Herausführung und
Kindbettpräsent: 12 166 Gulden.
Auslösung des goldnen Service und großen Diamantstein:
543 781 Gulden.
An die Generalstaaten wegen versetzten Juwelen in Interes-
sen: 280 404 Gulden.
Verschiedene erkaufte Juwelen: 121 706 Gulden.
Zu gnädigsten Händen wegen des von Ihrer Kaiserl. Maje-
stät abgeführten, von I. Kurf. D. aber ersetzten Silbers
und andern Posten: 128 470 Gulden.

Auf die K. Lustschlösser, sonderlich zu Fürstenried und
Nymphenburg, ist ohne die Materialien an Blei, Eisen
und Einrichtung erloffen: 781 178 Gulden.
Folgen nun kleinere Posten für Hofbeschaffungen: Wegen
von Paris anhero bestellten Spiegelgläsern: 7150 Gulden.
Dem niederländischen Handelsmann Defot für Tapeze-
reien: 15 971 Gulden.
Dem Ambroso, Handelsmann, wegen fournierter Lein-
wandkammer: 30 921 Gulden.
Dem Gr. Panella wegen gelieferten Damast und Zeug, denen
Malern Beich, Gump und Pertin, dann dem Chevalier de
Bavière und dem Siegelhändler Granier: 24 000 Gulden.
Dem französischen Maler Vivien: 3758 Gulden.
Dem Grafen d'Albert für Stallnotwendigkeiten:
22 350 Gulden.
Demselben zur Gesandtschaft nach Paris: 7785 Gulden.
»Auf die letzt geweßte Operä«: 15 700 Gulden.
Ferner an Rom und die Geistlichkeit:
Nach Rom wg. Fertigung einer Apostelstatue: 12 500 Gulden.
Den P. Franziskanern zu Schleisheim zu Erbauung des
Klosters: 12 000 Gulden.
Zur Einfangung des Parks: 10 600 Gulden.
Der Chinesischen Mission an den 60 000 Gulden:
30 000 Gulden.
Ferner Rekompense an Minister und Gesandte:
Dem Oberhofmeister Graf von Preising Rekompens wegen
der geführten Administration: 60 000 Gulden.
Dem Oberkämmerer Baron von Neuhaus: 12 000 Gulden.
Dem Geh. Rat Baron von Zindt (Gesandten in Regens-
burg): 11 500 Gulden.

Daß man darauf bedacht gewesen, auch auf die alte außerordentliche Weise Geld zu beschaffen, erweist folgender Posten:

»Dem Goldmacher in der Au: 9500 Gulden.«

Zu den Schulden des Hofzahlamtes an 12 656 760 Gulden kamen nun noch: 2 424 608 Gulden beim Hofkriegszahlamt, so daß die Summe sich auf fünfzehn Millionen stellte. Der Gesamtbetrag war beim Tode des Kurfürsten, wie erwähnt: dreißig Millionen Gulden.

Über die, namentlich was die Tafel und Jagd betrifft, ganz dem unter Ludwig XIV. herrschend gewordenen Stile gemäß, eingerichtete Tagesordnung am Hof Max Emanuels geben die Memoiren von Pöllnitz Bericht, der im Jahre 1719 in München war.

»Der Kurfürst stand ziemlich zeitig auf, hörte gegen zehn Uhr die Messe und begab sich dann an den Tagen, wo Geheime Ratssitzung war, ins Conseil, an den andern Tagen spielte er à la passe, womit er die Mittagszeit erwartete. Nach dem Spiel kam er in sein Apartement zurück und speiste daselbst allein, niemand hatte dabei Zutritt, als die Prinzen, die Offiziere vom Dienst und die Kammerherren. Die Prinzen (Söhne des Kurfürsten) speisten ebenfalls für sich, aber sehr oft luden sie Kavaliere dazu ein. Die Kurfürstin, die Kurprinzessin (Erzherzogin Amalie, Tochter Kaiser Josephs I), die Herzogin Ferdinand (die zweite Schwiegertochter des Kurfürsten, geborene Pfalzgräfin von Neuburg) hielten ebenfalls ihre besonderen Tafeln. Dies veranlaßte einen ungeheuren Aufwand.

Einen eben so hohen Aufwand machte die Jagd: der Kurfürst, der Kurprinz und Herzog Ferdinand gingen jeder für sich auf die Jagd, so daß täglich gegen 400 Pferde auf den Beinen waren.

Wenn die Prinzen von der Jagd zurückkehrten, brachten sie den Abend bei der Herzogin Ferdinand zu, wo sie eine große Gesellschaft von Damen antrafen. Auch der Kurfürst kam zuweilen dahin und spielte Pharo oder andere Spiele. Zum Souper zog er sich in sein Apartement zurück und speiste mit Damen zur Nacht. Die Prinzen soupirten beim Kurprinzen, die Herzogin Ferdinand bei sich mit Kavalieren und Damen.

Dreimal in der Woche war Apartement bei Hofe, entweder bei der Kurfürstin oder in der Orangerie (im Hofgarten). Hier fand sich auch der Kurfürst ein mit den Prinzen. Der Kurfürst unterhielt sich eine Zeitlang mit den Damen, dann setzte man sich zum

Spiel, jeder machte seine Partie nach Belieben. Nach dem Spiel begab man sich in einen anderen Saal, wo man eine große wohl servierte Tafel fand. Der Kurfürst, die Prinzen und die Damen setzten sich daran und, wenn Platz war, auch die Kavaliere und die Fremden und selbst der Dienst des Kurfürsten. Man beobachtete gar keinen Rang bei dieser Tafel, und die Prinzen selbst saßen, wo sie wollten.

Ebenso wie in der Orangerie ging es in Nymphenburg zu, nur wurden hier mehr Promenaden gemacht, zweispännige Kaleschen und venezianische Gondeln fanden sich dazu immer in Menge in Bereitschaft.

An Sonn- und Festtagen speiste der Kurfürst mit den Prinzen und Prinzessinnen öffentlich. Die Kammerherren warteten dabei auf. Abends war Konzert. Die Damen versammelten sich bei der Kurfürstin oder Herzogin und begleiteten sie in die Oper. Darauf kehrte man in das Apartement, von dem man weggegangen war, zurück und spielte bis zum Souper. An diesen Tagen speisten die Damen mit dem Kurfürsten. Zuweilen legte man auch zu größerer Annehmlichkeit derer, die beisammen bleiben wollten, drei bis vier Kuverts auf die Spieltische. Nach dem Souper war öfters Ball.

In der Sommerzeit verfehlte der Kurfürst niemals, alle Donnerstage abends in die Orangerie zu kommen, um dort Apartement zu halten, dann schlief er in Nymphenburg. Sonnabends kam er in die Stadt zurück, um Sonntag früh Conseil zu halten, nachmittags begab er sich auf irgendein Lustschloß.

Diese gewöhnliche Ordnung des Hofes unterbrachen sehr oft Jagden, Fischereien und andere Vergnügungen. Der Kurfürst ordnete selbst alle Feten, die er gab, an, und ich glaube, schwerlich wird man jemand finden, der sich besser darauf verstand, überall herrschte ausgesuchter Geschmack und Ordnung. Ich glaubte mich auf eine verzauberte Insel versetzt zu sehen.«

Zum Schluß des Bildes des Hofes Max Emanuels stehe ein von Westenrieder im ersten Band seiner Beiträge mitgeteilter Brief des Kurfürsten, der von seiner Ausdrucksweise Kenntnis gibt. Er ist aus Brüssel an den fünfjährigen Kurprinzen Joseph, späteren Prinzen von Asturien, der zwei Jahre darauf erwähntermaßen starb, gerichtet. Die Rechtschreibung Max Emanuels scheint mit seiner Rechtschaffenheit große Ähnlichkeit gehabt zu haben.

»Herzliebster Sohn
Das du dir die Handt hast fieren lassen, vmb Schrifftlichen bey mir deine Erste bitt vor die, von mir zu woll verdienter Straff abgedanckhte Compagl. hartschir (Kompagnie Hartschiere) anzu-wendten, hat mir umb desto mehr eine recht Inerliche Vergui-khung gemacht, indem ich darauf die guete neigung deines Gemiets, so dich zum mitleiden, und Sanfftmiethigkeit bewegt; habe verspieren khönen: Derohalben deine Vorbitt allein bei mir vermögt, den Parton vmb welchen du mich gebetten ersagter Compagl. zu ertheilen, wen dein guetes Gemieth vnnd andere Gaben, so zu deinen alter genungsamb erscheinen, vnnd welchen dich Gott der allmächtig zu deiner hegsten consulation begnadet machen, das ich mich billich versechen khan, du werdest auch meine Erste vetterliche Ermanungen also beherzigen, vnnd in dein gemieth u. gedechtnus eintruckhen, daß du allezeit selbe vor äugen haben, vnnd solchen nachkhomen werdest, welche beste-hen das du alzeit

1) Die forcht gottes vor allen Sachen in herzen haben, vnnd gedenckhen sollest, das aller anfang deines zeitlichen u. ewigen glückhs von demselben herrieren vnnd khomen.

2) Den gehorsam gegen mir vnnd denen Jenigen, so zu dei-ner Education ohne einzige widerspenzdigkheit zu beob-achten, vnnd gedenckhen daß, wan man dir etwas vnnter-sagt, oder ermant, wan es dich auch schon hart ankhombt, alles zu deinem besten angesehen seye.

3) Wan du von tugenten deiner voreitern oder andern gros-sen Firsten erzellen hörest dich nach proportion deines alters selbe zu imitiren befleissest, herentgögen abscheu-chen vor allen Lastern haben sollest.

4) Gleich wie nichts schöners an einen grossen Fürsten als alle seine Wissenschaften zu haben, also mach dir ein

begiert: alles zu lernen, vnnd zu wissen, was einen Fürsten woll anstehet, deßwegen sey nit verdießlich, bei deinen jezigen Jungen Jahren dich in solchen anfang
vnnderweisen zu lassen, vnnd alles von deinen meistern
die dir werden zugegeben billig anzunemben.

5) Ermane ich dich absonderlich den zorn vnnd gehe (Jähe)
zu meistern, vnnd dich zu überwündten, auch thuest
desto mehr, müh (Mühe) darzue anwendten, weillen es
scheint das dein natur dahin incliniert.

6) Leztlichen seye niemals undanckhbar gegen allen denen
Jenigen, die vor dich arweithen (arbeiten), vnnd sorgen,
auch denen die dir threu dienen gedenckhe das eine von
Jenen großen glickhseligkheiten eines Fürstens denen lei-
then khönen guetes thuen, nun billig dir dein Erste bitt
nit abgeschlagen, also hoffe ich billich du wirst mir auch
diese meine Erste begehren geweren, vnnd mithin alles
glickh vnnd Seegen von himmel über dich ziehen, welches ich dir von threuisten Vetterlichen herzen wünsche,
auch aus Ewen (eben) diesen von grundt derselben meinen Vetterlichen Seegen hiermit ertheile, vnnd bestendig
verbleibe

　　　dein gueter u. threuer Vater
Prüssl den 22 novembl 1697

　　　　　　　　　　　　　　　Max Emanuel
　　　　　　　　　　　　　　　Churfirst.«

Im Jahre 1726, als Max Emanuel 64 Jahre alt war, überfiel ihn
eine schwere Krankheit, ein krampfhafter Zustand ließ ihn selbst
nicht ohne Schmerzen Nahrung zu sich nehmen. Es kam die ern-
ste Stunde des Todes. Der Kurfürst ließ jetzt in sein Sterbezimmer
fast anderthalbhundert geistliche Bücher bringen und sich daraus
vorlesen. Nur mit Mühe tröstete ihn sein Beichtvater, daß er
nicht verzweifelte, in Angst starb er abends sieben Uhr, am
26. Februar 1726. Man sagte, er habe den Entschluß gehabt, sich
in die von ihm angefangene, 1728 unter Karl VII. aber erst ein-

geweihte Eremitage von Nymphenburg in einem von alten hohen dunkeln Bäumen umgebenen abgelegenen Teile des großen Gartens zu geistlichen Betrachtungen zurückzuziehen, ohne jemanden als seinen Beichtvater und einen Kammerdiener bei sich zu haben. Aber der Tod ereilte ihn früher. Zwei Jahre nachdem er gestorben war, 1728, erzählt Keyßler in seiner Reise, kam Max Emanuels Sohn, der Kurfürst von Köln, Clemens August, in diese Nymphenburger Eremitage, weihte daselbst den Altar ein, und die Gesellschaft machte sich dabei so lustig, daß für 200 Taler Trinkgläser zerbrochen wurden.

Der Kurfürst hinterließ von seinen Maitressen mehrere natürliche Söhne, der berühmteste Sohn war der Comte Emanuel de Bavière.

Emanuel Comte de Bavière war der Sohn der schon erwähnten Gräfin von Arco, die als eine Frau von seltener Schönheit und seltenem Geiste, wie ihr nachgerühmt wurde, im Jahre 1717 zu Paris starb. Der Graf von Bayern besaß das Schloß St. Cloud, das ihm sein Vater, der ihn sehr liebte, mit 10 000 Gulden Jahrrente überlassen hatte, als er Paris verließ. Er heiratete 1736 seine natürliche Nichte, die Gräfin Maria von Hohenfels, Tochter des Nachfolgers Karl-Albrecht, als Kaiser Karl VII., war französischer General und königlicher Statthalter zu Péronne in der Pikardie und fiel 1747 bei Laffeld.

# Kurfürst Karl Albrecht
(als Kaiser Karl VII.)
1726–1745

Max Emanuels Nachfolger war sein und der polnischen Therese ältester Sohn Kurfürst Karl Albrecht, geboren 1697 im Freudenleben zu Brüssel: er war der Fürst, der nach Ludwig dem Bayer zum zweiten Mal seinem Hause die Kaiserkrone verschaffte, aber unter ganz veränderten Weltverhältnissen und zum großen Schaden Bayerns, da dem übermächtigen Rivalen, der die Kaiserkrone als ein Erbeigentum ansah, trotz der Hilfe Preußens doch der Rang nicht abgelaufen werden konnte.

Als sein Vater starb, war Karl Albrecht 29 Jahre alt. Seine Jugend war traurig gewesen: er hatte sie in den Österreichischen Gefängnissen von Klagenfurt und Graz verlebt, wo er neun Jahre lang 1706–1715 von seinen Eltern getrennt gewesen war. Als er nun wieder nach München kam an den prunkvollen Hof seines Vaters, brach sich, von einer Menge Verlockungen zur Verführung geweckt, die nur niedergehaltene Lust zum Lebensgenüsse mit Macht Bahn, seine Umgebungen erfanden an ihm »einen violenten jungen Tollhans und Kartenspieler und eine große Inklination vor die Weiber und den Wein«. Von der früheren Zeit blieb nur eine große Ängstlichkeit und Schüchternheit zurück. Er ward ganz so wie sein Vater, heiter, prachtliebend und bigott, nur die Kriegsliebe und Kriegskunde, die Max Emanuel besaß, hat Karl Albrecht niemals gehabt, sein Gemüt war dazu zu weich.

Frühzeitig fiel er, wie sein Vater, in die Ketten der Frauen, und eine sehr gescheite Frau und nahe Verwandte, die recht wohl Temperament und Art der Fürstlichkeiten, namentlich der Fürstlichkeiten ihres Hauses zu taxieren verstand, die Herzogin von Orleans, hatte ihm ein gar richtiges Prognostikon gestellt mit den

*Carolo Alberto Electorali*    *Serenissimo principi Bauariæ*

Quantus in hac specie Bauaro pondere orbis
Princeps Theutonica gloria quanta sedes

Morte satum Oetnoq(ue) pietas Qui pluris parentum
In Sobole ingenies ita patre ceruit orbes

Worten, die sie in einem Brief am 29. Mai 1718 schrieb: »Die Prinzen von Baiern sollen gar nicht hübsch sein, aber viel Verstand haben. Vatert sich's bei ihnen, so werden sie den Grisetten brav nachlaufen.«

Karl Albrecht hat die Vorhersagung der Herzogin nur zu wohl erfüllt: er hat von seinen zahlreichen Geliebten nicht weniger als gegen 40 Kinder hinterlassen. Aus den Reihen der bayerischen Aristokratie wurden die Hauptgunstdamen gestellt, unter denen die Namen: Sophie Karoline von Ingenheim, Gräfin Marie Josephe Topor-Morawitzka und eine Gräfin Fugger bekannt geworden sind.

Sophie Karoline von Ingenheim war Hoffräulein am Münchner Hof. Mit ihr hatte Karl Albrecht schon als Kurprinz ein Verhältnis, und aus demselben stammt das in Bayern blühende Geschlecht der »Grafen von Holnstein aus Baiern«. Der Stammvater dieser Grafen, Franz Ludwig, ward 1723 geboren, von dem Vater, als er zur Regierung gekommen war, 1728 als Graf legitimiert und mit der Herrschaft Holnstein beschenkt, von Kaiser Joseph II. 1768 in den Reichsgrafenstand befördert. Er war Generalfeldzeugmeister und Reichsgeneralfeldmarschalleutnant, dazu Statthalter in der Oberpfalz zu Amberg, wo sein Geschlecht die Güter Ittelhofen, Schwarzenfeld und Thanstein besaß, dazu Balzing und Thalhausen in Oberbayern. Außer diesem natürlichen Sohn Karl Albrechts gebar ihm Sophie von Ingenheim noch eine Tochter, die »Gräfin Hohenfels« betitelt wurde. Sie erhielt das Lehen Hohenfels in der Oberpfalz und heiratete im Jahre 1736 ihren natürlichen Oheim, den Sohn Max Emanuels und der schönen Gräfin Anna Franziska von Arco, den Comte Emanuel de Bavière, der als französischer General 1747 in der Schlacht bei Laffeld fiel; sie überlebte ihren Gemahl noch 50 Jahre; sie starb erst 1797. Wie es damals an den Höfen in Deutschland Brauch zu werden angefangen hatte, ward Sophie von Ingenheim an einen Hofkavalier vermählt, der sich dazu hergab, aus der Hand seines Herrn dessen ehemalige Mätresse zu empfangen. Dieser Hofkavalier war der Ahnherr des in Bayern blühenden Geschlechtes

Spreti, Franz Johann Hieronymus. Er stammte aus Ravenna, wo er 1695 geboren wurde, kam als Kammerknabe beim Kurprinzen an den Hof Max Emanuels, begleitete die gefangenen Prinzen nach Klagenfurt, diente dann als Hauptmann im Türkenkrieg, ward gegraft 1711, 1715 Kammerherr, 1722 Oberküchenmeister und starb 1772 als Geheimer Rat und Generalfeldmarschalleutnant. Sein Geschlecht, das seinem Wappen, einem grünenden Tannenbaum mit dem Motto: »Te stante virebo« (So lange du stehst, werde ich blühen) Ehre machte, besaß das Familienkommiß, die Hofmarken Weilsbach, Weichs, Pelheim, Herbertshausen und Pasenbach in Oberbayern.

Wie Sophie von Ingenheim ward auch die spätere Geliebte Karl Albrechts, die Gräfin Morawitzka, einem dienstbeflissenen Hofkavalier zuteil: es vermählte sich mit ihr, die damals 23 Jahre alt war, im Jahre 1737 der Kämmerer, Geheime Rat, Ritter des Hubertusordens und Oberhofmeister der Töchter des Kurfürsten, Fürst Anton Portia, der 1750, achtundvierzigjährig, ohne Kinder starb; seine Gemahlin, Hofdame bei der Kurfürstin, überlebte ihn noch 39 Jahre, sie starb erst 1789 zu München.

Kaum ein Jahr nach der Zurückkunft von Graz hatte Karl Albrecht in München gelebt, als er sich mit seinem Bruder Ferdinand, dem nachherigen kaiserlichen Feldzeugmeister, 1716 auf eine Reise nach Italien begab, um den dortigen Venusberg zu besehen. Nachdem die beiden Brüder den Karneval in Venedig mitgemacht, gingen sie nach Florenz, Rom und Neapel. Darauf diente Karl Albrecht, ebenfalls mit Ferdinand, in zwei Feldzügen unter Prinz Eugen in Ungarn 1717 und 1718. 1722 vermählte er sich mit Amalie von Österreich, Tochter Kaiser Josephs I. Das Beilager ward in München gefeiert und zwar mit höchster Pracht; die Kosten wurden so wenig gespart, daß nur allein das der Braut übersandte Bild des Kurprinzen 250000 Gulden wert geschätzt wurde. Im Jahre 1724 machte Karl Albrecht eine zweite Reise nach Rom, und im Jahre 1725 ging er mit seinen Brüdern Ferdinand, Clemens August, Kurfürst von Köln, und Johann Theodor, Bischof von Regensburg, zur Vermählung König Ludwigs XV.

mit Maria Lescinska an den Hof von Versailles; beiläufig ward der Pariser Venusberg besehen.

Ein Jahr nach dieser französischen Reise 1726 übernahm Karl Albrecht die Regierung von Bayern. Der Hoftrain ward in demselben glänzenden Stil fortgeführt wie unter seinem Vater; in dieser Beziehung trat gar keine Veränderung ein. Dem jungen Kurfürsten verging die Zeit zwischen Lustbarkeiten und Andachtsverrichtungen: Die fortlaufende Kette des Hoftrubels in steten Vergnügungen und Festen ward nur durch den regelmäßig geordneten Besuch der Oratorien und durch die Teilnahme an den prächtigen Kirchenprozessionen unterbrochen. Täglich war französisches Schauspiel, worauf Ball und Spiel bei Hofe folgte, dreimal in der Woche fand Hofkonzert statt. Karl Albrecht interessierte sich sehr für die Oper. Er selbst übersetzte italienische Operntexte ins Deutsche, wie im Jahre 1738 den »Adriano in Siria«. Außerdem gab es häufig fürstliche Besuche bei Hofe, Reisen zu den Lustschlössern, Jagdpartien, und am stärksten nahmen die Zeit des jungen Herrn seine heimlichen Liebschaften in Anspruch. Am liebsten war er in den Boudoirs und Badekabinetten seiner zahlreichen Kurtisanen. In Nymphenburg, welches Schloß sein Lieblingsaufenthalt war, zeigte man die von seinem Vater erbaute Badenburg mit den Porträts der 16 Damen, mit denen Karl Albrecht unter sanfter Musik im Bad herumschwamm. Die gleichzeitigen Bilder des bekannten niederländischen Malers van der Werff haben diese und ähnliche fürstliche Schäferszenen für die europäischen Galerien verewigt.

Von diesen Schäferszenen weg warf sich Karl Albrecht wieder in Sack und Asche vor den Altären und Kreuzen der nahen »Klause« nieder, sowie in der im Jahre 1739 zu Ehren der heiligen Dreifaltigkeit von ihm gestifteten Klosterkirche, wozu regulierte Chorfrauen »de Notre Dame« berufen wurden. Karl war ein ebenso devoter als galanter Herr: seine Verehrung gegen die Kirche bezeigte er durch die glänzendsten Geschenke. Als er im Jahre 1736 zu Fuß nach dem Gnadenbilde der Mutter Gottes in Altötting wallfahrtete, schenkte er demselben eine silberne Bildsäule, den Kurprinzen Max Joseph darstellend: sie hatte dasselbe Gewicht, wie es der Prinz in seinem achten Jahr hatte. Als Karl Albrecht im Sommer 1737, begleitet von seiner Gemahlin, zur Lösung eines während einer schweren Krankheit dieses Prinzen getanen Gelübdes nach Italien reiste, umgeben von fürstlicher Pracht, verehrte er dem heiligen Antonius zu Padua einen goldenen Kelch und dem Hause zu Loretto eine Lampe von gediegenem Gold.

Ein Hauptdenkmal seiner Prachtliebe stiftete Karl Albrecht in einem neuen, überaus prächtigen Saal, den er in dem prächtigen Palast zu München, der schon 20 Säle und mehr als 2000 Fenster hatte, bauen ließ, und der den berühmten Kaisersaal noch übertreffen sollte. Die Kosten dieses Baues betrugen fünf Millionen Gulden; die ganze Pracht aber ging in einem neuen Schloßbrand im Jahre 1729 zugrunde. Das Paradebett dieses Kurfürsten, das man in den sogenannten schönen oder reichen Zimmern des Münchner Schlosses zeigt, ward auf 800 000 Gulden taxiert: 2¼ Zentner Goldes waren daran verschwendet. Es hieß das Kaiserbett, und Kaiser Napoleon sollte einst darin schlafen; er bat sich aber ein gewöhnliches Bett aus.

Wie von seinem Vater, ward auch von Karl Albrecht die Jagd mit Leidenschaft betrieben. In Nymphenburg wimmelte der benachbarte, fünf Stunden lang bis nach Starnberg reichende Tiergarten von gehegtem Wilde, Fasanen und Feldhühnern, auch am Starnberger See ward das Weidwerk betrieben. Mit stattlichem Gefolge, wie es die Wouvermannschen Genrebilder noch so anmutig zeigen, zog man namentlich zur Reiherbeize aus. In des Kurfürsten Schlössern wimmelte es von Hunden, der Favorithund lag jederzeit zu Schleisheim in einer Loge neben seinem Bett, zwölf andere Logen für Hunde befanden sich in dem anstoßenden Schreibsaal.

Die Jagdlust teilte der Kurfürst mit seiner Gemahlin, der kaiserlichen Prinzessin, von welcher Keyßler in seiner Reise durch Deutschland, die ihn 1729 auch nach Bayern führte, folgendes berichtet: »Die Kurfürstin Amalia, eine kleine und zarte Dame, schießt sehr gut nach der Scheibe und nach dem Wildpret und geht öfters bei Jagden bis auf die Knie im Moraste. Auf den Jagden hat man sie allezeit in grüner Mannskleidung mit einer kleinen weißen Perruque gesehen, in welcher Gestalt sie auch das erste Mal nach Schleisheim gekommen ist. Einst wurde sie auf der Parforcejagd, da sie gesegneten Leibes war, zweimal umgeworfen. Sie gab aber doch dem Kutscher, als er sie noch von ohngefähr zum Tod des Hirsches brachte, den gewöhnlichen Maxd'or und verbot auch die Strafe. Die Hunde finden eine große Liebhaberin an ihr, welches man vornehmlich zu Nymphenburg an den übelzugerichteten rothdamastenen Tapeten und Betten abmerken kann. Die kleinen englischen Windspiele gelten jetzt das meiste. Bei der Tafel stehen eine gute Menge derselben um die Kurfürstin, und auf jeder Seite sitzt einer, die alles wegnehmen, was sie erwischen können. Nahe an der Kurfürstin Bette zu Schleisheim hat ein Hund ein gelb-damastseidnes kleines Gezelt mit einem Kissen. Auf der Seite hängt das Brustbild des Herrn Christi mit der Dornenkrone.«

Bei den Jagden ward die Amazonen-Kurfürstin von allen ihren spanisch gekleideten Hoffräuleins begleitet, die dem Herzen des Kurfürsten oft gefährlicher wurden als seinem Wilde. Die Kurfürstin war äußerlich nicht sehr vorteilhaft bedacht, dabei linkisch und schweigsam – sie war nur des österreichischen Deutsch mächtig, Französisch hatte man sie aus Haß gegen Frankreich nicht lernen lassen. Die häßliche, fromme Dame wurde auf ihren galanten Gemahl höchst eifersüchtig, und durch diese Eifersucht wurden sehr unfürstliche Szenen herbeigeführt: von Tränen kam es zu Drohungen, von Drohungen sogar zu Tätlichkeiten. Die Amazone zeigte, wie Moser in seinem Leben erzählt, selbst der Gräfin Solms-Rödelsheim ein ganzes Schächtelchen voller Haare, die der Kurfürst ihr einst im Zorne ausgerauft hätte. Sie blieb ihr Leben lang gut kaiserlich gesinnt und war dem großen Friedrich »vorderst in Ansehung der Religion unaussprechlich abgeneigt«, wie einmal der kaiserliche Gesandte Baron Widemann in München schreibt.

Die steten Lustbarkeiten, in denen der Hof lebte, die Verschwendung, der man sich rücksichtslos überließ, brachten einen sehr üblen Finanzzustand herbei. Man fühlte ihn, aber man tröstete sich mit der Untrüglichkeit der damals allgemein beobachteten Maxime, daß ein Landesherr verwenden und depensieren dürfe, was und wieviel er wolle, wenn nur das Geld im Lande bleibe. Aber es ward bald nötig, daß man die gewöhnlichen Einkünfte durch außergewöhnliche vermehrte. Die gewöhnlichen Einkünfte Kurbayerns schätzte man auf sechs Millionen Gulden. Sie flossen aus Domänen, Forsten, Bergwerken, Steuern, Zöllen, Akzisen. Eine Million Gulden brachte allein der Handel mit dem Salzburgischen und Reichenhaller Salz ein. Diese sechs Millionen reichten bei weitem nicht aus, man nahm daher zu außerordentlichen Mitteln Zuflucht. Im Jahre 1735 ward das Lotto eingeführt, in der Verordnung hieß es: »gleichwie die päpstliche Heiligkeit zu Rom und verschiedene Städte des Welschlandes« es hätten. Neunmal jährlich wurden die Glückslose seitdem zu München gezogen. Auch die Soldatenverkäuferei ward eingeführt, 8000 Bayern im Jahre 1738 den Österreichern zu dem das Jahr zuvor in Verbindung mit den Russen wieder neu angefangenen Türkenkrieg verkauft, der Mann zu sechsunddreißig Gulden.

In dieser Verfassung des Hofes und Staates rückte der wichtige Moment des Aussterbens des habsburgisch-österreichischen Kaiserhauses und die Eröffnung der habsburgisch-österreichischen Erbschaft heran, ein Moment, nicht minder wichtig und bedenklich, als der der Eröffnung der habsburgisch-spanischen Erbschaft unter Max Emanuel gewesen war. Zwar nicht heimlich, sondern offen, wie Maria Theresia es ihm ausdrücklich anrühmte, erklärte sich Karl Albrecht, aber er zeigte sich nicht minder, wie sein Vater, dem Unternehmen völlig ungewachsen.

Am 20. Oktober 1740 starb Kaiser Karl VI. Fast ein ganzes Jahr ließ Karl Albrecht verstreichen, ehe er sich in Besitz der Lande setzte, auf die er Anspruch erhob. Er unterhandelte mit den Franzosen, mit dem Gesandten Marquis Rezé und mit dem Marschall Belle-Isle. In seinem Konferenzrate waren Preyssing und Törring entschieden für Frankreich, der alte Kanzler Baron Unertl aber die Stütze gegen die französischen Bearbeitungen. Alte Kundige erzählten Hormayr: Als Unertl einst im Nymphenburger Schloß die Kabinettstür verschlossen fand und die gewandten, geistvollen Franzosen mit dem Kurfürsten, seinem Herrn, lebhaft diskutieren hörte, rannte der fast siebzigjährige Greis schreiend und polternd in den Garten, legte eine Leiter an, schlug mit seinem Galadegen das Fenster durch und schrie dem Kurfürsten zu: »an den Jammer seines Vaters zu gedenken und sich nicht den Franzosen hinzugeben«. Die Nymphenburger Verträge wurden aber doch im Mai 1741 gezeichnet, gezeichnet von dem Minister des Auswärtigen, Grafen Törring, der die Schlachten seines Herrn zu schlagen brannte. Leider war dieser Herr auf dem Feld des Mars gar nicht so unternehmend als auf dem Feld der Venus.

Erst am 2. Oktober 1741 ließ sich Karl Albrecht, obgleich Österreich ganz widerstandsohnmächtig war, als Erzherzog von Österreich zu Linz huldigen. Statt nun ohne Zögern nach Wien, das der Hof verlassen hatte, vorzugehen, zog er nach Prag, aus Angst, daß seine Alliierten, Preußen und Sachsen, ihm die böhmische Krone vorwegnehmen könnten. Am 19. Dezember 1741 huldigten ihm zu Prag 400 Stände, aber das Volk erklärte sich nicht für ihn, es verharrte in düsterem Schweigen. Im Besitz Prags ergriff Karl Albrecht eine neue Unruhe um die römische Königskrone, er zog nach Frankfurt und ward am 24. Januar 1742 als Kaiser Karl VII. ausgerufen. Darüber gingen Wien und Linz und Prag und München verloren. An demselben Tag, 12. Februar 1742, wo Karl aus der Hand seines Bruders, des Kurfürsten von Köln, die Krone Karls des Großen empfing, zogen die Österreicher unter dem Pandurenchef Menzel in München ein. Menzel und Trenck wirtschafteten in Bayern mit den wilden Völkern des allerhöchsten Reichsoberhauptes, den Rotmänteln, wie die Kannibalen. Der Bericht des österreichischen Generals Khevenhüller besagt: »Die Freikorps übten vielfältig Mordbrennerei aus bloßer Lust. Sie haben Unschuldige nach Belieben an die Stadttore oder an die nächsten Bäume gehangen, Kirchen beraubt und heilige

Gefäße verunreinigt, zertrümmert und Gold und Silber und Edelsteine der Kirchen an Juden verschachert – sie haben die Bauern der bayerischen Landfahnen mit abgeschnittenen Nasen und Ohren nach Hause geschickt, ehrbaren Frauen und Mädchen auf dem Rücken der gebundenen Hausväter Gewalt angetan und alsdann noch in die Flammen geschleudert, Säuglinge aufgespießt und den Hunden vorgeworfen.« Die in Wien über Trenck bei der zarten bigotten Kaiserin Maria Theresia angebrachten Klagen wirkten hier aber nicht, weil man Trenck für einen zu notwendigen Mann hielt. Fast ohne Schwertstreich ergab sich das halbe Land, nur Straubing hielt sich und das brave Ingolstadt, das erst später, trotz der Tapferkeit seines Kommandanten, Grafen Granville, seine Tore öffnete.

Bayern ward, wie im spanischen Erbfolgekrieg, wiederum von 1742–1745 österreichische Provinz und kam unter die Verwaltung des Hofkommissärs Grafen von Goes. Sofort wurden die Tauschprojekte in vollen Umtrieb gesetzt. Da Maria Theresia Schlesien verloren hatte, wollte sie wenigstens nun Bayerns sich versichern. Statt in München, sollten die Wittelsbacher Bayerns in Brüssel, in Mailand, in Palermo ihre Residenz nehmen, oder auch sollte Bayern mit dem Frankreich abzunehmenden Elsaß, Lothringen und der Freigrafschaft abgefunden werden.

Wie im spanischen Erbfolgekrieg, so fand auch im österreichischen sich kein einziger hervorragender Mann in Bayern, weder im Feld noch im Kabinette. Auch die bayerischen Truppen bewährten sich nicht mehr, wie sie sich früher unter Tilly, Mercy und Jean de Werth bewährt hatten. Die Schlacht bei Höchstädt im spanischen Erbfolgekrieg war die letzte gewesen, wo sie mit Ruhm gefochten hatten. Der gegenwärtige Feldherr, der auswärtige Minister Graf Torring, hatte, wie Hormayr sagt, die Ähnlichkeit mit einer Trommel, »daß man von ihm nur hörte, wenn er geschlagen wurde«. Karl VII. sah sich genötigt, an seiner statt den Feldmarschall Grafen Seckendorf, der früher dem Kaiser gedient hatte, in Dienst zu nehmen: dieser führte ihn zweimal in seine Hauptstadt zurück. Zwischeninne mußte Kaiser Karl VII. getrennt von seinem Land in Frankfurt a. M. leben, welche Stadt durch die Großmut Lord Stairs, des Befehlshabers der sog. pragmatischen Armee, der dem Unglück eine Freistätte gönnen wollte, neutral erklärt worden war. Der deutsche Kaiser lebte hier in Frankfurt von den Unterstützungen seiner Freunde und seines Oberpostmeisters, des Fürsten Taxis. Er äußerte in dieser Not öfters: »Das Unglück wird mich nicht verlassen, bis ich es verlasse.« Nur die Freude erlebte er noch, in München zu sterben; Friedrich II. hatte ihm durch einen zweiten Einfall in Böhmen Luft gemacht, Graf Goes floh nach Salzburg, Karl VII. zog am 23. Oktober 1744 wieder in München ein. Er verschied hier ein Vierteljahr nachher in den Armen seiner Gemahlin und seines einzigen Sohnes und Nachfolgers am 20. Januar 1745, nur achtundvierzig Jahre alt, an zurückgetretener Gicht. Bei seinem Leichenbegängnis bei den Theatinern trug man eine Weltkugel zum Symbol der Macht des Toten, der kaum sein eigenes Land zum Sterben wiedererhalten hatte, man nannte diesen Toten etikettenmäßig »den unüberwindlichsten Herrn und Kaiser«.

Um die machtlose Kaiserkrone zu erlangen, hatte Karl Albrecht sich entschließen müssen, das arme Land mit einer ungeheuren Schuldenlast zu übersetzen.

Die Krönungsreise nach Frankfurt, einschließlich die Kosten für zwei Kutschen und Pferdegeschirr, in Paris gemacht, veranlaßte allein einen Aufwand von über 122 000 Gulden. Statt Bayern durch die Kaiserkrone zum Glanze zu führen, hinterließ es Karl Albrecht in Armut und dazu in Schmutz, Finsternis und Aberglauben versunken. Land und Hof, Kirchen und Schulen, ja sogar das Schauspiel, das unter ihrer Aufsicht stand, beherrschten die Jesuiten. Es wimmelte in Bayern von Klöstern und Mönchen und von den durch sie unterhaltenen Müßiggängern und Bettlern, unter denen nach Gelegenheit eine Menge rohe Strolche, Landstreicher, Verbrecher, Taugenichtse und Gauner auftauchten; diese Bettler-, Müßiggänger- und Landstreicherschar war hauptsächlich aus den vielen unehelichen Kindern, die das Land hatte, herangewachsen. Karl Albrecht klagte namentlich sehr über seine Gemahlin, die unbegrenzt wohltätig sowohl gegen die Geistlichen als gegen die Bettler und Müßiggänger sich bezeigte. Er sagte einmal seinem Kanzler: »Alle eure Bettelmandate sind für nichts. Der Kurfürstin müßt ihr befehlen, daß sie mit ihrer Hand nicht so viel Bettelleute herbeiziehe. Wenn ich jage, so hat sie so viel Bettlerrelais, als ich Pferde wechsle.«

# Kurfürst Maximilian III. Joseph
## 1745–1777

Karl Albrechts Nachfolger, Maximilian III. Joseph, war der letzte Fürst von der alten Kurlinie Bayerns.

Geboren 1727, hatte er die gewöhnliche Jesuitenerziehung erhalten. Aber Max Josephs Jugend fiel in die Zeit, wo die von Frankreich herüberkommenden Ideen der Philanthropie in Deutschland zu wirken anfingen, und wo Friedrich II. in Preußen die Aufklärung in Schutz nahm. Der allgemeinen Atmosphäre dieses neuen Geistes vermochten die Jesuiten ihren Zögling nicht zu entziehen; während er selbst von ihm im stillen genährt und mächtig angezogen ward, erlagen ihm die Jesuiten. Ihr Sturz fiel in die Regierung Max Josephs.

Man hatte nachgerade auch in Bayern für nötig gefunden, mit der steigenden Aufklärung, namentlich den neuen Ideen im Camerale wenigstens einigermaßen äußerlich Schritt zu halten: was für Sachsen Leipzig war, ward für Bayern Würzburg, von hier berief man die Professoren zu Prinzenerziehern und sogar ins Regiment. Diese Doktrinäre wurden die Faiseurs. Die Namen Ickstatt, Zentner (dieser aus Heidelberg berufen), Rudhart und Pfordten gehören in diese Reihe.

Die Erziehung Max Josephs ward durch die Leitung der Jesuiten und des Romanisten J. A. Ickstatt so wohl geleitet, daß der Prinz Judäa und Rom besser als sein Vaterland kannte: das, was man an ihn brachte, war sowohl zugewogen, daß seine Sehnsucht, die Welt kennenzulernen, um sie zu beglücken, unbefriedigt blieb. Der Pater-Beichtvater erklärte ihm mehrmals: »Man müsse zeitlichen Dingen nicht allzufest obliegen und nie vergessen, daß mit größerem Wissen auch größere Verantwortung vor Gott erwachse.«

SERENISSIMO MAXIMILIANO IOSEPHO VTRVSQE BAVARIÆ, et SVPERIORIS PALAT: DVCI COMITI PALAT: RHENI S.R.I. ARCHIDAP: et ELECT: LANDGRAVT: LEVCT:

Inmitten eines verführerischen üppigen Hofes hatte sich Max Joseph sittenrein erhalten. Unverdorben, aber auch unerfahren übernahm er, kaum achtzehnjährig, die Regierung. Nur die unbestimmte, aber starke Sehnsucht lebte in ihm, eine Welt zu beglücken.

Mit der Regierung übernahm Max Joseph auch den Krieg gegen Österreich. Wenige Tage nach des Vaters Tod hatte er wieder ein Flüchtling werden müssen: er ging nach Augsburg und Mannheim. Es waren zwei Parteien am Hofe. Des Kurfürsten Alliierte, Preußen und Frankreich, rieten dringend, den Krieg standhaft fortzusetzen, dagegen waren die Kurfürstin Mutter, die verwitwete Kaiserin Amalie, und der Graf von Seckendorf, der Feldherr Kaiser Karls VII., der sich mehr als kaiserlichen denn als bayerischen Feldherrn angesehen hatte, für Abschließung des Friedens. Die Mutter drohte dem jungen Kurfürsten sogar, nach Wien gehen und ihn nie wiedersehen zu wollen. Von ihr gedrängt, schloß Max Joseph den Frieden zu Füssen am Lech, 22. April 1745. In diesem Frieden gab Bayern sein ganzes Recht an die Österreichische Erbschaft auf. Max Joseph pflegte späterhin wiederholt zu äußern: »Ich verstand damals von Allem, was vorging, gar nichts.« Er ist bis zu seinem Tod beständig aufgebracht gegen diesen Friedensschluß geblieben, namentlich auch darüber, daß Österreich einen ansehnlichen Teil der bayerischen Artillerie vorenthielt.

Um dem Hause den Anspruch gültig zu erhalten, übertrug Prinz Clemens, der Sohn des Prinzen Ferdinand Maria, Oheims des Kurfürsten, als Agnat seine Rechte, wenn je davon Gebrauch gemacht werden könnte, als Schenkung an den Kurfürsten Karl Theodor von der Pfalz, München, Mai 1745. Er tat es auf Anraten seiner Gemahlin Maria Anna, der Tochter Joseph Karls von Sulzbach, die nachher noch einmal energisch die Integrität Bayerns gegen Österreich aufrecht erhalten hat mit Hilfe Friedrichs II. von Preußen, dessen Freundin sie war und mit dem sie einen beständigen Briefwechsel unterhielt.

Nach wiederhergestelltem Frieden begann der junge Kurfürst seine Regierung. Sie war sehr schwach, eine wahre Major-Domus-Regierung: sie blieb so auch nach seiner Vermählung, die er im Jahre 1747 mit Maria Anna Sophie, Tochter König August III. von Sachsen-Polen, vollzog, die Kurfürstin erlangte gar keinen Einfluß auf die Geschäfte. Dennoch war Max im Volke so populär, daß man ihn nur den »guten Max« hieß.

Im allgemeinen ging auch unter dieser Regierung der Hoftrain in dem althergebrachten Stil fort, wie er unter Vater und Großvater sich festgesetzt hatte: des jungen Kurfürsten Hauptbeschäftigungen waren die Hoflustbarkeiten, besonders das Theater, die Oper und die Jagd, nächstdem war eine besondere Lieblingsneigung des jungen Herrn das Drechseln. Nach den Memoiren des Barons von der Asseburg, welcher im Jahre 1746 dem Hessen-Kasselschen Gesandten in München, General von Donop, beigegeben war, war es eine Gräfin Seeau, »die auf den jungen Kurfürsten einen bedeutenden Einfluß ausgeübt zu haben geschienen habe«. Graf Joseph Seeau, Kämmerer, war einer seiner Lieblinge, er beschäftigte sich viel mit Theater und andern Hoflustbarkeiten, später ward er Oberhofmeister der gescheiten, nicht österreichisch, sondern bayerisch und demnächst preußisch gesinnten Herzogin Maria Anna.

Über die Verhältnisse am Münchner Hofe zu Anfang dieser Regierung haben wir den Hauptaufschluß in den Depeschen des kaiserlichen Gesandten in Bayern, Baron Widemann, erhalten, welche der Oberhofbibliothekar Johann Christian Baron Aretin im sechsten Band seiner historischen Beiträge aus der Pollinger Klosterbibliothek mitgeteilt hat. Sie sind sehr weitläufig, breitspurig und verraten einen kaum über die Mittelmäßigkeit sich erhebenden Diplomaten, aber sie geben einen hinreichend anschaulichen Einblick in die bodenlose Verdorbenheit aller damaligen Hof- und Landeszustände, und sind darum interessant genug, namentlich bei dem großen Mangel an detaillierten und sicher beglaubigten Nachrichten, der sich bei der Hofgeschichte Bayerns fühlbarer wie bei irgendeinem andern deutschen Hofe macht. Aus den Memoiren Widemanns, der als kaiserlicher Gesandter dem Münchener Hof nahe genug stand und als ein Wissender in vielen

130

geheimen Dingen sich zeigt, erfährt man, wie der Herr von Bayern auf der einen Seite von Günstlingen zu einer Kette von Zerstreuungen, auf der andern Seite von seinem Jesuiten-Beichtvater in den Geschäftsentschließungen gegängelt wurde. Man erfährt, wie der junge Herr immer »schüchtern« und »irre« gemacht wurde: diese Ausdrücke und die Verstellung, welche Max Joseph diesem Schüchtern- und Irremachen entgegengesetzt habe, kommen immerwährend vor. »Il est vrai«, sagte einmal der Kurfürst zu dem englischen Gesandten, »que c'est le temps des intrigues«, und zu einem anderen Herrn: »Ich werde von allen Seiten geplagt.« Unter dieser Plage war die von Österreich nicht die geringste. Max Joseph äußerte wiederholt, daß es ihn »durchaus zu hart zu halten suche«.

Der Hauptvertrauensmann Max Josephs war sein ehemaliger Lehrer, der Beichtvater, Jesuitenpater Stadler. Baron Widemann berichtet über ihn unterm 27. Mai 1751: »Die Vermögenheit des Beichtvaters wächst täglich mehr und mehr. Dieser Jesuit ist der einzige, welcher dieses Fürstens (dessen Gemüth sonsten gegen alle und überhaupt an sich voll Mißtrauen und Verdacht ist) ganzes Vertrauen besitzt. Er bringt dem Kurfürsten bei dem täglichen Frühgebet bei, was er nur will.«

Den Hauptaufschluß über das im Charakter des jungen Kurfürsten vorherrschende Mißtrauen und Argwohn gibt ein Bericht aus München, welchen Schlözer in seinem Briefwechsel mitgeteilt hat; er ist unmittelbar nach Max Josephs Tod geschrieben:

»Ich bin nicht bestellt«, sagt dieser Bericht, »des Kurfürsten Panegyrist zu sein, aber der Gerechtigkeit zu Steuer muß ich sagen, daß er keinen andern Fehler hatte, als daß er zu gut war und nicht Stärke genug besaß, den Ausschweifungen seiner Einbildungskraft zu widerstehen, welche ihm die schrecklichsten Bilder von Giftmischereien und dergleichen beständig vormalte. Hierin liegt der Aufschluß zu seiner ganzen Regierung. Die beständige Furcht, vergiftet zu werden, machte ihn zugleich zaghaft und mutlos, daher unterstand er sich kaum, seinen Ministern zu widersprechen, sie mochten unternehmen, was sie wollten, und eben darauf stützte sich das traurige Ministerregiment. Das Mißtrauen hielt patriotische und redliche Männer von dem Fürsten in beständiger Entfernung, und die ganze Regierung blieb allein in den Händen der Majorum domus.«

Franz Andreas Baron Praidlohn war die Kreatur und der Geschäftsmann des Premier Preyssing und der geschworene Feind des Jesuitenpater Stadler. In Wiguläus Aloysius, seit 1745 Freiherr von Kreitmayr, sah man die Blüte eines altbayerischen Staatsmannes verkörpert. Er war, wie Hormayr sich ausdrückt, »ein ernster, gestrenger, in Gelehrsamkeit und Geschmack üppig barbarischer Herr, ein durch und durch altgebackener Altbaier«. »Hat«, berichten die Widemannschen Depeschen von ihm, »dem Verlauf nach mit dem Törringischen Hause sehr gut gestanden, ist bei dem Kurfürsten so gut angeschrieben, daß er auf den sich ereignenden Fall schon gleichsam in Petto zum Nachfolger des Breitlohns bestimmt ist, welches auch bei diesem letzteren viel Scheelsucht erweckt hat – soll im Reden bei weitem die Geschicklichkeit nicht besitzen, wie im Schreiben.« Jener Fall ereignete sich im Jahre 1758, wo Kreitmayr an Praidlohns Stelle als Kanzler eintrat. Er erlebte noch die folgende Regierung und starb im Jahre 1790: er ist der Autor der drakonischen Gesetzgebung Bayerns, und ich komme auf ihn zurück.

Das allgebietende Faktotum unter Max Joseph bei den Angelegenheiten, auf die es immer und immer wieder bei Hofe hauptsächlich drängte, den Geldbeschaffungen, war der Vizehofkammerpräsident Max Freiherr von Berchem. Er war geboren 1706 und einem Geschlecht angehörig, das aus Österreich stammt, wo im großen Gnadenjahre 1683 die Baronisierung geschehen war. Seine Bildung hatte er in der Ritterakademie zu Ettal erhalten. »Dieser Mann ist«, schreibt in einer Depesche vom 19. Juli 1750 der kaiserliche Gesandte Baron Wideman, »derjenige, welcher dermalen bey allen hier, sowohl bey Hof als in dem Land vorgehenden neuen Cameral-, Finanz- und ökonomischen Einrichtungen das Ruder führet und durch den Churf. Beichtvater P. Stadler, mit welchem er in genauer und vertrautester Freundschaft steht, bey dem Churfürsten selbsten wohl angeschrieben ist, obwohl er sonst viele Hasser und Neider hat. Er zeigt an sich eine gute (östreichische) Gesinnung und wenn ich ihm anderst, wenigstens mit der Zeit von Ew. usw. eine Allerhöchste Gnade und Erkenntlichkeit auch nur von Weiten anhoffen machen dörfte, so getraue ich mir von Ihme viele ersprießliche Dienste vor Ew. usw. Allerhöchstes Interesse zu erwürken.« Am 2. September 1751 wird berichtet, »daß der Freiherr von Berchem vom Churfürsten zu seinen vielen Bedienungen auch noch die General-Direction über alle Straßen in Baiern erhalten, zu deren Besorgung derselbe auch schon vor mehr als einem Monat von München abgereist sei und mit Besichtigung der zum Theil gemachten Wege gegen Augsburg und Östreich den Anfang gemacht habe«. Berchem ward 1772 von Kaiser Joseph II. in den Grafenstand erhoben. Er starb 1777 nur zwölf Tage vor seinem Herrn. »Er soll ein Vermögen von drei Millionen hinterlassen haben, da man doch in der Kasse des verstorbenen Kurfürsten nicht über 10 000 Gulden gefunden hat. Dieser ungerechte Minister trägt den verdienten Haß und Fluch des ganzen Volks mit ins Grab. Als er noch todt in seinem Hause lag, wurde an die Thür ein Zettel geheftet mit der Aufschrift: ›Hier kann man nun gratis eingehn.‹« So der Bericht bei Schlözer. Die Familie Berchem, die in Bayern blüht, war im Besitz einer Menge Güter in Ober- und Niederbayern: Piesing, Haiming, Seibertsdorf, Ritzing, Türken, Schedling, Heretshamm und anderer.

Berchem war ein fluchwürdiger Egoist: Geiz und Wollust beherrschten ihn gänzlich. Er suchte zuerst jedesmal seinen Vorteil, dann den des Fürsten und zuletzt den des armen Volkes. Als einst große Geldklemme bei Hof war, schlug Berchem, um schnell ein Erkleckliches zusammenzubringen, ohne weiteres vor, von jedem Bauer, der Getreide auf die Schranne bringe, 12 Kr. pro Scheffel zu erheben. Der Kurfürst lehnte das saubere Erbieten mit den Worten ab: »Soll ich noch Räuberhandwerk mit meinem Volke treiben?« Der anwesende, billiger denkende Minister und Oberstallmeister Seinsheim meinte: »Noch besser wäre, die Bauern das Getreide gleich ohne weiteres im Schloß abladen zu lassen, das brächte noch mehr ein!«

Indem jedoch Berchem jederzeit den Verlegenheiten des Hofes abzuhelfen wußte, machte er sich zum unentbehrlichen Manne. Um Geld zu beschaffen, bediente er sich der schlechtesten Mittel. Er führte schon 1749 ein neues Lotto ein, und 1760 empfahl er sogar das genuesische Lotto. Es ward an einen Italiener verpachtet, Joseph de Santo Vito. Als dessen Pachtzeit zu Ende war, übernahm es Kurfürstliche Durchlaucht selbst.

Die verkehrtesten und die despotischsten Verordnungen ergingen, um vorgeblich Ackerbau, Handel und Gewerbe aufzuhelfen. Weiter, als in Bayern damals, ist die deutsche Regierungsschulmeisterei wohl nirgends getrieben worden.

Zwei Verordnungen aus den Jahren 1747 und 1762 bestimmten die Höhe des Tagelohns für die Handarbeiter und Werkleute. Wer mehr zahlte, sollte an Geld gestraft werden, wer mehr nahm, ward 8 Tage ins Arbeitshaus gesperrt bei Wasser und Brot und erhielt täglich 12 Peitschenhiebe dazu. Eine anderweite Verordnung von 1763 befahl, Unbemittelte mit Zwang zur Spinnerei anzuhalten, und zwar Erwachsene wie Kinder. »Versehe sich«, heißt es am Schlüsse des Mandats, »der Churfürst der Vollziehung um so mehr, als er sich durch vertraute Leute und heimliche Emissarios hierüber informieren lassen und die säumig erfundene Obrigkeit sammt den Übertrettern, als geflissene Verächter seines landherrlichen Gebothes, dergestalt bestrafen würde, daß es allen übrigen zum gewahrsamen Beispiel und Schröcken dienen solle.« Laut Mandat von 1769 waren Vaganten und »alle Müßiggänger überhaupt« bedroht, unter das Militär gesteckt zu werden. Alles das half nichts und konnte in einem Lande gar nichts helfen, wo ein Dritteil des Jahres in Feiertagen, Prozessionen und Wallfahrten müßig verbracht wurde. Das Land blieb arm und elend, ohne daß der Fürst, der nicht mit eignen Augen sah, es wußte, denn man verbarg ihm die Not. Um ihr zu wehren, führte man 1775 sogar Heiratslizenzen ein, die nebenbei wieder eine neue Einnahme gewährten, durchschnittlich 13 000 bis 15 000 Gulden.

Die Not und der Druck im Lande brachte es endlich so weit, daß es auch in Bayern, wie früher schon in dem benachbarten Württemberg, zu einer Auswanderung in Masse kam. Ein bayerischer Bauerssohn, Joseph Kaspar Thürriegel von Gossersdorf im Landgericht Mittenfels, geb. 1733, vertraut mit dem elenden Zustand des Landvolks in Bayern, ward der Stifter dieser Massenauswanderung. Er hatte früher in der Heimat Schreibersdienste verrichtet, dann durch Glück und Mut bei der französischen, nachher bei der preußischen Armee sich bis zum Obristleutnant aufgeschwungen und war sodann nach Spanien gegangen. Hier schloß er mit dem Madrider Hofe unter Vermittlung des Ministers Grafen von Aranda und des Intendanten von Sevilla Grafen Olavides einen Vertrag ab, um die entvölkerte Sierra Morena in Andalusien mit deutschen Kolonisten zu besetzen. Thürriegel reiste hierauf an den Rhein und erließ gedruckte Aufforderungen nach Bayern. Sie trugen den Titel: »Glückshafen, oder reicher Schatzkasten, welchen der spanische Monarch zum Trost und Nutzen aller deutschen und niederländischen Bauern, Tagelöhner und Handwerksleute aufgeschlossen hat.« Thürriegel beförderte diese Aufforderungen mit der Post und durch Boten an die Zünfte und wies ihnen Sammelplätze an. In den Jahren 1764–1769 zogen viele Bayern nach dem fernen Spanien aus.

Im ersten Schrecken erließ man 1764 eine Verordnung, worin »da dieses kecke Unternehmen auf eine ganze Depopulation und Ausödigung Unserer Lande abzielet«, angedroht wurde, daß überführte Anwerber binnen 24 Stunden gehenkt und ihre Entdeckung mit 50 Gulden für einen jeden belohnt werden sollte. Aber Thürriegel ließ sich nicht betreffen, und die Auswanderung hatte dennoch ihren Fortgang. Noch jetzt leben die Nachkommen jener Auswanderer aus Bayern unter einträglichen Pflanzungen in den urbar gemachten Höhen und Tälern der Sierra Morena.

Auch unter Max Joseph dauerte die Soldatenverkäuferei noch fort, um Geld für den Hof zu beschaffen. 1738 war der Kopf mit 36 Gulden zu dem Türkenkrieg Österreichs verkauft worden, in den Jahren 1746 bis 1749 verkaufte Max Joseph den Kopf um

24 Gulden an Österreich. 1750 darauf kam durch den Gesandten in London, Grafen Haslang, ein Vertrag mit den Seemächten zu Hannover zustande. Bayern machte sich verbindlich, auf den Kriegsfall 6000 Mann bereitzuhalten. Dafür erhielt es jährlich 40 000 Pfd. St., und nach Stichaners Subsidiengeschichte war ausdrücklich bedungen, daß diese Bayern in Holland bleiben, gar nicht wieder in ihre Heimat sollten zurückkehren. Berchem und der Kanzler Kreitmayr hatten lebhaft die Sache betrieben. »Es sind«, sagte einmal der Kabinettssekretär des Kurfürsten, Erdt, zu dem Österreichischen Gesandten Baron Widemann, »Dinge bey Gelegenheit dieses Geschäfts vorgegangen, die ihm fast unglaublich scheinen würden.« Selbst der Jesuit Stadler, der allmächtige Beichtvater des Kurfürsten, hatte für diesen Seelenverkauf gestimmt.

Während des Siebenjährigen Krieges beschränkte sich der Kurfürst auf die Gestellung der verfassungsmäßigen Reichshilfe von 6000 Mann; außerdem stand bei Amberg in der Oberpfalz ein Beobachtungskorps von 6000 Mann Infanterie und 500 Reitern.

Das Prinzip der bayerischen Politik war damals dasjenige, das an fast allen deutschen Höfen als einziges galt, mit der rühmlichsten Ausnahme von Preußen, wo noch andere Interessen ins Auge gefaßt wurden: nur Geld zu erhalten. Der kaiserliche Gesandte Baron Widemann berichtet in einer Relation vom Münchner Hofe aus dem Jahre 1750: »Aus dem hier habenden Grundsatze, von allen Seiten Geld und Subsidien zu ziehen, macht man kein Geheimnis mehr, woran die niederträchtige Gedenkens-Art vieler kleinen bey dem Churfürsten Gehör findenden Leute – die große Schulden- und übernommene Zahlungslast – dann die üble Wirthschaft und Einrichtung im Lande sowohl als bey Hofe, und das vor allem vorgesetzte Vorhaben, keine andere Absicht, als die Verbesserung der Finanzen und die Vermehrung der Einkünfte zum Zweck aller dießortigen Handlungen zu nehmen, die hauptsächlichste Schuld trägt.«

Die damaligen Hofbankiers, durch die die Subsidiengelderwirtschaft getrieben wurde, waren die Gebrüder Noker. »Ist«, schreibt einmal Baron Widemann in einer Depesche vom 28. Mai 1750, »der Graf Seinsheim dieser Tagen mit gewissen hiesigen Wechslern (so die Gebrüder Noker heißen) stundenweise eingesperrt gewesen.«

Der Staatskanzler, seit 1745 zum Freiherrn erhobene Wiguläus Aloysius von Kreitmayr, jener »durch und durch altgebackene Altbaier«, ist nächst der Kameralgesetzgebung besonders berühmt durch die neue bayerische Zivil- und Kriminalgesetzgebung geworden, die er in den Jahren 1751–1756 zustande brachte. Zuerst erschien von dieser bajuvarischen Legislatur 1751 der neue verbesserte Kriminalkodex, sodann 1753 die neue Gerichtsordnung und 1756 das neue bürgerliche Gesetzbuch. Der Kriminalkodex namentlich war weitläufig und schlecht, ein wahres Blutgesetz, von der Schreckenstheorie diktiert, es übertraf selbst noch die Carolina: die Tortur insbesondere, die erst König Max Joseph 1808 aufhob, war gräßlich. Auf bloße Konjektur hin wurde torquiert: »Indicia, welche das Verbrechen nur conjecturaliter beweisen, ziehen höchstens – die Tortur nach sich.« – »Bei verspürender Ohnmacht ist mit der Tortur so lang einzuhalten, bis – sich der Delinquent erholt hat.« Namentlich hatte auch der alte Adel das Torturrecht. »Landstände, welche das Malefiz haben und die Akten nicht einzusenden pflegen, sollen weiter fahren, wie Malefiz Rechtens ist« (Teil 2, Kap. 8, § 4). Auf einen Diebstahl von 20 Gulden stand der Strang, auf Entweihung eines Heiligenbildes das Schwert, auf Hexerei das Schwert. Seit dem Erscheinen dieses Kodex wurden so viele Menschen in Bayern gehangen, geköpft, gerädert, verbrannt, wie beinahe in keinem andern deutschen Lande. Man hat berechnet, daß im Rentamt Burghausen in den Jahren von 1748–1776 an 1100 Menschen exekutiert worden sind. In München wurden im Jahre 1774 fast jede Woche zwei bis drei Verbrecher gerichtet. Das Volk gewöhnte sich an den Hinrichtungsspektakel so, daß es, wenn die Armesünderglocke geläutet wurde, wie zu einer Lustbarkeit hinausrannte, um das rote Tuch vom Rathause wehen, nach verlesener Urgicht den Stab brechen und den Henker sein Handwerk verrichten zu sehen.

Der »gute Max« war traurig, schwermutsvoll und finster bei der immer und immer wiederkehrenden Nötigung, Todesurteile zu unterschreiben, aber seine Räte und Höflinge bestärkten ihn in der Meinung, das Volk sei »nur mit Schrecken in Zaum und Ordnung zu halten, es habe kein Ehrgefühl und keine Bildung«. Todeswürdige feingebildete und wohlerzogene Verbrecher von adeligem Stande genossen, wie in Österreich, die Gnade, bei der Hinrichtung wenigstens von unwürdigen bürgerlichen Augen nicht gesehen zu werden, sie hatten das Vorrecht, »die stille Jungfrau zu küssen«. Man zeigte lange den Müllerturm und Falkenturm, wo angeblich zusammenfahrende Messer die zur »Verfällung« verurteilten, in den Abgrund stürzenden adeligen Leiber exequierten. Trotz den vielen Exekutionen verringerten sich aber die Verbrechen gar nicht, da die große Lebensnot blieb.

Was der gutmütige und wohlgesinnte Kurfürst tun konnte, tat er. Den Amtsexzessen der Beamten, selbst der höheren, setzte er sich mit Strenge entgegen. Ein vielgeltender Graf, berichtet Zschokke, hatte einmal einem Unterbeamten zwölf Stockstreiche gegeben, Max Joseph entschied: »Der Graf zahlt ihm Schmerzensgeld, für jeden Streich 1000 Gulden.« Der Graf mußte gehorchen. Um die größten Übelstände der feilen Gerechtigkeit zu kontrollieren, stiftete der Kurfürst ein Revisionsgericht: er selbst behielt sich darin den Vorsitz vor.

Die wichtigste Stiftung des Kurfürsten Max Joseph war eine Stiftung »für Ehrgefühl und Bildung«: die der Akademie der Wissenschaften zu München im Jahre 1759. Er bestätigte dieselbe trotz der Gegenvorstellungen, die ihm namentlich Seiten seines Beichtvaters Stadler gemacht wurden. Mit dieser Stiftung wurde die seit Friedrich dem Großen allgemein sich in Deutschland regende Aufklärung endlich auch in dem seither ganz von den Jesuiten beherrschten Bayern eingelassen und in weiteren Kreisen verbreitet. Es erschienen in Bayern nun endlich auch wissenschaftliche Bücher und solche, die seither geherrscht hatten und die Titel führten: »Teufelspeitsche«, »Christliche Handpistolen« und »Die geistlichen, Leib und Seele zusammenhaltenden Hosenträger« wurden allmählich verdrängt. Lange aber noch arbeiteten die Jesuiten gegen die neue Akademie. Sie legten dem Kurfürsten zuletzt ein langes Verzeichnis der in Bayern lebenden Freigeister vor, aber dieser warf es mit den Worten ins Feuer: »Wie? Sind das nicht meine besten Leute? Wen hat das Land, wenn die fehlen?« In Landshut führten die Schüler der Jesuiten sogar ein Schauspiel auf, wo Max Josephs Neuerungen als Pfeile der Hölle wider das Seelenheil der frommen Bayern dargestellt wurden; der Kurfürst ließ den Verfasser des Landes verweisen.

Welch tiefer Aberglaube und welch grobe Unwissenheit damals in Bayern herrschten, beweist am besten ein ausführliches Landverbot, das unter Max Joseph »gegen Aberglauben, Zauberei und Teufelskunst« hoch im Jahre 1746 erlassen wurde. Allgemein ging das Weissagen aus Sternen, Kristallen, Ringen und Sieben im Schwange, schaurige Vorkehrungen traf man dazu besonders in den Nächten des Christfestes, des Andreas- und Thomastages. Auf Kreuzwegen zitierte man bei nächtlicher Weile die Geister. Zu Wundermitteln suchte man Alraunwurzeln und Farrensamen. Zauberpulver brannte man aus Totengebeinen. Man trieb mit Vorliebe Schatzgräberei. Man bannte Gewitter, Ratten und Mäuse. Man ließ sich den Wundsegen erteilen, um sich hieb- und stichfest zu machen, besonders liebte man Häute zu tragen, in denen Kinder zur Welt gekommen waren. An Türen, Truhen, Betten schrieb man Zaubersprüche und Segen zum Schutz wider die Macht des Satans. Eltern verschmähten ärztliche Hilfe am Sterbebette ihrer Kinder, wenn das Segnen der Priesterhand nicht anschlug. Landleute ließen ihr Vieh ohne Hilfe, wenn es behext hieß. Man glaubte, daß Waffen aus Ketten der am Hochgericht aufgehangenen Verbrecher besondere Kraft hätten, nicht minder Nadeln von Kleidern, die die Toten in den Särgen getragen. Man hatte Waffensalben, die selbst die in größter Entfernung geschlagenen Wunden heilen sollten. Viele Klöster erwarben sich Ruf und Reichtümer durch ihre geweihten Kräuter, Lukaszettel und Brustsäckchen, die gegen Teufel und Hexen Wunder tun sollten, das Benediktinerkloster Scheyern verkaufte allein deren jährlich an 40 000 in Zwillich und Seide. Besonders waren die Kapuziner die erkorenen Lieblinge des Volkes, die ihm Heiraten stifteten und Dienstmägde verdangen, berühmt in der Kunst, Kräuter und Wurzeln zu segnen und in Säckchen genäht als unfehlbare Schutzmittel wider Hexerei, Viehkrankheit und andere Übel verkaufsweise anzubringen; der Papst hatte ihnen schon im Jahre 1652 ein eigenes Privilegium erteilt. Sie bannten auch Kobolde und verstanden andere Geheimnisse, die ihnen großes Ansehen machten. Als es aber 1670 in ihrem eignen Kloster Straubing Spuk gab, wollte es ihnen doch nicht gelingen. Eine alte Nachricht sagt: »Bei denen Novizen hat die nächtliche Unruh kein End, sie klagen immerzu, man hat ihre Zellen ausgeraucht, auch allen Teufelsgeißeln angemacht, will dennoch nichts helfen, was es ist, kann ich nicht wissen.« Dagegen hatten die feinen Jesuiten zu Ende des siebzehnten Jahrhunderts mit einem Stücke vom Kreuze Christi das deutsche Ordenshaus zu Öttingen beruhigt, in welchem vor Geistern und Gespenstern seit vierzig Jahren nicht mehr zu bleiben gewesen war. Zu Großhausen im Rentamt München war 1725 eine Jesuitenbrüderschaft des heiligen Xaver gegen den Hagel gestiftet worden. Am Himmelfahrtsfeste wurde hauptsächlich geistliche Hilfe gegen Hagel erpraktiziert: es wurde da in den Kirchen auf dem Lande vom Gewölbe herab eine brennende, scheußliche Lumpengestalt gestürzt, das Volk balgte sich um die Fetzen, denn man glaubte steif und fest, sie könnten, in den Feldern aufgesteckt, Hagel und Schloßen abwenden. In den Städten und Märkten trugen Handwerker die Bilder ihrer Heiligen unter Trommel- und Pfeifenklang über die Gassen, um fruchtbares Wetter damit zu machen. Kam kein Regen, so warf man die Heiligen ins Wasser.

Gegen den groben Aberglauben und gegen die tiefe Stupidität, die in Bayern herrschte, traten endlich die Männer der Akademie der Wissenschaften und am nachdrücklichsten dann auf, als unter Max Joseph im Jahre 1774 der Unfug durch den Teufelsbanner Gaßner aufs höchste steigen sollte. Gaßner, ein Vorarlberger, war katholischer Pfarrer zu Klösterle im Bistum Chur in Graubünden.

Er hatte sich durch ununterbrochenes Forschen in den geheimnis-
vollen Schriften der berühmten Magiker die Erkenntnis verschafft, daß die meisten Krankheiten von bösen Geistern herrühr-
ten und daß man ihnen durch Segensprechungen und Gebete
allerdings erfolgreich begegnen könne. Er hatte angefangen, sich
als Thaumaturgen an seinen Pfarrkindern zu erweisen und großes
Aufsehen in der Schweiz erregt. Er fing nun an, in den umliegen-
den Ländern umherzuziehen; zu Mörsburg am Bodensee, der
Residenz der Fürstbischöfe von Konstanz, später der liebliche
Sommeraufenthalt der Königin von Württemberg, fing er seine
großen Wunderkuren an. Als aber der Bischof von Konstanz
Zweifel an seiner Wundertäterei aussprach und ihm riet, in seine
Pfarrei zurückzukehren, verließ er ihn und suchte Prälaten von
stärkerem Glauben auf. Im Jahre 1774 erhielt er von dem Erzbischof von Regensburg einen Ruf nach der Propstei Ellwangen
in Schwaben. Hier empfing ihn eine ganze Schar von Hilfs-
bedürftigen. Von nahen und fernen Landen strömten Kranke, an
Krücken und in Kutschen herzu, bei 20 000 Menschen, um des
großen Glaubensmannes Machtsegen zu empfangen, den er mit
dem Worte: »Cesset, Fahre aus!« zu erteilen pflegte. Man war schon
froh, wenn man nur seinen Schatten berühren konnte. Ein Mitglied
der Münchner Akademie, der Theatiner Don Ferdinand Sterzinger,
ein Tiroler, gestorben 1786, begab sich nach der Propstei Ellwangen, und es gelang ihm, dem Volke zu erweisen, daß der Thau-
maturg teils gesunde Personen die Rolle der Kranken spielen ließ,
teils daß auch seine Kuren bei wirklich Leidenden nur so lange
anschlugen, als ihre Phantasie von der mächtigen Überredungs-
kunst des Beschwörers der bösen Geister erhitzt blieb. Diese den
Pfaffen in Bayern unwillkommenen Entdeckungen untergruben
den Glauben an die Wundertäterei bedeutend, Gaßner ward
Gegenstand des öffentlichen Spotts und Gelächters und starb in
der Diözese seines Gönners, des Erzbischofs von Regensburg als
Pfarrer zu Pondorf schon im Jahre 1779.

Einen noch empfindlicheren Angriff erfuhr der bayerische Kle-
rus durch ein anderes Mitglied der Akademie, den Geheimen Rat

Peter von Osterwald, einen Nassauer, gestorben 1778. Osterwald ließ 1766 eine Schrift über die Immunität der Geistlichen ausgehen, worin er mit Gründen der Geschichte und des Rechts zu erweisen suchte, daß die Kirchen und Klöster zur Unterstützung eines Staates, dessen Schutz sie genossen, auch Abgaben zu entrichten schuldig seien. Sofort ließ der Bischof von Freising das Buch an allen Kirchtüren seines Sprengels verdammen. Aber Max Joseph ließ die Verdammungsurteile abreißen und nahm den Autor in Schutz, er machte ihn sogar zum Direktor des 1768 neu angeordneten geistlichen Ratskollegiums. Dieses Kollegium erhielt den Auftrag, die landesherrlichen Rechte in geistlichen Sachen zu wahren, davon eine Folge war: die bedingte Genehmigung der Regierung zum Erlaß geistlicher Verfügungen, die Zulassung landesherrlicher Kommissarien zu den Prälatenwahlen, das Verbot der Ordensprofeß vor dem 25. Lebensjahre und die untersagte Verbindung der Orden mit ausländischen Obern.

Im Jahre 1773 hob endlich Papst Clemens XIV. Ganganelli den Jesuitenorden auf, nachdem er über 200 Jahre bestanden und mindestens 200 000 Glieder gezählt hatte. Die ganze deutsche Assistenz der Jesuiten in ihren zehn Provinzen zählte zur Zeit der Aufhebung des Ordens 6713 Glieder, darunter 2780 Priester. Die Zahl der Kommunikanten in den Jesuitenkirchen der oberdeutschen und der seit 1770 davon ausgeschiedenen bayerischen Provinz hatte sich im Jahre 1772 auf über zwei Millionen belaufen und die Zahl der Proselyten dieses einzigen Jahres über 200. Der Orden war zuletzt im Besitz von sechs ehemaligen Klöstern und sonst sehr ansehnlichen Gütern. Es bestanden in Bayern die Kollegien zu München, Ingolstadt, Altötting, Straubing, Landsberg, Landshut, Mindelheim, Burghausen, in der Oberpfalz war das zu Amberg. Dazu kamen noch zwei Residenzen, kleinere Häuser zu Ebersberg und Biburg. Im Ingolstädter Kollegium allein fand man beim Inventieren einen Aktivvermögensstand von mehr als drei Millionen Gulden.

Nach der Aufhebung des Jesuitenordens konnte der neue Geist der Aufklärung sich nun auch in die Schulen verbreiten, die bisher unter der Jesuiten ausschließlicher Leitung gestanden hatten. Nun endlich konnten Schritte zur Bildungsmündigkeit des Volkes gemacht werden, die seither beständig durch die Vormundschaft der Jesuiten aufgehalten worden war. Als Max Joseph starb, hatte Bayern wirklich größere Fortschritte in der geistigen Ausbildung gemacht, als früher in keinem Jahrhundert. Aber der Tod rief diesen wohlwollenden Mann frühzeitig ab, und eine spätere Regierung trat noch einmal die gepflanzten Keime der freieren Entwicklung nieder.

Max Joseph hatte immer gegen die Pocken einen unüberwindlichen Abscheu geäußert. Sein Schwager, Kurfürst Friedrich Christian von Sachsen, war vor vierzehn Jahren, erst einundvierzig Jahre alt, an dieser Krankheit gestorben. Max Joseph hatte nicht den Mut gehabt, sie sich, wie Katharina II. tat, einimpfen zu lassen. Alle Vorsicht, die man brauchte, war nicht hinreichend, ihn zu schützen. Eine junge Dame von Stande, Madame de Riva, die gerade am Hof zu Besuch war und in dem kurfürstlichen Palais wohnte, ward von den Blattern überfallen. Die Art ihrer Krankheit ward sorgsam vor dem Kurfürsten verborgen gehalten; aber ihr Großvater, der an ihrem Bette gewesen war, kam unvorsichtigerweise unmittelbar darauf in das Zimmer, wo der Kurfürst Billard spielte. Er hatte kaum ein paar Minuten im Zimmer verweilt, als dieser ausrief: »Jemand ist hier, der die Blattern hat, ich fühle es.« Und sofort legte er das Queue weg und zog sich in sein Kabinett zurück.

Am 8. Dezember 1777 des Abends, als der Kurfürst von den Feierlichkeiten des Festes der St. Georgenritter in sein Schlafgemach zurückkam, fühlte er sich krank. Er versuchte zwar am anderen Morgen einer Hirschjagd, die bestellt war, beizuwohnen, es überfiel ihn aber ein Zittern, und er mußte umkehren und sich legen. Die Krankheit, einen Ausschlag am ganzen Körper, behandelte der alte, unwissende, pfäffisch bigotte und dabei doch höchst dünkelhafte, grobe Leibarzt Sänfftl, als unbedeutende Masern, es waren aber allerdings die Pocken. Die Bulletins, die der Doktor erscheinen ließ, sind in Rechtschreibung und Rechtausdruck klassisch bajuvarisch. Den 21. Dezember hieß es: »Ihro chrfrl. Durchlaucht haben diese Nacht eine bassable Nacht passirt, wie es die dermalige Umstände erlaubten«. – Am 26. Dezember: »Sr. chrfrl. Drl. haben Gott zu Dank eine ziemlich gute Nacht gehabt und würde dieselbe besser gewesen sein, wenn die immer mehr und mehr abfallende und das Rückengestell sehr wund machende Bocken den Schlof nicht gestörret hätten. Ita observatum per noctem intra 25 und 26 Xbris 1777 a medicis clinicis

Joseph de Sänfftl
et de Branca.

Dieser moderne Äskulap Sänfftl gab dem Kurfürsten ein Muttergottesbildlein zu schlucken und rief dem mit den Sterbesakramenten kommenden Beichtvater zu: »Er schluckt!« Der Brand war hinzugetreten, der Kopf in einer furchtbaren Weise angeschwollen, man konnte kaum die Züge noch erkennen. In diesem jämmerlichen Zustand lag der Kurfürst zwei ganze Tage. Getötet von dem üblen Doktor, starb er, indem er leider wohl sah, in welchen Händen er war, es aber nicht ändern konnte. Max Joseph starb am 30. Dezember 1777, unbeerbt, fünfzig Jahre alt. Der allgemeine Jammer des ihm mit höchster Liebe zugetanen Volkes folgte ihm nach.

# DER HEIDELBERGER HOF
## 1544–1777

Nach dem Aussterben der Kurlinie in Bayern sukzedierte nun die ältere, seit dem Dreißigjährigen Krieg so gehaßte und angefeindete Linie Pfalz mit Karl Theodor aus dem Zweige Sulzbach. Die Länder Bayern und Pfalz, seit dem Traktat von Pavia unter Kaiser Ludwig dem Bayer viereinhalbhundert Jahre getrennt, wurden damit wiedervereinigt.

Kurpfalz war das deutsche Land gewesen, das infolge der Reformation im Religionspunkt die außerordentlichsten Schicksale hatte erfahren müssen. Es mußte alle die herben Folgen erleben, die das Prinzip des Religionsfriedens von Augsburg 1555 nach sich zog: Cujus regio, ejus religio, wessen Glaubens der Fürst ist, dessen muß auch das Land sein. Infolge dieses traurigen Grundsatzes ward die Pfalz während der zweiten Hälfte des sechzehnten Jahrhunderts zweimal lutherisch, und zweimal calvinisch und zuletzt, als sie gegen Ende des siebzehnten Jahrhunderts an einen wieder katholisch gewordenen Zweig fiel, stand sie in schwerer Gefahr, wieder ganz katholisch gemacht zu werden.

Zu der Kurpfalz gehörte, als die Reformation eingeführt ward: die Unter- oder Rheinpfalz mit der Hauptstadt Heidelberg, die Oberpfalz mit der Hauptstadt Amberg (die im Dreißigjährigen Krieg an Bayern fiel), und die sog. junge Pfalz, die Fürstentümer Neuburg und Sulzbach an der Donau, die 1507 im Landshuter Erbfolgekrieg erworben worden waren.

Kurfürst Friedrich II. trat gleich öffentlich zur neuen Lehre. Er ist der leichtblütige, galante, immer mit Schulden belastete Herr, dessen Denkwürdigkeiten sein Sekretär, der Lütticher Thomas, beschrieben hat, die aus dem Lateinischen ins Altdeutsche und 1849 wieder von Eduard von Bülow ins Neudeutsche übertragen, herausgegeben worden sind. Friedrich kam als ein achtzehnjähriger heißer Jüngling an den Hof des heißen Philipp von Österreich, Gemahl der eifersüchtigen Donna Juana, in die Niederlande nach Middelburg und ging mit dem heißen Herrn ins heiße Spanien; dort hielten sie die nächtlichen Harun-al-Raschid-Umgänge in der Stadt Barzelona inkognito, um die heißen Spanierinnen kennen zu lernen. Friedrich hatte später ein Liebesverhältnis mit Karls V. Schwester Eleonore, das aber der stolze spanische König sehr brüsk trennte: die arme Eleonore mußte erst den alten häßlichen König von Portugal heiraten und dann eine zweite Heirat aus Konvenienz mit Franz I. von Frankreich eingehen. Auch Friedrich ward dies Los zuteil: er heiratete zu Heidelberg 1535, dreiundfünfzigjährig, endlich eine ganz junge Tochter des verstorbenen, mit einer Schwester Eleonorens vermählt gewesenen Dänenkönigs Christian. Zur Regierung in der Pfalz kam er nach dem Tod seines Bruders Ludwigs V. 1544, nahm am Weihnachtstag 1545 in der Schloßkapelle zu Heidelberg zum ersten Male das Abendmahl unter beiden Gestalten und beteiligte sich 1546–1547 am Schmalkaldischen Krieg gegen Karl V. Er starb im Jahre 1556.

Sein Nachfolger war sein Neffe, der fromme Ott Heinrich, 1556–1559; er setzte die Reformation fort. Seine Gemahlin, Susanna von Bayern, war schon 1543 gestorben, nachdem sie zwei Fehlgeburten gehabt hatte. Ott Heinrich war nun so gewissenhaft, nicht wieder heiraten zu wollen, »damit«, sagte er, »sich in seinem Geschlechte der Fluch nicht fortpflanzen möge, den einst Pfalzgraf Ludwig über dasselbe gebracht, als er den Hinrichtungszug des frommen Märtyrers Johann Huß in Konstanz anführte«. Mit seinem Tod 1559 erlosch die alte Heidelberger Kurlinie, und es sukzedierte die Nebenlinie Simmern.

Der erste Fürst aus der Linie Simmern war Ott Heinrichs Vetter, Kurfürst Friedrich III., 1559–1576. Seine Regierung ist durch den lutherischen Eiferer Tilemann Heshusius aus Wesel ausgezeichnet, der Generalsuperintendent in Heidelberg war. Heshusius war einer der ersten kleinen lutherischen Päpste. Er nannte sich eigenmächtig einen »Generalissimus aller protestantischen Superintendenten«, wollte keinen Geistlichen, der nicht seine Kreatur war, im Lande leiden und ließ dem Prediger Kiebitz in Heidelberg den Kelch vor dem Altar aus der Hand reißen. Dieser widerliche pfäffische Hochmut brachte dem neuen Kurfürsten Friedrich III. einen so unüberwindlichen Ekel gegen die Lutheraner bei, daß er störriger Calvinist ward. Nun mußte das ganze Land den Glauben wieder ändern, die meisten Geistlichen unterwarfen sich, die eifrige Partei, Heshusius an der Spitze, verließ das Land. Heshusius ging nach Goslar, nach Rostock, nach Magdeburg, nach Wesel, nach Jena, dann erhielt er das Bistum Samland in Preußen, überall trat er schimpfend und streitend auf, verhängte in Rostock den Kirchenbann über den Bürgermeister, in Magdeburg über den gesamten Magistrat, überall mußte er wieder wegziehen, zuletzt starb er als Professor auf der braunschweigischen Universität Helmstädt im Wahnsinn. Kurfürst Friedrich III. war es, der den berüchtigten Heidelberger reformierten Katechismus aufsetzen ließ, im Jahre 1562, der das härteste Verdammungssymbol war, welches die Reformation hervorgebracht hat.

Nachdem Friedrich bis zu seinem Tod den Calvinismus mit unnachsichtlicher Strenge aufrechtgehalten hatte, sukzedierte sein Sohn Ludwig VI., 1576–1583. Er stieß das ganze Gebäude seines Vaters wieder um. Er hatte sich an der calvinistischen Glaubensstörrigkeit geärgert, ward eifriger Lutheraner, und das Land mußte mit dem Fürsten wieder den Glauben ändern. Schon bei seinem Einzug in Heidelberg hieß er jeden aus dem Volke sich fortmachen, der nicht gut lutherisch gesinnt sei. Alle calvinischen Prediger wurden, sofern sie nicht abschworen, aus dem Land verjagt. Ludwig VI. unterschrieb 1579 die sächsische Konkordienformel.

Es folgte sein Sohn Friedrich IV., 1583–1610. Er war minderjährig. Sein Oheim erzog ihn, Pfalzgraf Johann Casimir, und zwar gegen das väterliche Testament calvinisch. Johann Casimir war damals der einzige calvinische Fürst in Deutschland. Die Vormundschaft dauerte bis 1592, und während derselben wurden wieder alle Lutheraner aus der Pfalz verjagt, Johann Casimir machte alles wieder calvinisch. Von jetzt an, von 1583–1685, blieb die Pfalz reformiert.

Unter Kurfürst Friedrich IV. kamen in die Pfalz die Anfänge einer verfeinerten Weltbildung, und sie mischten sich auf sonderbare Weise mit der alten Devotion und den rohen Manieren der noch älteren, hauptsächlich in ausbündigen Jagden und noch ausbündigeren Trinkgelagen schwelgenden Genußsucht. Kurfürst Friedrichs IV. Gemahlin war Luise Juliane, die Tochter des großen Befreiers der Niederlande, Wilhelm von Oranien. Als eine feingebildete Frau bildete sie eine starke Gegenwehr gegen den rohen und wüsten Ton, der damals fast noch an allen deutschen Höfen, mit Ausnahme Hessen-Kassels, herrschte. Durch diese Vermählung wurde der kurpfälzische Hof nicht nur mit Nassau-Oranien, sondern auch mit Hessen-Kassel durch die Bande der Verwandtschaft eng verbunden, auch der Landgraf Moritz von Kassel war mit einer Juliane von Nassau-Siegen vermählt. Die drei calvinischen Haupthöfe – der dritte war Brandenburg – schlossen sich eng aneinander. 1608 wurde in dem anspachischen Kloster Ahausen in Franken die evangelische Union geschlossen.

Friedrich IV. ist auch der Gründer des Glanzes der mit der berühmten Bibliothek ausgestatteten Heidelberger Universität. Zu der Bibliothek zogen damals alle europäischen Gelehrten, sogar der berühmte Salmasius kam von Paris 1606 in das ketzerische Nest.

Kurfürst Friedrich IV. war ein eifriger Regent; gleich nach dem Frühgebet begab er sich in die Kanzlei und in den Kirchenrat, um den Sitzungen beizuwohnen. Aber Lieblingsvergnügen blieb noch immer die Jagd und die Tafelgenüsse. Sein Vertrauter war der Fürst Christian von Anhalt, der schon 1591 dem König Heinrich IV. von Frankreich Hilfstruppen zuführte.

Friedrichs IV. Nachfolger war sein Sohn Friedrich V., unter dem ein großer Wendepunkt für die Pfalz kam. Er ward das Haupt der Union der Protestanten und König von Böhmen. Von 1610–1614, bis Friedrich V. sein achtzehntes Jahr erreicht hatte, führte die Vormundschaft Pfalzgraf Johann der Jüngere von

Zweibrücken. Im Februar 1613 hatte sich Friedrich zu London mit Elisabeth Stuart, Tochter König Jakobs I. von England, vermählt. Im Junius 1613 zog er mit ihr in Heidelberg ein. Durch diese Vermählung brach nun die neue italienisch-französische Hofsitte, wie sie in England seit der Königin Elisabeth geherrscht hatte, mit Macht ein, und die alte einfache deutsche Patriarchalität entschwand nach und nach. Zuzeiten des Vaters des Kurfürsten Friedrich V. standen im Speisesaal des Hofes zu Heidelberg Tische für die Edelleute und Räte; er schaffte die Hofspeisung ab, speiste nur mit Fürsten und höchsten Personen. Friedrich und Elisabeth waren beide Gemüter von sorglosem Leichtsinn, sie hatten Freude an Pracht und Glanz neben aller calvinisch-kirchlichen Nüchternheit und Strenge. Die ersten Jahre der glücklichen Ehe vergingen unter lauter Festen und Genüssen. Desto stürmischer wurden die späteren unter den Unglücksfällen des Dreißigjährigen Krieges.

1619 zog Kurfürst Friedrich V. aus der Pfalz, um die Krone von Böhmen zu nehmen, dreißig Jahre lang sah die Pfalz ihre Herrscher nicht. Nach dem Verlust der unglücklichen Prager Schlacht (1620, 8. November) lebte Friedrich noch zwölf Jahre im Haag, unterhalten von seinem Schwiegervater und den Generalstaaten. Die Spanier besetzten die Rheinpfalz und blieben darin die Herren bis zum Frieden. Erst mit Gustav Adolfs Landung 1630 kam wieder ein Schimmer von Glück, aber dreizehn Tage nach dem Tod des Schwedenkönigs bei Lützen, der Friedrich wie ein Donnerschlag betraf, starb er selbst aus Alteration, am 29. November 1632, nur sechsunddreißig Jahre alt, zu Mainz.

Die schöne romantisch-melancholische Elisabeth Stuart hatte ihrem Gemahl in dem Zeiträume von 16 Jahren 13 Kinder geboren, drei als Kurfürstin, eines als Königin und die übrigen neun im Exil.

Von diesen ist besonders merkwürdig Luise Hollandine, die 1622 »ohne Schmerzen« geborene Tochter, die mit ihrem Bruder Eduard nach Frankreich verschlagen ward, sich hier 1658 konvertierte, Abtissin von Maubuisson wurde und 1709, siebenundachtzigjährig, starb. Diese ganz absonderlich humorisierte geistliche Dame pflegte »bei ihrem Leibe, der 14 außereheliche Kinder getragen hatte«, zu schwören.

Erst der Frieden restituierte den Sohn des geächteten Winterkönigs, Karl Ludwig, welcher in London lebte, nachdem er nach dem Tod Herzog Bernhards von Weimar einen Versuch gemacht hatte, sich an die Spitze von dessen Heer zu stellen, dessen sich die Franzosen nachher versicherten; er ward daran, als er inkognito durch Frankreich reisen wollte, durch eine zehnmonatliche Gefangenschaft behindert, die ihn die Franzosen leiden ließen. Karl Ludwig sah in London noch seinen Oheim Karl 1 Stuart auf dem Schafott sterben und kam 1649 im Oktober in die Pfalz zurück, damals 32 Jahre alt.

Karl Ludwig war nebst seinem Vater weithin der interessanteste Fürst, aus der alten calvinischen Kurlinie vom Hause Simmern. Er glich im Äußeren seiner Mutter. »Der Kurfürst, unser Herr Vater Seliger«, schreibt einmal seine Tochter, die Herzogin von Orleans, »glich der Königin, seiner Frau Mutter: die Königin in Böhmen hatte schwarze Haare, ein lang Gesicht, starke Nase.« Er war in Holland erzogen und hatte dort und in England einen weiteren Anschauungskreis gewonnen. Im Jahre nach seiner Zurückkunft aus London, 1650, vermählte er sich mit Charlotte, der Tochter der berühmten, energischen Landgräfin-Vormünderin Amalie von Hessen aus dem Hause Hanau, der getreuesten Alliierten Gustav Adolfs und Frankreichs im Dreißigjährigen Krieg. Aber diese Ehe fiel schlimm aus: sie war eine der unglücklichsten fürstlichen Ehen in Deutschland. Charlotte war eine sehr hochfahrende, befehlshaberische, eigenwillige, zänkische Dame, sie konnte sich mit Karl Ludwig nicht vertragen. Nach der Geburt von drei Kindern war der vollständige Bruch da: Charlotte ging, wie Kayser in seinem »Schauplatz von Heidelberg« erzählt, in ihrer Abneigung so weit, daß sie bei einem Reichstage zu Regensburg, wohin sie der Kurfürst mitgenommen, denselben »mit Entblößung des Leibes beschimpfte«.

Alle Bemühungen der benachbarten Fürsten von Württemberg und Baden-Durlach, die Einigkeit wiederherzustellen, waren vergebens.

Darauf tat Karl Ludwig einen Schritt, der damals das größte Aufsehen in Europa machte. Er hatte seine Neigung einer sanfteren Dame zugewandt, dem schönen Hoffräulein der Kurfürstin, Luise von Degenfeld: das Verhältnis war durch lateinische Liebesbriefe, die er mit ihr wechselte, eingeleitet worden, die man lange für Originalbriefe gehalten hat, es fand sich aber, daß diese Briefe dieselben waren, welche in dem Romane von Aneas Sylvius Piccolomini, des späteren Papstes Pius II., »De Eurialo et Lucretia«, der Liebesgeschichte eines Grafen Schlick mit einer Dame zu Siena, stehen. Karl Ludwig ging mit dieser schönen, sanften Dame jetzt im Jahre 1658 eine Ehe zur linken Hand ein; der Bruder Luisens, Ferdinand, der in venetianischen Diensten stand, wo er durch einen Schuß bei Belagerung einer türkischen Festung beide Augen verloren hatte – er starb 1680, 81 Jahre alt, als pfälzischer Geheimer Rat – drängte zu diesem Schritte, er hatte dem Kurfürsten erklärt, »daß er den letzten Blutstropfen opfern würde, um das Todesurteil seiner Schwester zu unterzeichnen, wenn der Kurfürst nicht ihre Ehre herstellte und sie gar nicht oder auch nur heimlich heirate«. Karl Ludwig zog sich mit Luisen nach Schwetzingen zurück, und sie machte ihn innerhalb 17 Jahren zum Vater von 13 Kindern, welche nach einer alten ausgestorbenen Familie »die Raugrafen und Raugräfinnen« hießen. Sie starb, als sie mit dem 14. Kind schwanger ging, im Jahre 1677.

Die Kurfürstin Charlotte war in Heidelberg zurückgeblieben, und ihre Eifersucht führte lange die heftigsten Szenen herbei. In Gegenwart des Markgrafen Friedrich von Baden-Durlach ließ sie einmal die Äußerung fallen: »Mein Gemahl liebt die Mägde mehr als die Frauen«; der Kurfürst kam damals mit der Wütenden so hart zusammen, daß er ihr eine Ohrfeige gab. Als sie von ihrem Gemahl verstoßen werden sollte, warf sie sich ihm mit ihren Kindern zu Füßen. Luise flüsterte dem Kurfürsten zu: »Servate vostra parola!« Da schlug der Kurfürst die Hände über dem Kopfe zusammen und ging hinaus. Zuletzt ging Charlotte so weit, daß sie den Versuch machte, ihre Rivalin zu töten, sie holte deshalb ein Pistol: Graf Wolf von Hohenlohe entriß es ihr, als sie im Begriff war, es auf Luisen abzudrücken, und schoß es zum Fenster hinaus. Endlich entschloß Charlotte sich, das Feld zu räumen: sie zog im Jahre 1662 von Heidelberg weg und begab sich in ihre Heimat Kassel; erst nach dem Tod ihres Gemahls 1680 kehrte sie wieder zu ihrem Sohne in die Pfalz zurück.

Als sie im Jahre 1686 starb, machte sie einigen von ihrer Dienerschaft in ihrem letzten Willen Vermächtnisse, den meisten aber vermachte sie »ihren letzten Unwillen« mit beigesetztem Befehl, »darüber zu weinen«. Selbst ihren Sarganzug befahl die befehlshaberische Dame noch an, und ihre eigene Schwägerin sagte bei dieser Gelegenheit: »Ce sera la seule fois, qu'on l'habillera sans qu'elle gronde ou batte ses gens.«

Karl Ludwig war einer der wenigen Fürsten, die durch das in ihrer Jugend erlittene Unglück zu ihrem Amt tüchtig gemacht worden waren. Alle Geschäfte gingen durch seine Hand, er besuchte regelmäßig die Kanzlei und die Kammer und zog sich so tüchtige Räte und Beamte, daß sie weit und breit berühmt wurden; er verstand es vollkommen, sich fürchten und gehorchen zu machen. Alle Räte des Kurfürsten mußten durch einen besonderen Revers ihm Verschwiegenheit und keine Geschenke anzunehmen geloben. Er strengte sie Tag und Nacht zur Arbeit an und sagte einst, als er auf der Kammer, wo die Bildnisse seiner Vorfahren hingen, bei einem derselben das Prädicat patiens las: »Ich bin impatiens, wenn man nicht fleißig arbeitet.« Ungeachtet aber seine Räte stets beschäftigt waren und sie ihm alles berichten mußten, folgte er doch mehr seinem Willen als ihrem Rat. Er pflegte zu sagen: »Wer leicht glaubt, wird leicht betrogen«, aber bestrafte die falschen Angeber nicht, um sie nicht abzuschrecken, ihm vieles zu entdecken, wohin seine Augen nicht reichten. Karl Ludwig war ein vortrefflicher Finanzier, er haßte alle unnötige Pracht bei Hofe, und wiewohl er nur 1 vom 100 Steuer nahm, hatte er doch stets eine Barschaft von einer Million Gulden, und bei seinem Tod überstiegen die Landeseinkünfte die Summe derselben vor dem Krieg.

Karl Ludwig hatte den Wahlspruch: »Deus providebit.« Er war aber ein gar heftiger Herr. Nach dem Tod Kaiser Ferdinands III. bei den Streitigkeiten der Pfalz mit Bayern, wem die Ausübung des Reichsvikariats gebühre, kam er 1658 nach Frankfurt auf den Konvent und warf dem bayerischen Gesandten Dr. Oexel auf einen harten Wortstreit das Tintenfaß nach dem Kopf. In Genf prügelte er den Verfasser einer deutschen Reise, Oldenburger, durch, der über sein Liebesverhältnis zum Fräulein Degenfeld vor und nach seiner Trauung vor seiner rechtmäßigen Gemahlin sich ausgelassen hatte, und ließ ihn die zwei Blätter des Buchs, die die anstößigen Sachen enthielten, aufessen. Mit den geistlichen Herren um sein Land herum kam er 1665 in Streit über Ausübung des Wildfangsrechts, das er benutzte, um seine ruinierten Länder wieder zu bevölkern. Ebenso geriet er mit dem Herzog von Lothringen 1668 in einen kleinen Krieg, weil dieser nach dem Westfälischen Frieden noch pfälzische Ortschaften besetzt hielt. Als der Marschall Turenne 1674 die berüchtigten Mordbrennereien in der Pfalz auf seines Herrn Befehl anfing, forderte er ihn, erzürnt über die ringsumher rauchenden Dörfer, zum Zweikampf. Turenne antwortete aber: »Seitdem er die Ehre habe, dem König von Frankreich zu dienen, schlage er sich nur an der Spitze von 20 000 Sekundanten.«

Im Religionspunkt war Karl Ludwig ein sehr toleranter Herr, er gründete 1679 sogar eine »der hl. Eintracht« geweihte Kirche mit drei Kreuzen auf ihrem Turme auf der Feste Friedrichsburg in Mannheim, zugleich für Calvinisten, Lutheraner und Katholiken.

Karl Ludwig starb am 28. August 1680 auf dem Wege nach Heidelberg zu Edingen unter freiem Himmel, unter einem Nußbaum und einer Rebenlaube, 63 Jahre alt.

Welch höchst einnehmende Persönlichkeit dieser Kurfürst gewesen sein muß, »lustig und recht possierlich und immer von gutem Humor und weit vom Aberglauben«, geht recht deutlich aus der Zärtlichkeit hervor, mit welcher seine Tochter Elisabeth

Charlotte, noch lange nach seinem Tod sein Andenken verehrte. Unterm 14. Mai 1695 schreibt sie aus Paris an ihre natürliche Schwester, die Raugräfin Luise: »Es ist mir lieb, daß Karl Moritz mich lieb hat, ob er mich schon nicht kennt, das Geblüt muß es thun. Daß ich ihn lieb hab, ist kein Wunder, ich hab ihn auf die Welt kommen sehen und über das, so habe ich einen solchen Respekt vor Ihr Gnaden unsers Herrn Vater Seligen in meinem Herzen behalten, daß ich alles lieb habe, was Ihr Gnaden Kinder sein. Ich wünsche, daß der Herr Rittmeister Karl Moritz bald Obrister mag werden. Liebe Louise, man stirbt nur, wenn die bestimmte Zeit kommt, Karl Moritz wird nicht länger leben, als sein Destin ist, er mag bei Hof oder in Kriegsdiensten sein, darum laßt ihm nur seine Inklination folgen, denn das alles, wozu einen die natürliche Inklination treibt, thut man besser, als wozu man sich zwingt.« Und kurze Zeit darauf, 26. Juli 1695, schreibt sie wieder aus St. Cloud: »Ich bitte Euch, liebe Louise, schreibt mir, ob Ihr etwas davon wißt nämlich, daß Ihr Gnaden unser Herr Vater nach Eurer Frau Mutter Tod einen Sohn solle bekommen haben von einer schweizerischen Jungfer, so bei der Frau Raugräfin solle gewesen sein und Holländerin solle geheißen haben und daß der Churfürst Selig Geld solle in die Schweiz geschickt haben, das Kind dort zu erziehen lassen und daß der Bub dort erzogen wird und gar artig sein soll und viel Verstand haben.«

Karl Ludwig hinterließ von seiner rechtmäßigen Gemahlin nur zwei Kinder, einen Sohn, Karl, der sein Nachfolger ward, und diese gescheite Tochter, die Pfalzgräfin Elisabeth Charlotte. Sie ward neunzehnjährig, 1671, an den Herzog von Orleans, Bruder Ludwigs XIV. vermählt, 1701 Witwe und starb 1722, siebzigjährig, als die Mutter des berühmten Regenten. Obgleich grundhäßlich, behauptete sie sich an dem frivolen französischen Hofe durch ihren ungewöhnlichen Geist, selbst Ludwig XIV. ehrte ihren Rat nicht bloß in Familien-, sondern auch in Staatsangelegenheiten. Sie war vom reformierten Glauben zum katholischen übergetreten, aber von allen religiösen Vorurteilen frei, eine entschiedene Widersacherin der bigotten Priester. Ihre später publizierten Briefsammlungen mit ihrer Stiefschwester, der Raugräfin Luise, und mit der geistreichen Königin von England, Karoline von Anspach, durch stets rührige Jovialität und die rücksichtsloseste, derbste Natürlichkeit ausgezeichnet, sind die Hauptquelle über die heimlichsten Heimlichkeiten der damaligen deutschen Höfe. Elisabeth Charlotte war die Prinzessin, deretwegen nach dem Aussterben der Linie Simmern Ludwig XIV. 1688 den Krieg mit Deutschland anfing.

Die Degenfeldsche Nachkommenschaft des Kurfürsten Karl Ludwig starb schon ein Menschenalter nach dem Hintritt der fruchtbaren Mutter 1702 im Mannsstamme und ein anderweites Menschenalter darauf auch in den Töchtern aus. Von den 13 Kindern, die in dem Zeitraum von 17 Jahren hintereinander geboren wurden, sind folgende zu erwähnen:

Der Erstgeborene, welcher 1658 das Licht der Welt erblickte, hieß wie der Vater Karl Ludwig; »das Carllutzchen, das Schwarzköppfel«, nennt ihn die Herzogin von Orleans wiederholt in ihren Briefen schmeichelnd, denn er war ihr Liebling: er ging, nachdem, ihn die Stammutter der englischen Königin, die Prinzessin von Ahlden, »durch ihre verfluchte Coqueterie« aus Hannover vertrieben, in den Krieg gegen die Türken auf dem damals venetianischen Morea und starb hier 1688 als Generalwachtmeister.

Luise, geboren 1661. Sie war die Raugräfin, die Hofmeisterin in Hannover bei der großen Kurfürstin Sophie war und an die die Herzogin von Orleans die lange Reihe jener vertraulichen Briefe schrieb, die uns in das Innerste der damaligen deutschen Hofwirtschaft zuerst haben einen Blick tun lassen. Wolfgang Menzel in Stuttgart, der sie im Auftrag des unter dem Patronat König Wilhelms von Württemberg stehenden literarischen Vereins daselbst aus dem Archiv der Grafen von Degenfeld auf Eibach bei Geißlingen in Württemberg herausgegeben hat, hat sich damit ein bedeutendes Verdienst erworben: die Grafen Degenfeld hatten die Raugräfin Luise, die 1733 als die letzte ihres Stammes unvermählt starb, beerbt, und die Briefe hatten 100 Jahre in der Verborgenheit gelegen.

Karl Eduard, geboren 1668, gestorben 1690 gegen die Türken, Karl August, geboren 1672, gestorben 1691 gegen die Franzosen.

Karl Moritz, geboren 1670, der Raugraf, der als Obristleutnant in preußischen Diensten stand, ein sehr guter Freund der philosophischen Königin war, als moderner Trimalcion in der preußischen und hannoverschen Hofgeschichte wiederholt vorkommt und im Jahre 1702 den Tod der Säufer starb.

Auf den tüchtigen Kurfürsten Karl Ludwig folgte eine ganze Reihe von untüchtigen Regenten. Zuerst sein Sohn Karl, ein vom Vater gewaltig verschiedener, ganz schwacher Herr. Dem Vater glich er nur in dem, daß er neben seiner dänischen Gemahlin auch noch eine Maitresse hatte, die Hofdame Rüdt von Collenberg. Der Hofprediger Langhans, welcher sich zum Geheimen Rate machte, und der Leibarzt Winkler, welcher den schwindsüchtigen Kurfürsten mit seinen Arzneien noch kränker machte, hatten ihn sowohl seiner Gemahlin als seiner Mutter entfremdet. Beide wurden nach seinem Tod exequiert: Langhans stand am Pranger und kam zu Gefängnis, aus dem ihn erst nach zwei Jahren 1688 die Franzosen beim Kriegsausbruch losließen, Winkler ward des Landes verwiesen. »Haben beide«, schrieb die Herzogin von Orleans einmal, »meinen Bruder brav für sich und ihre Kreaturen bestohlen, haben ihn ums Leben gebracht, haben's dem Herzog von Neuburg selber gestanden, der hat sie gleich in Verhaft nehmen lassen.«

Karl ward 34 Jahre alt, und mit ihm starb die calvinische Linie Simmern aus.

Die Kurpfalz fiel nun der Linie Neuburg zu, die seit 1613 durch Wolfgang Wilhelm katholisch geworden und 1614 zum Besitz der rheinischen Herzogtümer Jülich und Berg gekommen war.

Philipp Wilhelm, Wolfgang Wilhelms Sohn, war der erste katholische Kurfürst aus der Linie Neuburg. Seine Regierung war durch die schrecklichen Mordbrennereien in der Pfalz unter Louvois und Melac 1688–1690 ausgezeichnet.

Am 2. März 1689 flog das Heidelberger Schloß in die Luft und ward zu jener prachtvollen Ruine gemacht, die noch heutzutage steht. Drei Tage später, am 5. März 1689, teilte Mannheim das Schicksal Heidelbergs: hier ward auch der Sarg mit dem Körper der Luise Degenfeld mit in die Luft gesprengt. Der Kurfürst war aus dem Land weg nach Wien zu seinem Schwiegersohn, Kaiser Leopold, gegangen, hier starb er, 75 Jahre alt, 1690.

Er war zweimal vermählt, erst mit einer polnischen, dann mit einer darmstädtischen Prinzessin, die sich konvertierte. Durch Heiraten kamen die Kinder von letzterer Prinzessin in die größten katholischen Verwandtschaften und machten, was die nachgeborenen Söhne betrifft, im Kirchendienst Fortune.

Der Erstgeborene Philipp Wilhelms, Johann Wilhelm, sukzedierte. Er war in erster Ehe seit 1678 mit einer Schwester Kaiser Leopolds I. vermählt, dann in zweiter mit einer Tochter des Großherzogs von Toskana. Diese Medizeerin brachte ihm den Geschmack an schönen Gemälden bei: Johann Wilhelm ist der Stifter der berühmten Düsseldorfer Galerie, mit der schönen Himmelfahrt der Madonna von Guido Reni, die Heinse und Wieland so entzückte und die jetzt der Münchner Pinakothek einverleibt ist.

Unter Johann Wilhelm war die Stadt Heidelberg, die die Franzosen 1693 wiederum einnahmen, noch einmal verwüstet und verbrannt worden. Er verlegte seinen Hof deshalb gleich beim Anfang seiner Regierung nach Düsseldorf und ließ sich in seinem Freudenleben nicht stören. »Mich däucht«, schreibt die Herzogin von Orleans aus Fontainebleau unterm 8. Oktober 1695 an ihre Schwester, die Raugräfin Luise, »der Churfürst zu Pfalz thäte besser, sein Geld an die armen verderbten Pfälzer anzuwenden, als an Carnevals-Divertissement, das wäre löblicher vor Gott und der Welt.« Und aus St. Cloud, 2. August 1698: »Churpfalz muß wohl Schulden machen, denn sein Hof soll über die Maaßen magnific sein: des Königs Envoyé hat mit Verwunderung davon geschrieben.« Endlich aus Fontainebleau, 12. Oktober 1702: »Unter uns geredt, der Kurfürst hätt' besser gethan, die 20 000 Thaler anzuwenden, das arme Heidelberger Schloß wieder zu bauen, als vor ein opera, das ist gar nicht à propos in jetziger Zeit.«

Einen Düsseldorfer Karneval sah im Februar 1705 mitten im spanischen Erbfolgekrieg der in den dreißiger Jahren des achtzehnten Jahrhunderts in England gestorbene Tourist von Blainville, früher holländischer Legationssekretär in Madrid:

»Seitdem die Franzosen dem Kurfürsten seinen Palast zu Heidelberg zerstört haben, hält er in Düsseldorf Hof in einem alten, weitläufigen Gebäude, im gotischen Geschmack, das am Ufer des Rheins steht, mit sehr schöner und weiter Aussicht und nicht regelmäßigen aber sehr kostbar montierten Zimmern. Vor nicht gar langer Zeit war Düsseldorf noch ein Dorf, nun ist es eine Stadt von ziemlichem Umfang, in der aber die meisten Häuser schlecht gebaut und die Straßen schlecht gepflastert sind. An Opern, Komödien, Konzerten, Bällen und andern Lustbarkeiten hat man hier Überfluß, es ist darin eine unbeschreibliche Abwechslung, und sie locken eine große Menge Standespersonen aus allen Gegenden von Deutschland hierher, welche die Wirtshäuser füllen. Es würde aber nichts verdrießlicher und abgeschmackter sein, als eine besondere Nachricht von Tag zu Tag von diesen Lustbarkeiten zu geben.

Der Hof ist zahlreich und prächtig. Des Kurfürsten Pracht und Großmut lockt viel Fremde herbei, die auf das Freigebigste mit Gnadengeldern versorgt werden. Die Kurfürstin (die toskanische Prinzessin), zieht die Italiener allen andern vor. Der Kurfürst ist jetzt von einem verkleideten italienischen Jesuiten, der sich Graf della Torre nennt und ein großer Projektenmacher und Fuchsschwänzer ist, ganz eingenommen: er verspricht goldene Berge. Bis die Millionen kommen, wohnt dieser Jesuit sehr gut, hat eine gute Kutsche und leckere Tafel und was die Hauptsache ist, er hat bereits Mittel gefunden, aus der kurfürstlichen Kasse ansehnliche Geldsummen herauszuziehen.

Der Kurfürst ist ungefähr sechsundvierzig Jahr alt, von mittlerer Größe, stark gebaut, hat einen sehr großen, weiten Mund und eine sehr aufgeworfene dicke Unterlippe. Er ist ein sehr freundlicher und gesprächiger Fürst, aber nicht immer von einem gleich starken Gemüt, indem es etwas ganz Leichtes ist, daß jeder

Schelm, welcher die Kühnheit hat, es zu wagen, ihn zu allem überreden kann, was er will, zumal in solchen Sachen, wo man ihm einbildet, es trüge viel bei, den Glanz seiner Hoheit zu zeigen: denn er ist bis zur Ausschweifung ehrgeizig.

Die Kurfürstin ist schlank und leicht, von einer angenehmen Gestalt und hat für eine Italienerin eine schöne Farbe; ihr Mund ist klein, ihre Lippen sind ein wenig zu dick. Ihre Zähne gleichen dem Elfenbein, nur ihre Stimme ist ein wenig zu männlich, und sie lacht zu laut. Jetzt ist sie ungefähr siebenunddreißig Jahre alt, hat aber niemals Kinder gehabt, nur einmal eine fausse couche. Man erzählt hier von ihr, daß sie auf ihren Gemahl sehr eifersüchtig sei und sich gar oft schimpflichen Anfällen aussetzte, wenn sie, in einen Mantel verhüllt, demselben in der Nacht auf der Straße nachschleicht, um seine Liebeshändel auszuforschen.

Man tut an diesem Hofe nichts ohne Pracht und Herrlichkeit. Wir sahen den Kurfürsten mit seiner Gemahlin zu Mittag speisen, und die Tafel wird sehr prächtig bedient. Vor der Abendtafel war eine sehr schöne Musik der Hofkapelle, denn der Kurfürst hält eine treffliche Bande von Musikkünstlern. Bei der Abendtafel hatten die Hofdamen die Aufwartung, und wenn sie den Herrschaften den Wein reichten, so gössen sie erst einige Tropfen auf den Kredenzteller, kosteten und gaben ihn dann mit einer kleinen Kniebeugung. Alles dieses und tausend andere Gepränge werden mit dem stolzen Namen einer Hoheit belegt. Wenn man des Kurfürsten Hand bei der Vorstellung küssen will, muß man sich sehr tief bücken: denn er hebt sie nicht über zwei Fuß hoch von der Erde in die Höhe. Dieses Händeküssen ist gleichfalls eine besondere Gewohnheit bei den deutschen Fürsten.

Der Kurfürst hat außer dem Oberhofmarschall und Oberkammerherrn noch eine ziemliche Anzahl Kammerherren, die größtenteils Grafen oder Barone sind. Sie haben bei der Tafel die Aufwartung, bis der zweite Gang aufgesetzt ist, nach welchem jeder sich wegbegeben kann. Dieses ist aber noch nicht alles. Wenn der Kurfürst in die Stadt fährt, so gehen sie zu Fuß vor seinem Wagen her, den die Leibwache unter Anführung eines Kapitänleutnants mit geschultertem Gewehr auf beiden Seiten umgibt. Zwanzig Pagen in ihrer Livree treten unmittelbar vor dem Wagen her, und am Schlage gehen ein halbes Dutzend Heyducken und Schweizer mit Hellebarden. Was mir am seltsamsten vorkommt, ist das, daß der Kurfürst Leute von solchem Rang, als die meisten seiner Kammerherrn sind, dergestalt erniedrigt, daß sie wie Lakaien, oder eigentlicher zu reden, wie Wachtelhunde vor seinem Wagen her und durch eine Stadt traben müssen, wo man bis über die Knöchel in Kot geht. Sie wundern sich aber nicht im Geringsten darüber.« Blainville meint, er habe dies an keinem Hofe gesehen, es war aber Wiener Hofgebrauch, den der Pfälzer Kurfürst adoptiert hatte, nur war Wien besser gepflastert; erst unter Karl VI. änderte sich das Zeremoniell.

Das Faktotum dieses Kurfürsten war der Kanzler Franz Melchior Wiser, den Kaiser Leopold I. 1690 in den Freiherrnstand und 1702 in den Reichsgrafenstand erhob und von dem die Grafen Wiser stammen, die auf den Herrschaften Siegelsbach, Wailerhof, Sandhof, Leutershausen und Ursenbach in Baden blühen; die Vorfahren dieses Mannes hatten um der Religion willen ihr Vaterland Österreich und ihre Güter verlassen, als Johann Wilhelm mit der Religion umsattelte, sattelte auch Wiser mit ihr um, und Österreich war dankbar und schenkte den kaiserlichen Geheimen Ratstitel und die gräflichen Ehren für die Konversion und andere getreue Dienste. Lange genoß der Konvertit die Grafenehren nicht: der Tod nahm ihn schon am 23. November 1702 hin. Die Herzogin von Orleans schreibt, wahrscheinlich über den Sohn und Nachfolger dieses Kanzlers, aus Marly unterm 22. November 1714: »Ich kenne den Herrn Wießer, habe ihn hier als Envoyé gesehen, er sieht recht aus, wie ein Jud, soll auch so interessirt sein, soll die armen Pfälzer abscheulich aussaugen.«

Das Schlimmste, was unter diesem Kurfürsten kam, waren die Religionsplackereien. Sie kamen alsbald nach dem 1697 geschlossenen Ryswicker Frieden. Der berüchtigte Artikel IV desselben sagte die Rückgabe der außer dem Elsaß von Frankreich reunierten Orte an das Deutsche Reich zu, doch dergestalt, »daß die römischkatholische Religion in den Orten, wo sie jetzt ist, bleibe«. Durch diesen eingeschmuggelten Artikel wurden 1922 deutsche Orte, die vorher protestantisch waren, bleibend katholisch gemacht. Man setzte nun die Drangsale des katholischen Terrorismus in Bewegung, durch den der katholische Landesherr sein calvinisches Eigentum wieder zu seiner Religion ziehen wollte.

Darauf erfolgten die berüchtigten Pfälzer Auswanderungen nach Amerika in Masse, Auswanderungen, die über England gingen und die einen großen Teil Nordamerikas, namentlich Pennsylvanien, mit Deutschen bevölkert haben, wo sie jetzt nicht mehr Sklaven, sondern Herren sind.

Im Jahre 1709 war der Winter so hart, daß die Vögel in der Luft und das Wild in den Wäldern erfror und die Menschen verhungerten. Damals passierte eine Bill beide Häuser des Parlaments von England, kraft deren allen fremden Protestanten Naturalisierung gewährt wurde. Zur Abschwörung des Eides der Treue wurde nur ein Zeugnis verlangt, daß die zu naturalisierende Person drei Monate vor dem Schwur das Abendmahl in einer protestantischen Kirche empfangen habe. Auf diese Naturalisationsbill kamen die bedrängten Pfälzer in Masse über den Kanal.

Der letzte, dritte katholische Pfälzer Kurfürst aus der Linie Neuburg war der Bruder Johann Wilhelms, der von seiner eifersüchtigen, toskanischen Prinzessin keine Kinder hinterließ. Karl Philipp war mit zwei Polinnen, erst einer Radziwill, Witwe Markgraf Ludwigs von Brandenburg, dann mit einer Lubomirska vermählt; letztere starb 1712 zu Innsbruck, wo Karl Philipp als kaiserlicher Statthalter seit 1706 residiert hatte; er hatte nur eine Tochter, die sich 1717 mit dem zum Erbprinzen bestimmten Pfalzgrafen Joseph Karl von Sulzbach vermählte.

Über den neuen Kurfürsten schrieb die Herzogin von Orleans unterm 14. August 1718: »Das Geschrei geht, daß der jetzige Kurfürst den Wein nicht haßt und brav schepeln kann.«

Es erneuerten sich unter ihm, als man so weit ging, den Reformierten zu Heidelberg ihre Hauptkirche hinwegzunehmen, die

Religionsplackereien, gegen die der martialische Friedrich Wilhelm I. von Preußen 1719 endlich energisch einschritt. Sie dauerten aber bis zum Jahre 1736.

Seitdem Karl Philipp im Jahre 1720 sich mit der Stadt Heidelberg überworfen, gründete er sich eine neue Residenz in Mannheim und zwar, wie Versailles, in einer öden Gegend. Mannheim war schon unter Johann Wilhelm zu einer Festung gemacht worden, Karl Philipp vollendete die Festungswerke, baute die Rheinschanze und ließ die neue Stadt in jener schnurgeraden, regelmäßigen Weise auslegen, wodurch sie sich noch heute vor andern deutschen Städten auszeichnet. Karl Philipps Hauptbau war das Pfälzer Versailles, das Schloß zu Mannheim, ein großes Prachtgebäude von 1500 Fenstern, am Zusammenfluß des Rheins und Neckars, imponierend durch seine Steinmassen: es ward in den Jahren 1720–1729 erbaut.

Der letzte katholische Kurfürst von der Linie Neuburg überließ dem Beichtvater alle Regierungsgeschäfte: dieser Beichtvater, Pater Seedorf, ein Ingolstädter Jesuit, ein alter Freund des Münchners Pater Stadler, ein Mann von heftiger Gemütsart, war förmlicher pfälzischer Konferenzminister. »Hätt«, schreibt die Herzogin von Orleans unterm 7. Dezember 1719, »mein Leben nicht gedacht, daß Churpfalz sich den Pfaffen so unterwerfen würde, hat ja vor raisonable passirt und sich durch Pfaffen regieren zu lassen, ist gar nicht raisonable. Aber Leute, so in ihrer Jugend nicht gar ordentlich gelebt haben und alt werden, denen machen die Pfaffen die Hölle heiß und weiß, daß alles wieder gut gemacht würde, wenn sie nur gegen Reformierte und Lutherische sein und sie plagen; das Hirn schwächt mit der Zeit und mit dem Alter – so geht es Churpfalz jetzt.«

Mit diesem früher unordentlichen und später schwachhirnigen Herrn, der die Lust der Jugend mit der Bigotterie im Alter abzubüßen meinte, und der 81 Jahre alt ward, starb 1742 die Linie Neuburg aus, und es folgte nun die ebenfalls katholische Linie Sulzbach, die Linie, von der einmal die Herzogin von Orleans schreibt: »Die Sulzbachischen Kinder haben das, daß sie haben schöne Figuren, sind aber einfältig, daß einer darüber lachen muß.« Die Sukzession in die Pfalz erfolgte in der Person Karl Theodors, der aber nicht einfältig war: ihm fiel später, 1777, auch noch Kurbayern zu.

# KURFÜRST KARL THEODOR
## 1777–1799

Karl Theodor war der Sohn des Pfalzgrafen Johann Christian von der seit 1655 katholisch gewordenen Linie Sulzbach in der sog. jungen Pfalz an der Donau, und Marien Annens, Erbin von Bergen op Zoom in Brabant. Karl Theodor war 1724 zu Drogenbusch bei Brüssel geboren. Ehe er das vierte Jahr vollendet hatte, starb ihm die Mutter, seine Urgroßmutter, die Herzogin von Aremberg, erzog ihn in Belgien bis zu seinem zehnten Jahr. 1733 starb sein Vater, und seitdem ward er bei dem alten Kurfürsten Karl Philipp von Pfalz-Neuburg in Mannheim erzogen: weil dieser keine Söhne hatte, sollte er ihn einst beerben.

Karl Theodors Mentor wurde in Mannheim der allgewaltige Beichtvater des Pfälzer Kurfürsten, Pater Seedorf. Des Prinzen Bildung teilte sich zwischen den jesuitischen Schulstudien und den Künsten der französischen Weltbildung. Doch besuchte Karl Theodor auch die Universitäten Leyden und Löwen und legte hier den Grund zu einer ungleich solideren Bildung in den Wissenschaften, als sie viele der mit ihm gleichzeitigen deutschen Fürsten besaßen. Sein Hauptinteresse warf sich auf Kunst, Poesie und Musik: das brachte ihn später zu dem Ruhm, der Gründer des ersten deutschen Nationaltheaters, des Mannheimer, zu werden. Der Soldatenliebhaberei, die so viele Fürsten seinerzeit pflegten, war er abhold, weil man ihn als Hauptmann der kurfürstlichen Garde mit Gamaschendienst gequält hatte. Im Anfang des Jahres 1742 verheiratete er sich, siebzehnjährig, mit Maria Elisabeth, Tochter Joseph Karls von Sulzbach und Elisabeths, die die einzige Tochter des alten Kurfürsten Karl Philipp von Pfalz-Neuburg war. Ende jenes Jahres starb dieser einundachtzigjährige Herr, und Karl Theodor von Sulzbach ward Herr der Kurpfalz,

CAR. THEODOR. COM. PAL. RH.
VTR. BAV. DVX. S. R. I. EL. ETC.

der jungen Pfalz Neuburg an der Donau und der damit verbundenen Länder Jülich und Berg am Rhein.

Hatte schon unter dem Kurfürsten Karl Philipp der sehr zahlreiche und glänzende Etat des kurpfälzischen Hofes und die noch
zahlreichere und kostspieligere Bürokratie einen die Kräfte des
Landes weit überschreitenden Aufwand veranlaßt, so übertraf jetzt
Karl Theodor noch weit seinen Vorgänger. Karl Theodor war ein
junger rühriger Herr, der mit unermüdlichem Eifer den Plan verfolgte, nicht etwa bloß den alten Glanz der Pfalz zurückzuführen,
sondern vielmehr den pfälzischen Hof auf den neuen Fuß der
durch Ludwig XIV. in Frankreich gegründeten monarchischen
Pracht möglichst emporzuheben, ähnlich wie gleichzeitig Herzog
Karl von Württemberg und Landgraf Friedrich von Hessen-Kassel.

Die Kurpfalz zählte damals mit Jülich und Berg 5–600 000 Einwohner. Die Pfalz allein hatte nur etwa 300 000: so sehr hatten sie
die Verheerungen der französischen Kriege und die häufigen Auswanderungen nach Preußen, Polen, Spanien, England, Schottland, Irland und in das ferne Amerika entvölkert. Die Einkünfte
rechnete man auf 3–4 Millionen Rh. Gulden. Die Pfalz aber
mußte die Hauptlast einer Hof- und Staatshaltung tragen, welche
es der des mächtigsten und glänzendsten Monarchen Europas im
kleinen wenigstens gleichzutun strebte.

Der gesamte Hofetat kostete jährlich an 250 000 Gulden, und
die ganze Schar der an den Hof Attachierten betrug über 2000 Personen. Alles wimmelte aber auch am Mannheimer Hofe von
bunten Schwärmen von Bedienten, Lakaien, Läufern, Sängern,
Kastraten und Tänzern. Hierzu kamen nun noch die zwei Gar-
den, die Leibschweizergarde und die Leibgarde zu Pferde und die
5000 Mann starke Mannheimer Garnison. Diese Stadt, die bis
zum Jahre 1778 etwa 24 000 Einwohner zählte, bot jetzt den
merkwürdigen Anblick dar, daß in ihr jeder dritte, vierte Mensch
ein zum Hofe Gehöriger oder ein Soldat war.

Der englische Tourist Moore sah im Jahre 1775 die Wachtpa-
rade in Mannheim und dabei unter anderem auch auf Kommando
beten. Er beschreibt das also: »Der Major schwenkt sein spanisches

Rohr – der Trommelschläger tut einen Schlag, und jeder Mann unterm Gewehr greift an seinen Hut. Man rührt die Trommel zum zweiten Male – die Soldaten nehmen die Hüte ab, um zu beten. Beim dritten Schlag beschließen sie ihr Gebet und setzen die Hüte wieder auf. Erfrecht sich ein Mann, nur eine Minute länger zu beten, als ihm die Trommel vorschreibt, so straft man ihn auf der Stelle dafür ab und lehrt ihn, ein andres Mal weniger andächtig zu sein.« Mannheim selbst fand der Tourist einförmig und steif. »Kein Getöse, kein Zulauf von Volk, kein Gewühl. Um Mittag ist hier alles so still und ruhig, als die Straßen zu London um Mitternacht. Dies bringt auf die Gedanken, als ob die Bürger unter eben der Zucht und dem Zwang ständen wie die Truppen.«

Die pfälzische Armee bestand nur aus 5500 Mann, in elf Regimentern, sie war dafür aber mit einer ungeheuren Generalität gesegnet. Der Staatskalender führte 1767 einen Generalfeldmarschall, einen Generalfeldzeugmeister, neun Generalleutnants und zehn Generalmajors auf, also einundzwanzig Generale, auf jeden kamen nur 2–300 Mann Soldaten. Dazu kamen noch zwei Generaladjutanten und die zwei Kapitäne en chef der Leibgarden.

Das von Karl Philipp gebaute große Schloß zu Mannheim war mit der verschwenderischsten Pracht an Möbeln, Raritäten und Kostbarkeiten ausgestattet. Als Sommerresidenz fügte Karl Theodor das weitläufige Lustschloß und den Garten zu Schwetzingen hinzu. Er erbaute in Schwetzingen sein Trianon, sein kleines Versailles. Er legte mit Tonnen Goldes große Wasserkünste an und stellte die barocke Schöpfung her, die noch heutzutage mit ihren Alleen in verschnittenem französischen Stile, ihren antiken Götterbildchen, griechischen Tempelchen, römischen Wasserleitungen und türkischen Moscheen Zeugnis ablegt, welche Konfusion im Kunstgeschmack damaliger Zeit herrschend war. Der Unterhalt dieses Schwetzinger Parks kostete seitdem jährlich 40 000 Gulden, die der beiden Schlösser Mannheim und Schwetzingen gegen 60 000.

Mit autokratischer Gemessenheit ward eine strenge Etikette am Mannheimer Hofe aufrechterhalten. Zu dem bereits bestehenden alten, 1444 schon von einem Herzog von Jülich gestifteten Hubertusorden wurden zwei neue, der pfälzische Löwenorden, von dem Kurfürsten bei seiner fünfundzwanzigjährigen Regierungsjubelfeier 1768, und der Damenorden der heiligen Elisabeth, 1766 von der Kurfürstin gestiftet.

Die Jagd ward mit raffiniertem Luxus betrieben, seit 1747 war »die tierische Belustigung der französischen Parforcejagden« vollständig organisiert. Die Jagd kostete jährlich an 80 000 Gulden, der Hofstall an 100 000. Allgemein waren die Klagen der durch den ungeheuren Wildstand auf ihren Feldfluren gepeinigten Bauern.

Mannheim und Schwetzingen wurden, wie gleichzeitig Stuttgart und Kassel, unter Karl Theodor begehrte Stationspunkte vornehmer, namentlich französischer Reisender. Ihr mit Emphase ausgesprochener Beifall über die prachtvollen, ungeheuren Schloßräume, die Ställe mit mehreren Hunderten Pferden, die Gärten und Orangerien ward bei Hofe mit gar großem Vergnügen vernommen. Der Hof hielt täglich glänzende, reichbesetzte Tafel, gewöhnlich zu 30, oft aber zu 90 oder 100 Kuverts. Eine einzige Tafel am großen Karneval, 5. März 1726, an der 120 Personen »von Distinktion« mit 400 Speisen traktiert wurden, kostete über 10 000 Gulden; unter dem Dessert befand sich ein Kastell, aus dem Raketen stiegen und Kanonen abgefeuert wurden. Dem Touristen Moore fiel, als er den Mannheimer Hof 1775 in Begleitung des Herzogs von Hamilton sah, auf, daß noch ein Hofnarr fungierte: »Er kam zum Dessert, um seine Possen zu reißen, es war ein Tiroler, er machte die ganze Tischgesellschaft überlaut lachen.« Das Theater zu Mannheim besuchten die vornehmen Herren, ohne Entree zu zahlen, der Hof hielt das Theater, es war seit Karl Theodors Regierungsantritt mit bedeutenden Summen unterstützt worden, man unterhielt ein glänzendes Sängerpersonal und ein ausgezeichnetes Orchester. Italienische Opern, französische Schauspiele und Ballette wurden, wie in Stuttgart und Kassel, mit dem höchsten Luxus der äußeren Dekorationen aufgeführt. Oper und Kapelle kosteten jährlich 200 000 Gulden.

Die herrschenden Begriffe der autokratischen Würde hatten in der Pfalz auch eine sehr starke Bürokratie geschaffen, und unter Karl Theodor ward der Staatsdieneretat noch bedeutend erhöht. Die neunzehn pfälzischen Oberämter hatten gewöhnlich einen Oberamtmann, der die Stelle als Sinekure genoß, es war einer der Minister oder ein anderer Herr von Adel, der sein Amt niemals besuchte. Ein Stellvertreter, ein Landvogt oder Landschreiber, versorgte mit einem zahlreichen Amtspersonal die Geschäfte; da sie schlecht bezahlt waren, suchten sie sich bei den Untertanen zu erholen. »Die pfälzischen Landschreiber oder Landvogte«, sagt der reisende Franzose Caspar Risbeck, ein Mainzer, »sind ächte türkische Paschas. Ich hatte die Ehre, in einer sehr großen und glänzenden Gesellschaft bei einem dieser Paschas zu speisen. Er und seine zahlreiche Familie schimmerten von kostbaren Ringen, Uhren, Borden und allem Zubehör des ausschweifendsten Luxus. Wir hatten vierundzwanzig Gerichte auf der Tafel, worunter auch junge Pfauen waren. Das Dessert entsprach vollkommen der Pracht der Tafel. Alles war in größtem Ton. Der Mann hat seinen hübschen Stall, seine prächtige Equipage und seine Jäger, und doch betragen seine ordentlichen Gefalle nicht über 2000 Gulden. Wie er mit dieser Revenue seinen ungeheuern Aufwand bestreiten könne, kann man von jedem armen Bauer seines Gebiets erfahren, wenn man ihn nur ein wenig vertraut macht. So treiben es fast alle pfälzischen Landschreiber.«

Das ganze Beamtenwesen der Pfalz – und das war eines der größten Übel – war bereits seit Kurfürst Johann Wilhelm (1690–1716) käuflich. Auch darin hatte man das strahlende Vorbild Frankreichs nachgeahmt, von dem die Herzogin von Orleans einmal geschrieben hatte: »Man ist gar zu interessirt in diesem Land, das thut alle das Kaufen und Verkaufen von Chargen, das macht sie alle zu Schelmen.« Durch eine Order vom Jahre 1710 war jedes Amt und jede Pflege in der Pfalz zu einer bestimmten Summe taxiert, und dafür war der Preis in zwei jährlichen Terminen entrichtet worden; jeder Besitzer hatte dann die Versicherung erhalten, sein Amt »bis auf die zweite Generation, und da er keine

Nachkommen hätte, auf einen andern zu übertragen, den er zu solchem Ende statt eines männlichen Deszendenten ernennen und der zu solcher Funktion qualifiziert sein werde«. Zu diesem Mißbrauch kamen die Adjunktionen, die Anwartschaften, die bald sogar auf Säuglinge übertragen wurden, so daß Karl Philipp verordnen mußte, daß jeder zu einer Ratsstelle Befähigte doch 24 Jahre alt sein müsse. Selbst die Dikasterien bildeten eine patriarchalische Folge von Söhnen und Schwiegersöhnen, das Hofgericht zählte lange Zeit so viele Minderjährige, daß es zum Spott nur »das jüngste Gericht« genannt wurde. Auch die Professoren an der Heidelberger Universität erhielten, noch bevor sie ihre Schulstudien absolviert hatten, ihre Designationen.

Unter Karl Theodor drang die Käuflichkeit der Stellen auch in die kirchlichen Ämter ein, und die Pfarrerstellen wurden mit unbeschreiblicher Schamlosigkeit ganz öffentlich an den Meistbietenden verkauft. Die katholische Regierung ließ diese Korruption der protestantischen Kirche zu.

Landstände gab es in der Pfalz gar nicht. Der Kurfürst war ganz unumschränkter Herr. Aber es zeigte sich hier in dem abschrekkendsten Exempel, wie der unumschränkteste Herr der abhängigste ist. Der Kurfürst war in den Händen seiner Umgebungen, und diese machten, was sie wollten, er war nur ihr Spielball, ihre Puppe. Ebenso tat jeder Beamte in seinem Kreis, was er wollte. Wenn irgendwo, so galt in der Pfalz das Sprichwort: »Wir leben und lassen leben!« Bisweilen suchte der Kurfürst bei der Wahl seiner höchsten Beamten selbständig sich zu erweisen. Aber welche oft nur ganz äußerlichen Bestimmungsgründe Karl Theodor leiteten, beweist ein charakteristischer Zug von der Erhebung des Grafen Johann Ludwig Franz von Goldstein zum Minister der Finanzen. Der Kurfürst sah diesen Grafen, einen reichen Herrn aus einer jülich-niederrheinischen, 1694 gegraften Familie, in einem Hofzirkel. Er bemerkte, wie er aus einer prächtigen goldenen Dose mit vieler Würde und Anstand schnupfte. Auf diese bloße Bemerkung hin ernannte er ihn, ohne ihn irgend näher zu kennen, zu aller Welt und zu des Grafen eigenem Erstaunen zum

Minister. Der Kurfürst äußerte darüber später lachend selbst: »Dieser taugt am besten, dachte ich, an Kontenance fehlt es ihm nicht, er ist reich genug, daß er nicht wünscht, das Land zu plündern, und wer sein eignes Hauswesen wohl verwaltet, wie er, kann auch das eines Staates verwalten. Und ich bin nicht übel mit ihm gefahren.« Ganz unrecht hatte Karl Theodor nicht, von Goldstein rühren doch wenigstens einige auf Kosten des Landes gestiftete Bauten her: das schöne Rheinwerft bei Düsseldorf, die Erneuerung der alten Römerstraße von Bonn auf Koblenz, wo auf einer Säule bei Sinzig Goldsteins Namen steht, und das Lustschloß Benrath bei Düsseldorf.

Als eine ergiebige Finanzquelle war das Lotto eingeführt worden und zwar als Regierungsmonopol. Eine von der Regierung privilegierte Lottoanstalt saß zu Mannheim, und Kurfürstliche Durchlaucht gab sich selbst zu einer freilich ungeheuer einträglichen Marktschreierei her: man ließ einen sog. Lottokalender, einen Almanach de bonne fortune, in Druck ausgehen, worin Lotterie und Hazardspiel dem Volk als die leichtesten Quellen des Reichtums geradezu anempfohlen wurden. Dieser Lottokalender wurde mit Privilegium und unter dem Wappen des Pfälzer Kurfürsten gedruckt.

Das Allerschlimmste in der Pfalz waren die kirchlichen Bedrückungen, die wie unter der Neuburger Linie fortgingen. Die »verdienstlichen Bekehrungen« wurden von den Jesuiten systematisch, heimlich und offenbar betrieben, sie suchten auf alle Weise das reformierte Land wieder katholisch zu machen. Stellen, Auszeichnungen, Gnadenzeichen wurden jedem zugesagt, der katholisch wurde, man nahm alles Gesindel auf, um nur die Zahl der Katholiken in die Höhe zu bringen, sogar Delinquenten, wenn sie katholisch wurden, wurde die Hälfte der Strafe erlassen. Der Religionsdeklaration von 1705 entgegen versuchte man Furcht und Zwang, um bei gemischten Ehen die Kinder ohne Unterschied katholisch erziehen zu lassen. Da jede Bürgerannahme in der Pfalz direkt von der Regierung ausging, ward sie durch den Vizekanzler Geheimen Rat Johann Georg von Sußmann den Reformierten in der Regel verweigert. Protestantische Studierende fanden wegen der Begünstigung der Katholiken und namentlich Theologen wegen, der Käuflichkeit der geistlichen Stellen keine Anstellung. Im Jahre 1771 versprach Karl Theodor im Erbvertrag mit Bayern sogar ausdrücklich, zu den vorgesetzten Landesbehörden nur Katholiken zu nehmen.

Alle diese verschiedenen Plackereien einer intoleranten Regierung, wie die administrativ-finanziellen Bedrückungen einer käuflichen und gierigen Beamten-, Landvögte- und Landschreiberschar bewirkten, daß die Auswanderungen aus der Pfalz, die zuerst seit 1685, als das Land wieder katholische Herren erhielt, angefangen hatten, zu Tausenden auf erschreckende Weise fortgingen. 1778 zählte man in der Pfalz nur 286 937 Einwohner, während das Jahr zuvor 288 801 gewesen waren. Dabei war jeder neunzehnte Mensch ein Bettler, und die Zahl der Frauen überstieg die der Männer auf bedenkliche Weise. Schlözer erklärte öffentlich sein Erstaunen in den Staatsanzeigen, »daß aus keinem Land der Welt nach Verhältnis mehr Menschen auswanderten als aus Deutschlands Paradies, der Pfalz«. Von England aus wurden damals so viele Pfälzer nach Amerika eingeschifft, daß lange Zeit der Name »Pfälzer« mit deutschen Auswanderern gleiche Bedeutung erhielt. Diese armen Pfälzer gründeten sich in den Vereinigten Staaten eine neue bessere Heimat. Als blutarme Leute kamen sie über das Weltmeer herüber; weil sie ihre Passage nicht bezahlen konnten, wurden sie verkauft, gründeten aber, nachdem sie ihre Dienstzeit ausgehalten, ihre eigene Wirtschaft. Mit dem angestrengtesten deutschen Fleiß arbeiteten sie für ihre neue Existenz, und die Früchte ihrer Arbeit wurden sichtlich gesegnet. Die Nachkommen dieser armen deutschen »Redemtionisten« wurden die glücklichen Inhaber der Tausenden von lieblichen Landsitzen, die namentlich den fast ganz deutschen Staat Pennsylvanien schmücken, aus ihrer Mitte wählten sie den Gouverneur, die Senatoren und Repräsentanten eines Staates, der an Macht und Reichtum mit vielen europäischen Königreichen wetteifert. Der berühmte Astor in Neuyork, der seinerzeit reichste Mann Amerikas, der Gründer Astorias am Stillen Meer, der große Pelzhändler, früher deutscher Kürschnergesell, war ein Pfälzer, Sohn eines Schultheißen aus Walldorf bei Heidelberg.

Trotz allen diesen Jammerständen hatte aber unter dem prachtliebenden Karl Theodor Mannheim seine Glanzperiode. Er erlangte es, daß man es das deutsche Athen nannte. Schon seit den sechziger Jahren hatte die Macht der Jesuiten sich vermindert, die französischen Einflüsse während des Siebenjährigen Krieges drängten die äußere Kirchlichkeit am Mannheimer Hofe immer mehr zurück, und 1773 ward der Orden ganz aufgehoben. In diese Zeit der sechziger und siebziger Jahre fallen eine Menge von Schöpfungen des den Wissenschaften und Künsten wohlgeneigten und auch darin wohlerfahrenen Kurfürsten, der doch hinter Karl von Württemberg und hinter Friedrich von Hessen, die dazumal in Stuttgart und Kassel glänzende Höfe schufen, nicht zurückbleiben wollte. Von einer dieser Schöpfungen, der »Deutschen Gesellschaft«, ward Karl Theodor, obwohl er damals schon nach München gegangen war, 1779 übermocht, das erste deutsche Nationaltheater zu gründen, während bisher die deutschen Höfe nur italienische Opern und französische Theater gehabt hatten.

Das Theater zu Mannheim, bei dem man sich Lessings und Wielands Beirat erbat, kam, nachdem ein Versuch gescheitert war, Lessing für die Direktion selbst zu gewinnen, unter die Leitung Wolfgang Heribert Baron von Dalbergs, eines Bruders des berühmten Koadjutors Karl Theodor, späteren Fürstenprimas und Vaters des von Napoleon kreierten Duc de Dalberg. Iffland gründete den Ruhm dieses Mannheimer Theaters, und Schillers Name ward von hier aus dem deutschen Publikum bekannt: 1782 gingen hier seine »Räuber« zum erstenmal über die Bühne.

Anderthalb Stunden nach des bayerischen Kurfürsten Max Josephs Verscheiden, am 30. Dezember 1777, noch vor Sonnenuntergang, hatte der Staatskanzler Kreitmayr aus dem nur ihm bekannten Kästchen mit dem Testament des Kurfürsten eine schon ausgefertigte Verkündigung vom Regierungsantritt des

Kurfürsten von der Pfalz auch über Bayern von einem Herold in den Straßen von München ausrufen lassen und darauf erst die Kuriere der Gesandten zu den Toren ausgelassen.

Der Kurier von München, welcher dem dreiundfünfzigjährigen Karl Theodor die Nachricht von dem Anfall von Bayern zu überbringen hatte, traf ihn, als er gerade dem Schlußgottesdienst des Jahres 1777 beiwohnte. Die Kunde berührte ihn schmerzlich. »Nun sind deine guten Tage vorüber«, sprach er zu sich selbst; er ging ganz so, wie dereinst Georg I. von Hannover nach England, nur ungern aus seiner geliebten Pfalz weg, reiste aber noch dieselbe Nacht ab. Sein Geschäftsträger, Baron Hammerstein, kam ihm entgegen, um ihn zu beglückwünschen. Er erwiderte unwillig: »Allzuhastig! Allzuhastig!«

Am 2. Januar 1778 zog er in München ein. Schon waren österreichische Okkupationstruppen im Lande erschienen – schon nach den ersten Erkrankungsnachrichten, die zwei hintereinander abgefertigte Kuriere des Grafen Lehrbach nach Wien gebracht hatten – aus dem Land ob der Enns war Niederbayern, aus Böhmen die Oberpfalz besetzt worden.

Karl Theodors erstes Auftreten in München bezeigte seine Abneigung gegen das neue Land. Er unterzeichnete am 14. Januar einen Vertrag mit Österreich, den sein Gesandter, Baron Ritter, bereits am 3. Januar, also vier Tage nach Max Josephs, des letzten Kurfürsten von Bayern Tod, zu Wien abgeschlossen hatte, kraft dessen bedeutende Abtretungen von Bayern an Österreich gemacht wurden. Die Gegenleistung dafür von seiten Österreichs waren reichliche Versorgungen für Karl Theodors natürliche Kinder. Nicht das neue Land, sondern diese natürlichen Kinder lagen dem neuen Herrn vor allem andern am Herzen.

Karl Theodors Gemahlin, seine Kusine, die sulzbachische Maria Elisabeth, die fast vier Jahre älter als er war, hatte ihm erst nach neunzehnjähriger Ehe 1761 einen Prinzen geboren, der in der Geburt starb. Die schwere Entbindung hatte die Kurfürstin zu dem festen Entschluß vermocht, auf Kinder hinfüro zu verzichten. Karl Theodor hatte aber Kinder von ein paar geliebten

Maitressen. Die erste war eine Mannheimer Bäckerstochter, Huber, welche er später Gräfin von Bergstein oder Parkstein titulieren ließ. Er hatte mit ihr eine Tochter, Karoline, erzeugt, welche 1776 Gemahlin des pfälzischen Oberhofmeisters, Generals und Hofkriegsratspräsidenten Fürsten Friedrich von Isenburg-Offenbach-Birstein geworden war, der 1804, 74jährig, zu Mannheim starb. Die zweite Favoritin war eine Schauspielerin, Josephe Seyffert, Tochter des Regierungskanzlisten Seyffert in Mannheim, welche zur Gräfin Heydeck erhoben wurde. Sie hatte ihm 1769 den Fürsten Karl von Bretzenheim geboren. Dieser Sohn war der Liebling des Vaters. Karl Theodor errichtete später, 1781, eine mit den Gütern der aufgehobenen Jesuiten reich dotierte bayerische Zunge des Malteserordens, deren Großprior mit 26 000 Gulden Einkünften der geliebte Fürst von Bretzenheim ward, und neun Jahre später, 1790, kaufte er ihm von dem Kurfürsten von Köln die westfälische Herrschaft Bretzenheim an der Nahe um 300 000 Gulden, worauf er in demselben Jahre von Kaiser Joseph II. zum Reichsfürsten von Bretzenheim erhoben wurde. Außer diesem Sohn hatte die Gräfin Heydeck noch drei Töchter geboren, die Gräfinnen von Bretzenheim genannt wurden.

Diesen seinen fünf natürlichen Kindern, die in Mannheim ganz unbefangen und öffentlich als solche angesehen und ausgezeichnet worden waren, wollte Karl Theodor durch den Vertrag mit Österreich eine reiche Versorgung verschaffen. Ihretwegen opferte er Bayern auf. Seit 1765 war Joseph II. mit der jüngsten Schwester Kurfürst Max Josephs, Josephe Marie, vermählt gewesen, sie war aber schon 1767 ohne Kinder gestorben. Österreich beanspruchte aus älteren Verträgen Niederbayern, die Oberpfalz, die Landgrafschaft Leuchtenberg, die Herrschaft Mindelheim und andere Herrschaften.

Da trat zur Rettung der Integrität Bayerns eine Frau auf, die energische Schwester der Gemahlin Karl Theodors, Maria Anna, Gemahlin des 1770 verstorbenen Herzog Clemens, des Sohns Ferdinands, eines Bruders Kaiser Karls VII. Sie scherzte gegen ihren Freund, Friedrich den Großen: »Ich altes Weib muß jetzt ein

Mann sein, weil aus allen unsern Männern alte Weiber geworden sind.« Friedrich schrieb zurück: »Ah, Madame, que n'étiez Vous Electeur, nous n'aurions pas vu arriver les honteux événemens, dont tout bon allemand doit rougir jusqu'au fond du coeur!«

Maria Anna trat sofort in Verbindung mit dem geheimen Agenten Friedrichs, dem weimarischen Obristhofmeister Grafen Görz, sowie mit dem Gesandten des Pfalzgrafen Karl von Zweibrücken in München, Baron Hohenfels. Der Pfalzgraf ward durch den Grafen Görz bei mehreren geheimen Zusammenkünften in der Herzogin Gartenpalais zu München vor dem Neuhausertor dahin bestimmt, daß er seine Einwilligung zu dem Österreichischen Vertrag versage, und verließ gleich darauf München. Er protestierte jetzt beim Reichstag, Österreich versuchte Hohenfels zu bestechen, aber er blieb unbestechlich: er war nicht vermögend, schlug aber eine halbe Million Gulden, die schon auf dem Tisch aufgezählt waren, kaltblütig und ehrlich aus. Graf Zech-Lobming, der Archivsvorstand in München, ward dagegen vom Volk angeklagt, von Graf Lehrbach bestochen worden zu sein, alle den Ansprüchen Österreichs nachteilige Urkunden des Münchner Archivs teils ausgeliefert, teils verbrannt zu haben; der heißblütige Mann klagte »eine geheime Brüderschaft ruchloser Atheisten und Illuminaten« dieser Insinuation und Illumination an, namentlich den Illuminaten zweiten Grades, Hausarchivar von Eckartshausen. Zech soll, hieß es, beinahe einen Brand durch die nach Hause geschafften und dort den Flammen geopferten Urkunden veranlaßt haben.

Friedrich II. ließ nun, da die Unterhandlungen fehlschlugen, sein Heer an die böhmische Grenze vorrücken, es kam zu dem sog. »bairischen Rummel«, dem einjährigen Krieg, und im Frieden zu Teschen, den am 13. Mai 1779 Graf Anton Törring-Seefeld mit Graf Philipp Cobenzl schloß, mußte sich Österreich statt eines Länderbesitzes von einigen hundert Quadratmeilen mit einigen vierzig begnügen, die das Inn- und Hausruckviertel enthielt, welches Bayern abtrat: der Vertrag vom 3. Januar wurde aufgehoben.

Mit Widerwillen nur blieb Karl Theodor seit dem Teschner Frieden in München, über den Vetter in Zweibrücken war er sehr ungehalten. »Will der mir die Hände binden und schon Erbe sein, so soll er sich schändlich betrogen haben!« hatte er ausgerufen, als er die Nachricht von der formellen Weigerung Karls erhielt. Mit Österreich blieb Karl Theodor im innigsten Einverständnis: man wartete nur auf Gelegenheit, um ein Arrangement zu treffen, das Bayern doch noch österreichisch machen könnte.

Die Pfalz war der Verwaltung des Geheimen Staats- und Konferenzministers Grafen Franz Albert von Oberndorf übertragen worden – er führte sie mit fast unbedingter Regentengewalt. Mit Karl Theodor aber war der gesamte Hof, 2–3000 Personen, von Mannheim nach München verzogen, und da hier der alte Hof noch war, betrug der Münchner Hofstaat seitdem eine Armee.

Mit Karl Theodor kam die ganze Liederlichkeit der Pfälzer Administration, die Käuflichkeit und Erblichkeit der Stellen und alle Mißbräuche einer gewissenlosen Bürokratie auch in die bayerische Regierung hinein, die durch die klägliche Schwäche der Regenten, sowie durch die lange Jesuiten-, Günstling- und Maitressenwirtschaft ohnehin verdorben genug war. Die Verworfenheit der Beamten stieg auf eine erschreckliche Höhe.

Um Gunst, um Geld und um noch schändlicheren Preis wurden von den bayerischen hohen Staatsbeamten alle Stellen verschenkt, man sicherte sie im voraus den Söhnen, den Weibern und den Töchtern der Angestellten zu. In den gedruckten Hof- und Staatskalendern und Adreßbüchern fand man bei unzähligen Stellen die Worte: »Eines dessen Kinder«, desgleichen »eine Mademoiselle« als »beantwartete Grenzhauptmauterin«, ja zu Burglangenfeld »ein Fräulein Oberforstmeisterin« an der Spitze ihrer Oberförster und Förster. Es erschien sogar für die zahlreichen, vom Landesherrn und den Ministern versorgten Damen ein eigner »churpfalz-bairischer hochadeliger Damen-Calender«; der aufs Jahr 1791 enthält 70 Seiten.

Karl Theodor trieb seine Maitressenwirtschaft in München so offen und ungescheut, daß er die Fremden in ein Zimmer führen ließ, an dessen Wänden die Bildnisse derselben umherhingen. An die Stelle der früheren Favoritinnen aus den niederen Ständen, die er in der Pfalz gehabt hatte, der Mannheimer Bäckerstochter Huber, nachherigen Gräfin Bergstein, und der Mannheimer Schauspielerin, Josephe Seyffert, nachherigen Gräfin Heydeck, traten jetzt in München ein paar Damen der Aristokratie: die Gräfin Josephine von Törring-Seefeld und Freiin Elisabeth Schenk von Castell.

Die Gräfin Josephine Törring war eine geborene Gräfin Minucci, die seit dem Jahre 1780, sechzehnjährig, sich mit Graf Clemens Törring-Seefeld, dem Sohn des Geheimen Rats und Oberhofmarschalls Anton Clemens Törring, der den Teschner Frieden schloß, vermählt hatte.

Freiin Elisabeth Schenk von Castell ward mit dem Freiherrn Karl Theodor von Betschard verheiratet. Er war Landrichter zu Sulzbach, ein höchst übel berüchtigtes Subjekt und im Jahre 1788 wegen arger Verbrechen seines Postens entsetzt und zum Tode verurteilt worden. Er erlangte Begnadigung, allerdings gegen große Bezahlung, er ward sogar gegraft und Minister für die Oberpfalz, denn er gab sich dazu her, eidlich zu versprechen, nie die Schenk ehelich zu berühren. Die Ehe mit dieser Nichtzuberührenden fing damit an, daß er mit ihr in die Schweiz ging, wo sie ihre Niederkunft abwartete. Später, im Jahre 1793, bat die Gräfin Betschard-Schenk den Kurfürsten, das früher verschobene Todesurteil gegen den Scheingemahl doch noch vollstrecken zu lassen, denn sie beabsichtige, einen Grafen Chamisso zu heiraten. Der Kurfürst verwandelte hierauf die Todesstrafe in ewiges Gefängnis, und zwar ward Betschard nach Österreich, nach dem ungarischen Munkacs als Staatsgefangener gebracht. Er saß hier so lange, bis ihn die Gnade einer späteren Regierung freimachte, worauf er wieder seinen Aufenthalt in München nahm, doch ohne wieder eine Anstellung zu erhalten. Die Heirat der Gräfin Betschard-Schenk mit dem Grafen Ludwig von Chamisso war vollzogen worden: sie starb aber bereits im Jahre 1798 zu Prag an einer galanten Krankheit. Ihr mit ihrem kurfürstlichen Herrn erzeugtes Kind, welches er 1790 anerkannt hatte und das den Namen einer »Gräfin von Warenberg« führte, starb ein Jahr vor ihrem Tod, 1797, und zwar mit Hinterlassung eines Vermögens von 300 000 Gulden: Erbe ward der Liebling Karl Theodors, der Fürst Karl von Bretzenheim; dieser erhielt in demselben Jahre 1797 nach dem Absterben der Gräfin von Bayern, geborenen Gräfin Hohenfels, der Tochter Karl Albrechts und Sophiens von Ingenheim, auch das erledigte Lehen Hohenfels in der Oberpfalz mit 8000 Gulden Einkünften. Für sein westfälisches Fürstentum Bretzenheim erhielt Fürst Karl später im Reichsdeputationshauptschluß 1803 die Stadt Lindau am Bodensee, die er aber an Österreich abtrat, welches ihm dagegen die dereinst Rakoczyschen Besitzungen, die Herrschaften Saros-Patak und Regecz in Ungarn abtrat.

Wie mit den Zivilstellen, war es auch mit den Militärstellen beschaffen. Karl Theodor fand, als er nach Bayern kam, daß die Armee kaum aus 3000 tauglichen Männern bestehe; darunter aber waren nicht weniger als 39 Generale. Der Unterhalt dieser Armee belief sich auf jährlich 1 400 00 Gulden.

»Der hiesige Hof«, schreibt in seinen Briefen der reisende Franzose Caspar Risbeck, welcher München in den achtziger Jahren sah, »ist in einem so dicken, bunten und strahlenden Schwarm von Ministern, Räthen, Intendanten und Kommandanten eingehüllt, daß es sich kaum durchsehen läßt. Man hält zu zwei oder drei Rheinschiffen sogar einen Großadmiral. Die Armee besteht aus 30 Regimentern, etwa 8000 Mann. Wenigstens ein Viertheil machen die Offiziere aus, worunter auch mehrere Generalfeldmarschälle sind. Aber die vielen Titel und die bordirten Westen der hiesigen Einwohner setzen einen Fremden nicht sicher, von ihnen angebettelt zu werden.«

Das Nützlichste, was in Bayern unter dem letzten Kurfürsten, Karl Theodor, geschah, geschah durch einen Engländer, den der Kurfürst ins Land gezogen hatte, Sir Benjamin Thompson.

Thompson war geboren 1753 zu Rumford in der Grafschaft Essex und war nach Amerika gegangen, wo er in jungen Jahren eine reiche Witwe geheiratet hatte. Als der Befreiungskrieg ausbrach, hatte er in der englischen Armee gedient und war als Oberst am Ende des Krieges nach London zurückgekommen: hier hatte ihn König Georg III. zum Ritter ernannt. Der Kurfürst berief Sir Benjamin nach München eigentlich in der Absicht, daß er seinem Liebling, dem Fürsten Karl Bretzenheim, dem neukreierten Malteser-Großprior, auf seinen beabsichtigten Reisen im Mittelländischen Meere als Begleiter dienen solle; es kam aber, als der Ritter nach Bayern gekommen war, nicht zu diesen Reisen. Er blieb in München, wo ihm seine Freundin, die Gräfin von Paumgarten, bald die volle Gunst des Herrn verschaffte. Karl Theodor ernannte ihn zum General und Generalleibadjutanten, zum Chef des Geheimen Kriegsbüros und – von seiner Vaterstadt den Namen entnehmend – zum Grafen von Rumford. Er stiftete die Militärakademie in München im Jahre 1789, seine Hauptwirksamkeit aber richtete er auf philanthropische Zwecke. Sein Hauptstudium war die Chemie, die damals durch Lavoisier in Frankreich einen außerordentlichen Aufschwung erhalten hatte, er erfand die sog. Rumfordischen Suppen für die Armenanstalten. Er erwarb sich ein großes Verdienst durch Einführung der Kartoffeln und das größte, indem er der ungeheueren Bettelei in München endlich Einhalt tat, durch eine vernünftige Versorgung der Armen: er legte die ersten Arbeitshäuser an, wo sie beschäftigt wurden, und Manufakturen. Die Hauptstadt dankte ihm ihre größte Verschönerung: den englischen Garten, der der Prater und Tiergarten von München wurde. In den Inschriften, die hier und da angebracht wurden, sprach sich der neue, harmlos philanthropische Geist der Stifter aus. Unter anderem rief ein Genius den Lustwandelnden zu: »Harmlos wandelt hier, dann kehrt gestärkt zu jeder Pflicht zurück!«

Im Jahre 1798 verließ Graf Rumford München, weil er sich mit dem Grafen Leiningen, dem Schwiegersohn des Kurfürsten, nicht vertragen konnte: er ging als kurpfalz-bayerischer Gesandter nach London, Später, im Jahre 1802, begab er sich nach Paris, wo er, schon seit langer Zeit Witwer, sich aus Liebe zur Chemie mit der Witwe des berühmten Lavoisier vermählte. Er starb in Paris im Jahre 1814, 61jährig.

Es war hohe Zeit gewesen, daß Graf Rumford seine Armenversorgungsanstalten in Zug setzte, und ein großes Glück für Karl Theodor, daß er gerade in der bedenklichen Zeit von 1789 den Engländer fand. Die Landeszustände in Bayern waren durch die Landesnot nachgerade verzweifelt geworden. Die Härte der Verwaltung des Landes, der Druck der »gestrengen Herren«, der Landschreiber und übrigen Beamten und dazu der Jagdjammer hatten gefährliche Wildschützen und berüchtigte Räuber hervorgerufen. Gegen den sog. bayerischen Hiesel mußte Karl Theodor einen förmlichen kleinen Krieg führen lassen. Dieser Hiesel, dessen eigentlicher Name Matthias Klostermayer war, war ein Mensch von nicht gewöhnlichen Eigenschaften, die ihn unter glücklicheren Verhältnissen zum Helden und großen Mann gemacht haben würden. Hiesel war zuerst Wilderer, dann ward er Räuber. Er war ein so kühner und zugleich ein so kluger und verschlagener Mensch, daß er sich trotz allen Verfolgungen geraume Zeit zu halten verstand. Er war so verwegen, daß er mit seinem Leibhund und Pistolen im Gürtel nach Augsburg hineinging: der Leibhund ist noch ausgestopft in Mannheim zu sehen. Die Soldaten der Reichsstadt Ulm schlug er zurück. Hiesel bat den Kurfürsten Karl Theodor um eine Versorgung mit 70 Gulden jährlich: dann wolle er als rechtlicher Mann leben. Karl Theodor schlug das ab und ließ ihn auf dem Rad sterben. Die Schreckenstheorie erhielt sich noch immer in Bayern: Rad, Galgen und – Pfaffen sah der Reisende auf allen Landstraßen. Friedrich der Große nannte damals Bayern: »ein irdisches Paradies, bewohnt von lauter Tieren«.

Der Aberglaube ward noch immer und zwar von oben herab gefördert. Noch im Jahre 1784 verbot ein landesherrliches Reskript Karl Theodors alle weltlichen Heilmittel gegen den Biß toller Hunde und verwies lediglich auf die geistliche Wunderkraft des hl. Hubertus. Laut einer Bekanntmachung im Münchner Intelligenzblatt vom 1. Juli 1791 ward mit Approbation des Collegii medici dem Roß- und Hundearzt Trenkler in München verstattet, den Hunden zur Verhütung der Wut den Hubertusschlüssel auf die Stirn zu brennen, gegen Bezahlung von sechs Kreuzern. Was nur irgend nach Aufklärung und Neuerung schmeckte, ward bis ins Kleinliche verfolgt. Unterm 6. Dezember 1785 erging ein Kabinettsreskript: »wie man höchsten Orts mißfällig vernommen habe, daß sich selbst die Kanzleien an die belletristische Schreibart gewöhnten und Churfürst mit einem ›K‹ schrieben und vom Latein abstammende Worte mit deutschen Buchstaben.«

Ich komme nun auf das Merkwürdigste unter der Regierung des letzten Kurfürsten von Pfalz-Bayern, auf den Illuminatenorden, dessen Austreibung nebst der Stiftung des Mannheimer Nationaltheaters die Haupthandlung wurde, durch die sein Leben sich ausgezeichnet hat. Bayern war seither nächst Tirol das katholischste deutsche Land gewesen. Gerade von ihm sollte der stärkste Umschwung der entgegengesetzten Richtung, der Aufklärung ausgehen. Ja, sie ging gerade von dem Orte aus, wo seither die Jesuiten am erfolgreichsten gewirkt hatten, von der Universität Ingolstadt. Hier trat ein Jahr vor dem Tod des wohlwollenden Max Joseph der Professor Weishaupt auf und stiftete 1776 den berühmten Orden der Illuminaten.

Dieser Orden ward dem Jesuitenorden geradezu entgegengestellt. Die Exjesuiten, zu Märtyrern geworden, waren als schleichende Opposition in den geheimen Gesellschaften eine weit gefährlichere versteckte Macht geworden, als sie früher als herrschende öffentliche Macht gewesen waren. Früher konnte man sie beneiden, jetzt mußte man sie fürchten. Die Illuminaten begannen den Kampf mit den Exjesuiten mit Bewußtsein und auf Tod und Leben. Ihrem geheimen Treiben sollte eine regelmäßig organisierte geheime Gesellschaft begegnen, ihren dunkeln Kabalen die Aufklärung die Spitze bieten. Der Orden der Illuminaten sollte der Mittelpunkt der Aufklärung werden, der Mittelpunkt aller der großen, damals die Gemüter der Hohen und Niederen in Deutschland von England und Frankreich her erfassenden und erfüllenden Humanitäts- und philanthropischen Ideen. In diesem Orden sollte die Aufklärungsbewegung, die bereits, seit Friedrich der Große 1740 den preußischen Thron bestiegen, in ihm einen mächtigen Stützpunkt gegen das bisher bei Katholiken und Protestanten herrschend gewesene kirchlich-hierarchische System gefunden hatte, diesem System mit dem höchsten Nachdruck entgegentreten. Drei Jahre nachdem Papst Ganganelli den Jesuitenorden aufgehoben hatte, kam der Gegenbund der Illuminaten zustande. Dieser süddeutsche Bund trat in Verbindung mit dem in Norddeutschland weit verzweigten Orden der Freimaurer, der seit Anfang des achtzehnten Jahrhunderts in England regeneriert und von da nach Frankreich, Deutschland und Polen überpflanzt worden war.

Mit diesem Bund der Freimaurer nun trat Weishaupt, der Stifter des Illuminatenordens in Bayern, in Verbindung.

Adam Weishaupt war 1748 zu Ingolstadt geboren. 1775, 27 Jahre alt, ward er ordentlicher Professor des Natur- und kanonischen Rechts: er war der erste weltliche Lehrer einer geistlichen Wissenschaft an der Universität Ingolstadt, welche seither nur Jesuiten hier gelehrt hatten. Kurfürst Max Joseph ernannte ihn zum Hofrat. Weishaupt war ein Zögling der Jesuiten gewesen, nach ihrem Sturz gründete er den Bund, der ihren Tendenzen entgegenwirken, der alle Fesseln der kirchlichen und bürgerlichen Gesellschaft brechen, allen Aberglauben und alle Willkürherrschaft ausrotten sollte. Hauptgrundsatz sollte sein: »Nicht blinde Geburt soll über andere herrschen, sondern Verstand und Tugend.« Die Verfassung der Jesuiten diente ihm aber nach seiner eigenen Erklärung als Vorbild, er nahm auch ihr Prinzip an, daß der Zweck die Mittel heiligt, nur sollte, was bei den Jesuiten zu üblem Zwecke angewendet worden war, angeblich im Illuminatenorden zu guten Zwecken angewendet werden. Die Stiftung des Illuminatenordens erfolgte am 1. Mai 1776 zu Ingolstadt. In den Statuten, die Weishaupt entwarf, wurde die Tendenz und das sehr komplizierte Ritual- und Gradfolgesystem in der Maß angegeben:

»Die geheime Gesellschaft verfolgt den Zweck, selbstdenkende Menschen aus allen Weltteilen, von allen Ständen und allen Religionen und unbeschadet ihrer Denkfreiheit, trotz allen so verschiedenen Meinungen und Leidenschaften, durch ein gegebenes höheres Interesse in ein einziges Band dauerhaft zu vereinigen, sie dafür glühend und auf den Grad empfänglich zu machen, daß sie in der größten Entfernung als gegenwärtig, in der Unterordnung als Gleiche, daß Viele wie ein Einziger handeln und begehren, und aus eignem Antrieb, aus wahrer Überzeugung von selbst thun, was kein öffentlicher Zwang, seit Welt und Menschen sind, bewirken konnte. Der Orden, der diesen geheimen Zweck verfolgen soll, zerfällt in drei Klassen. Die erste Klasse bildet die Pflanzschule, die zweite ist die Freimaurerei, das zeitherige Logenwesen, die dritte und höchste Klasse aber sind die Mysterien. In der ersten Klasse, der Pflanzschule, steigt der Novize zum Minervalis, vom Minervalis zum Illuminatus minor und endlich zum Magistrat. In der zweiten Klasse, der Freimaurerei, sind die Grade Illuminatus major oder schottischer Noviz und Illuminatus dirigens, oder schottischer Ritter. In der dritten Klasse, der höchsten, den Mysterien, endlich sind vier Grade. In den kleinen Mysterien ist der erste Grad der Presbyter- oder der Priestergrad, der zweite der Princeps- oder der Regentengrad. In den großen Mysterien, der Krone aller Illuminatenwürden, deren Träger die Wahrheit ohne Schleier sehen, ist der erste Grad der Magus, der zweite der Rex, der Basileus, der König.« Das Ordenszeichen war das Andreaskreuz zum Andenken des Mannes, der der Märtyrer seines Glaubens wurde. Das alte große Meisterwort hieß: »Jehovah, ich werde sein, der ich sein werde«, das neue: »Mac Benac, sie haben den Sohn erschlagen, d. i. dein Augenmerk sei die große, von Jesu bewirkte, aber noch nicht vollendete Revolution.« Alle »Erinnerungen«, die den Mitgliedern zugingen, kamen nicht von dem bekannten Superior, sondern von einer unsichtbaren Hand, das war die Persona mystica, die sich mit Basileus unterschrieb. Es erfolgten diese Erinnerungen, die sog. Reprochenzettel, auf die mystischen Buchstaben »Q. L. (quibus licet)«, die Beichten und Berichte, die die Mitglieder an den »E. O. (den Erlauchten Orden)« regelmäßig einzuschicken hatten.

Weishaupt forderte nämlich von den Illuminaten, den Erleuchteten, blinden Gehorsam: die Untergebenen sollten ihren Obern genau so gehorchen, wie bei den Jesuiten. Es ward deshalb eine Art katholischer Beichte eingeführt, auf die dann die erwähnten Reprochenzettel erfolgten. Wie bei allen Parteien, war der Hauptzweck des Illuminatenordens: Ausbreitung ihres Anhangs. Die Mitglieder sollten sich deshalb bemühen, aller Orten angesehene und in Konnexionen stehende Männer an sich zu ziehen. Sie sollten in den Besitz aller öffentlichen Stellen und Ämter zu kommen suchen. Sie sollten nicht nur über ihre eigenen Fortschritte in der Moral und Aufklärung monatlich Bericht erstatten, sondern auch über ihre Nebenmitglieder Beobachtungen einsenden.

Der Orden der Illuminaten wurde von Weishaupt mit einigen Ingolstädter Studenten, namentlich dem Regensburger Franz Xaver Zwack, begonnen; er verbreitete sich von Ingolstadt zunächst in Bayern, namentlich nach München: hier wurden der kurfürstliche Minister Graf Seinsheim, der zweibrückensche Gesandte Baron Hohenfels, der Hofrat und spätere Minister Graf Max Montgelas, der Geheime Rat Baron Adam Aretin, der Hofrat Graf Alexander Savioli, der Hofkammerrat Marchese Costanza (ein neapolitanischer Abenteurer) und andere gewonnen. An dem kleinen bayerischen Hofe Zweibrücken gewann man den einflußreichen französischen Abbe Salabert, in Heidelberg Professor Zentner, nachher bayerischen Geheimen Rat und Minister. Der Orden verbreitete sich auch nach Franken, nach Tirol, er verbreitete sich vorzüglich in dem südlichen katholischen Deutschland und in den geistlichen Staaten am Rhein, hier zählte man 1778 schon zwölf Logen. In Wien wurden Sonnenfels und Born aufgenommen. Der praktische Kaiser Joseph aber benutzte den Orden, um seine Absichten auf Bayern ins Werk zu setzen, den bayerischen Austausch durchzusetzen. Der Orden verbreitete sich ferner auch in einigen Gegenden des protestantischen nördlichen

Deutschlands, namentlich nach Hamburg und Berlin, nach Braunschweig, Weimar und Gotha. Zur Zeit seiner Blüte standen in ihm 2000 Mitglieder, darunter die Männer von den größten und anerkanntesten Verdiensten. Es standen in ihm mehrere deutsche Fürsten, an der Spitze der regierende Herzog Ernst II. von Gotha, der den Namen Timoleon hatte und als Novize und Minerval Beichten über seine innersten Gedanken nach Ingolstadt sandte, und der Prinz Ferdinand von Braunschweig, einer von Friedrichs II. Feldherrn im Siebenjährigen Krieg, Großmeister aller deutschen Maurer, der Aaron hieß. Eifrige Anhänger waren der Fürst Franz von Dessau, der in Berlin als preußischer General lebende Prinz Eugen von Württemberg, der spätere erste Groß-herzog von Hessen-Darmstadt, der Prinz Karl von Hessen-Kassel, Statthalter zu Schleswig, der Prinz August von Gotha, des regie-renden Herzogs Bruder, der Graf von Neuwied usw. Nach den Memoires d'un homme d'état sollen auch der Herzog Karl August von Weimar, Goethe und Herder Anteil genommen haben. Unter der hohen katholischen Geistlichkeit ward besonders der berühmte Karl von Dalberg, Koadjutor des Erzstifts Mainz, gewonnen; er hieß Crescens, der Wachsende. Der tätigste Mann aber für den Bund wurde der berühmte Verfasser des »Umgangs mit Menschen«, Freiherr von Knigge aus Hannover. Er war damals, seit 1777, Weimarischer Kammerherr und wurde 1780 unter dem Namen Philo aufgenommen.

Weishaupt, der selbst den Ordensnamen des Spartakus, des sizi-lianischen Sklavenbefreiers, sehr bedeutsam sich auserwählt hatte, beauftragte Knigge, die höheren Grade des Ordens auszuarbeiten und auf dem durch Herzog Ferdinand von Braunschweig 1782 nach Wilhelmsbad bei Hanau ausgeschriebenen Konvent aller deutschen Maurer beide Orden, den Freimaurer- und Illumina-tenorden in der sog. eklektischen Maurerei eng zu verbinden. Knigge nahm viele angesehene Männer zu Minervalen auf, unter andern auch den in ganz Niederdeutschland einflußreichen Ham-burger Literaten und Buchhändler Bode, der seit 1778 als Geschäftsführer der Witwe des großen dänischen Ministers Bernstorf und Darmstädtischer Geheimer Rat in Weimar lebte. Er erhielt den Ordensnamen Amelius. Bode, im Junius 1782 zum Illuminatus dirigens befördert, versprach feierlich, treu und eifrig für den Orden zu wirken und demselben die Oberhand in dem neuen System der Freimaurerlogen zu verschaffen. An Bode schlossen sich ein Militär, der Major von dem Bussche, der den Ordensnamen Bayard erhielt, und der preußische Prinzenerzieher Leuchsenring. Bode breitete den Orden in Sachsen, von dem Bussche in den Niederlanden, Leuchsenring im Preußischen aus. Selbst Feder, einen Göttinger Professor von Ruf, beredete Knigge zum Eintritt, und dieser erklärte sich höchst naiv sehr erfreut, in dem Religionsunterricht, den die Instruktion des Ordens für das Noviziat vorschrieb, Aufschluß über den wahren Sinn des Christentums erhalten zu haben. Durch Feder ward der Orden in Hannover ausgebreitet. Noch war ein sehr angesehener Mann im Bunde, der Berliner Buchhändler Nicolai, Lucian mit dem Ordensnamen benannt: er verlieh dem Orden durch die von ihm herausgegebene viel gelesene und einflußreiche Allgemeine deutsche Bibliothek ein ebenso verwegenes als rücksichtsloses öffentliches Organ.

In England hatte die Freimaurerei einen entschieden politischen Zweck, die Freimaurer waren die geheimen Stützen der herrschenden protestantischen Dynastie und beförderten die Toleranz gegen die von den Stuarts herrührenden katholischen Umtriebe. In Frankreich gestaltete die Freimaurerei sich, dem Charakter der Franzosen gemäß, schauspielerhaft, prunkreich, man führte Theaterschrecknisse ein, nahm die Leichtgläubigen für schweres Geld in die höheren Grade auf, suchte mit dem neuen Ritus der alten Tempelherren den Adel zu gewinnen, man beutete die Geheimnis- und Wunderliebhaberei der Reichen und Vornehmen aus. In Deutschland nahm die Sache einen teils moralisch-humanistischen, teils mystisch-wundersüchtigen, rosenkreuzerischen Charakter an. Die ganze Zeit war von der gutmütigen Hoffnung erfüllt, daß man das, was die christliche Kirche zwar zu erreichen versucht, aber, durch die Priesterherrschaft und

weltliche Willkür verhindert, nie wirklich hatte erreichen können, allgemeine Glückseligkeit der Menschen durch die in den
geheimen Ordensverbindungen neu zu gründende Sittlichkeit
und Tugend, endlich zum Heil der Welt erreichen werde. Der
dem deutschen Charakter tief eingeprägte Hang nach dem Wunderbaren, nach dem Aufschluß der Geheimnisse der Schöpfung in
Natur und Menschen, der in der Rosenkreuzerei der früheren
Jahrhunderte Befriedigung gefunden hatte, und der im 18. Jahrhundert mit einer Stärke wieder aufgewacht war, von der man im
19. freilich keinen Begriff mehr hatte, verband sich mit dem in
der ganzen Zeitrichtung aufrichtig und herzlich, nur etwas senti-
mental hervortretenden allgemeinen Streben nach Humanität und
Menschenbildung. Die mönchische Verfinsterung in den katholischen Ländern, die dürre Orthodoxie in den protestantischen
sollte um jeden Preis aufhören; man fing auch seit dem amerika-
nischen Freiheitskrieg an, sich über die vielen äußeren Bedrük-
kungen durch die politischen Machthaber zu empören. Alle
Erscheinungen in der damaligen Literatur, die in die Masse der
Gebildeten des Volkes eindrangen, zeigten unwidersprechlich,
daß man sich bemühte, diesem doppelten Verlangen des Volkes
entgegenzukommen, einmal dem Hang nach dem Geheimnisvol-
len, Wunderbaren, nach Licht und Menschenkenntnis und
sodann der glühenden Sehnsucht nach Freiheit, nach Abwerfung
der Fesseln kirchlicher und weltlicher Tyrannei. Die in jene Zeit
fallenden, das Geheimnis und Wunder angeblich aufschließenden
Schriften des Hofrats und Münchner Hausarchivars Karl von
Eckartshausen († 1803) über Alchemie und Magie, Jung Stillings
Heimweh und Geisterkunde, die für Menschenkenntnis so wichtige Physiognomik Lavaters, sowie die große Flut der später auf-
tauchenden romantischen und abenteuerlichen Geister-, Ritter-
und Räuberromane, die so viel gelesenen Lafontaineschen Schriften, die alle Edelmut, Weisheit, Tugend atmen, wie man sie eben
damals verstand, selbst Goethes und Schillers erste Arbeiten, der
Werther, der Götz, die Räuber, Kabale und Liebe, Don Karlos,
der Geisterseher, enthalten nur das, was nach jenen beiden Rich-

tungen hin dem Bedürfnis des innersten Gemüts der deutschen Welt entgegenkam. Weil man den Kernpunkt des Herzensbedürfnisses traf, wirkten damals jene Schriften so ungeheuer. Selbst Mozarts Zauberflöte hat einen Teil ihrer großen Wirkung dem Ordensinteresse, auf dem sie ruht, zu danken.

Der Illuminatenorden, mit der Freimaurerei verbunden, sollte ein geheimer Tugendbund sein, der alle Klassen der Gesellschaften, von den Jünglingen auf den Akademien an bis zu den Inhabern der Throne, umschlingen solle, ein Tugendbund, wie man ihn eben damals als Universalmittel und Panazee für die leidende Menschheit leidenschaftlich ersehnte. Dies Wort »leidende Menschheit« war ein Hauptstichwort damaliger Zeit. Die Deutschen, ein ebenso tief mitleidiges, als liebebedürftiges Volk, hofften in dem geheimen Bund des Illuminatenordens die Bruderliebe, die Hilfe, die Treue zu finden, die ehemals die kirchliche Gemeinschaft dargeboten hatte; durch die Verbindungen mit Großen und Mächtigen, in die man eintrat, konnte man gewiß hoffen, die eigne Not und die fremde Not gemildert zu sehen. Es waren die edelsten, hochherzigsten Träume, die man damals verfolgte, Träume, denen die ersten Männer der Nation in Kunst und Wissenschaft und selbst vortreffliche deutsche Fürsten nachhingen – aber es waren nur Träume.

Weishaupt hatte offenbar ein sehr gefährliches Wagstück unternommen, indem er das System der Jesuiten für seine Zwecke gebrauchte. Er ging an diesem Wagstück unter. Wie es bei so feurigen, aber unklaren und eiteln Gemütern, wie Weishaupt war, zu geschehen pflegt, hatte er im Anfang keine bestimmte, sondern nur eine sehr stark eingeprägte Idee von seinem Vorhaben. Er entwarf die Bundesverfassung nur in den flüchtigsten Umrissen, für die höheren Grade hatte er nur die Namen, die nähere Tendenz und der nähere Inhalt der Funktion eines Rex und Magus war dem lebhaften und pomphaften Ordensstifter gewiß nie entfernt klar geworden. Als Knigge in seinem überschwenglichen Interesse für die Sache des Illuminatismus nach langem Zusehen und Warten endlich im November 1781 selbst zu Weishaupt kam und in ihn drang, ihm Aufschluß über die Mysterien der höheren Grade nicht länger vorzuenthalten, mußte dieser ihm ohne weiteres gestehen, daß diese höheren Grade noch gar nicht ausgearbeitet seien; er bat Knigge ebendamals, diese Arbeit zu übernehmen. Es läßt sich denken, aus welchem süßen Himmel der Hoffnung der neugierige Knigge herunterfiel, wie sehr er enttäuscht ward. Zuerst entzweite sich Weisshaupt mit Knigge über Einrichtung des Ordens und Zeremonien. Beide gingen von ganz verschiedenen Ansichten aus. Knigge wünschte den ganzen Pomp der katholischen Kirche, ihre Weihen, Gewänder, Zeremonien usw. in das Ritual aufgenommen zu sehen, um seinen Norddeutschen zu imponieren; die Bayern weigerten sich dessen, sie wollten das Katholische nicht profaniert sehen; Weishaupt meinte, das Kirchliche habe man gerade durch den Orden überflüssig machen wollen. Knigge sagte sich endlich am 1. Juli 1784 von aller ferneren Teilnahme los, seinen Unwillen hauchte er aus in den Schriften: »Geschichte der Aufklärung von Abyssinien«, »Den Papieren des Etatsraths von Schapfkopf« und »Wurmbrands politischem Glaubensbekenntniß«.

Nach Knigge traten mehrere andere Mitglieder aus, Weishaupt schrieb gegen sie. Der berühmte Arzt Ritter Zimmermann in Hannover war durch zahllose Spottschriften geneckt worden: er entlarvte vollends das Treiben des Bundes.

Der Hauptsturm kam aus Bayern: hier schritt der gestrenge Karl Theodor, durch Angeber aus der Mitte des Bundes selbst unterrichtet, gegen ihn ein; am 22. Juni 1784 erließ die bayerische Regierung ein allgemeines Verbot aller geheimen Verbrüderungen. Weishaupt ward seiner Professur entsetzt. Er ging nach Gotha, wo ihn der Herzog Ernst als mächtigstes Mitglied des Ordens schützte; er ernannte ihn zu seinem Legationsrat und gab ihm eine Pension. Der Orden der Illuminaten erschrak, suchte sich aber noch zu halten. Im folgenden Jahr nahm man in Bayern ernsthaftere Maßregeln. Man verbot die Illuminaten bei Namen. Die bayerische Regierung ließ die Ordenspapiere 1787 drucken, um die Verderblichkeit der gehegten Entwürfe darzulegen. Die öffentliche Stimmung schützte aber dennoch den Illuminatismus. Sie war damals vor dem Ausbruch der französischen Revolution entschieden auf der vermeintlich liberalen Seite, die geheime und offene tyrannische Rück- und Kehrseite des Ordens lernte man erst in und zum Teil erst lange nach der Revolution durch mehrere ausführliche Schriften von Barruel und anderen kennen. Der Illuminatismus rettete sich nun nach Mainz, wo Dalberg ihn hielt. Bode-Amelius in Weimar ward Weishaupts Nachfolger. Der Orden nahm den Namen »Deutsche Union« an. Nachdem Graf Mirabeau, damals französischer Agent in Berlin und Braunschweig, mit dem Orden in Verbindung getreten war, gingen Bode-Amelius und von dem Bussche-Bayard in den Jahren 1786 und 1787 nach Paris, »um Frankreich zu illuminieren«. Hier empfing sie Philipp von Orleans, der spätere Egalité, der Großmeister aller französischen Maurer war, mit offenen Armen. Nachdem die Verbindung eingeleitet war, pilgerten eine Menge deutscher Enthusiasten nach Paris und warfen sich, zum Teil mit dem besten und edelsten Glauben, wie Forster, in den wildesten Strudel der Revolution. Mehrere enragierte Illuminaten nahmen aber ein sehr klägliches Ende. Sie starben unter der Guillotine, mit der sie geliebkost hatten. So Anacharsis Cloots aus Kleve, ein reicher preußischer Baron, der, in den Nationalkonvent gewählt, hier als Redner des Menschengeschlechts auftrat, begleitet von einem Trupp Menschen, angeblichen Repräsentanten der Völker, um die Befreiung der Welt vom Joch der Könige und Priester zu fordern. Cloots wurde Präsident des Jakobinerklubs, bekannte sich zu den extravagantesten Lehren des »Systeme de la nature«, unterschrieb sich: »Persönlicher Feind des Jesus von Nazareth« und wollte nur von einem Peuple Dieu wissen. Der praktische Robespierre ließ den gefährlichen Theoretiker beseitigen als Membre de la faction de l'étranger 1794. Sogar ein deutscher kleiner Fürst von Salm-Kyrburg, der sein kleines Ländchen freiwillig republikanisiert hatte, wurde 1794 guillotiniert. Landgraf Karl von Hessen-Rheinfels, Kommandant von Besançon, der als Jakobiner in Paris damals Charles de Hesse hieß, rettete sich mit genauer Not.

Erst nachdem die französischen Revolutionsmänner der Welt recht praktisch gezeigt hatten, was man unter Freiheit und Gleichheit und Bruderliebe verstehe, zerflossen die Träume der hochherzigen, theoretischen deutschen Illuminaten. Als Bruder Feßler seit 1796 eine neue Freimaurerei in der Loge Royal York zur Freundschaft in Berlin gründete, nannte er sie »die scientifische Maurerei«: auch hier kehrte man, wie immer in Deutschland, zur Theorie zurück ...

Im Jahre 1782 kam der Papst auf seiner Rückreise von dem Besuche bei Joseph II. in Wien nach München, der Kurfürst Karl Theodor, der ihm bis Altötting entgegengereist war, führte ihn selbst mit großem Gepränge unter dem Donner der Kanonen und dem Geläut aller Glocken in seine Hauptstadt ein, wo die ganze Geistlichkeit, voran die braunen bärtigen Kapuziner, ihn empfingen. Tausende und Abertausende waren herbeigekommen, um den Segen des Heiligen Vaters auf den Knien zu empfangen. Der Papst verweilte fünf Tage. Seit dieser Zeit war Karl Theodors Ergebenheit gegen die Kirche größer als je. Er selbst reiste wiederholt nach Italien und besuchte Rom und Neapel.

Im Jahre 1790 kam eine Verdrießlichkeit. Damals hatte der Graf Rumford eben seine Wohltätigkeits- und Verschönerungsanstalten in Zug gesetzt, er ließ die Bürger auffordern, eine Danksagungsadresse deshalb an den Kurfürsten zu erlassen. Es entstand sofort ein Streit mit dem Stadtrat, der sich als rechtmäßiges alleiniges Organ der Gemeinde ansah. Infolge dieses Streites ließ der Kurfürst den Stadtrat absetzen und vor seinem Bildnisse kniend Abbitte tun, 1791.

Unterdessen war in Frankreich die Revolution zum Ausbruch gekommen. Der Kurfürst, um sich in Verfassung dagegen zu setzen, ließ alle Beamten schon im Februar 1790 schwören, daß sie keine Illuminaten seien, noch auch sein möchten. Die Zensur ward verschärft, alle französischen Zeitungen und Flugschriften verboten. Unter dem Vorsitz des alten Grafen Leiningen-Guntersblum, seines Schwiegersohnes, bildete der Kurfürst ein geheimes Komitee zur Aufrechthaltung der Sicherheit und Ruhe. Die

Seele desselben war der heuchlerische Geheime Referendar und Staatsrat Johann Caspar Edler von Lippert: er führte unter der Maske der Illuminatenüberwachung geradezu ein willkürliches geheimes Schreckenssystem ein. Die Exjesuiten traten nun in volle Tätigkeit als Spione, Verleumder und Ankläger. »Die gelbe Stube« Lipperts im Schloß zu München wurde der Schrecken des Landes. Ohne alles Vorwissen der Gerichte wurden Landesverweisungen ausgesprochen und Todesurteile gefällt. Der junge Unertl verschwand plötzlich. Manchen Tag wurden mehr als hundert Briefe von der Post genommen und erbrochen, ein eigner Siegelstecher ward von dem Komitee zur Herstellung der Siegel besoldet.

Hormayr nennt die Regierung Karl Theodors in seiner expressiven wunderlichen Sprache »ein Bretzenheimisch – Schenkisch – Leiningisch – Castell – Oberndorfisch – Bettschardisches – irregulaires Polygon.« Die Maitressen bereicherten sich und ihre Bastarde: der Fürst Karl Bretzenheim, der Lieblingssohn, und die drei Töchtermänner, die Grafen Leiningen und Holnstein und der Fürst von Isenburg hatten den Haupteinfluß; mit ihnen Lippert und der allmächtige Beichtvater, Geheime Rat und Hofpfarrer Pater Ignaz Frank, ein Exjesuit, der 1795 starb.

Karl Theodors Regierung war eine reine Kabinettsregierung: die Minister, außer Oberndorf in der Pfalz, taten wenig mehr als unterschreiben, der Kurfürst allein führte alle Geschäfte und brachte sie mit einigen Vertrauenspersonen zur Erledigung.

Karl Theodor sah freilich mit Angst und Unruhe dem Fortgang der französischen Revolution zu, nach wie vor aber regierte er autokratisch-willkürlich und unterließ nicht, durch Kabinettsbefehle den Lauf der Justiz zu hemmen. Die Untertanen mußten beim Reichskammergericht Mandate dagegen erwirken. Er las die bedeutenderen Schriften, die über die Revolution erschienen, er rangierte sie, in Schweinsleder gebunden, in seine prächtige Bibliothek ein, indem er meinte: »Ehre genug für diese Bücher.« Sehr weise aber, wie Kaunitz, war er der Meinung, daß man am besten tue, den Krater in Frankreich in sich selbst sich verzehren zu lassen. Er nahm keine Emigranten in seinem Land auf. Er riet von einem Reichskrieg gegen Frankreich ab und stellte, als jener 1793 erklärt ward, nur sein Kontingent. Aber auch diese Truppenaushebungen wurden nur benutzt, um Gelder an sich zu ziehen, ein großer Teil der Soldaten ward auf Urlaub geschickt, der Kurfürst zog ihre Löhnung für sich ein. Man bemerkte, daß der Hof alle nur erdenklichen Mittel und Wege versuche, um in den Besitz von Geldmitteln auf einen immer mit Angst und Unruhe vorhergesehenen Notfall zu gelangen.

Im Jahre 1795 hatte sich der jetzt bereits einundsiebzigjährige Kurfürst, nachdem seine sulzbachische Gemahlin, die ihm schon seit vierunddreißig Jahren Gemahlin zu sein aufgehört hatte, endlich 1794 gestorben war, zum zweitenmal vermählt, um sich noch Nachkommen zu erwecken. Die zweite Gemahlin war aus dem Hause Österreich, die neunzehnjährige Maria Leopoldine, Tochter des Erzherzogs Ferdinand von Modena-Este, eine Enkelin Maria Theresias. Er vollzog das Beilager zu Innsbruck am 15. Februar mit ihr. Unter den Münchner Festen, die zur Verherrlichung der Hochzeit des alten Herrn veranstaltet wurden, zeichnete sich das Fest aus, das der General Graf Rumford in dem von ihm angelegten englischen Garten gab. Es fanden dabei Lustfahrten auf dem See, ein Tanz der neun Musen im Apollotempel, eine Vorstellung einer bayerischen Nationalhochzeit, Wettrennen zu Fuß usw. statt. Am Abend war der ganze Garten illuminiert, und an dem mit buntfarbigen Glasglocken erleuchteten chinesischen Turm hielt ein eben in München angekommener Chinese im Nationalkostüm eine Gratulationsanrede an den nach der Residenz zurückfahrenden Kurfürsten und seine neue Gemahlin. Aber dessen größter Wunsch, durch einen eignen Erben die verhaßten Herzöge von Zweibrücken auszuschließen, ging ihm nicht in Erfüllung.

Im Jahre 1796 ward endlich auch Bayern von den Franzosen heimgesucht. Morean drang über den Lech vor, der Kurfürst floh mit seiner jungen Gemahlin und dem ganzen Hofe am 22. August nach Sachsen. Graf Rumford besetzte zwar mit 10 000 Bayern die

Hauptstadt, aber schon am 7. September, und zwar wieder fast ohne Widerstand, ward der Waffenstillstand zu Pfaffenhofen mit Moreau abgeschlossen. 10 Mill. Franken, zwanzig schöne Bilder und ungeheure Naturalkontributionen wurden bewilligt. Am 5. Oktober schon kehrte der Kurfürst wieder nach München zurück, nachdem die Franzosen, von Erzherzog Karl bei Amberg und Würzburg geschlagen, sich wieder über den Rhein hatten zurückziehen müssen. 1797 endigte der Waffenstillstand von Leoben und bald darauf der Frieden von Campo Formio den französischen Krieg. Zu Rastadt ward der Kongreß mit dem Reich eröffnet.

Seit dem Einfall der Franzosen war der Kurfürst immer mißtrauischer, verschlossener und unzugänglicher geworden. Das geheime Komitee unter Lippert ergriff immer verhaßtere Sicherheitsmaßnahmen. Der Schauspieler Lamprecht, der am 1. Oktober 1797 in dem Lustspiele: »Die Erbschaft aus Ostindien« Lipperts Haltung und Gebärden in der Rolle eines verschmitzten Bösewichts nachgeahmt hatte, war mit einstimmigem Beifall belohnt worden. Am 8. Januar 1798 wurden, als Pasquille gegen Lippert angeschlagen gefunden wurden, heimliche Horcher und Angeber mit je 800 Gulden besoldet angestellt. Das Mißvergnügen machte sich nun im März 1798 auch durch an das kurfürstliche Schloß gegen den Fürsten Bretzenheim und den Grafen Leiningen angeschlagene Pasquille Luft. Es wurde vieles von dem Hofleben ruchbar, was die Achtung vor dem Kurfürsten vollends herabsetzte. Man erzählte, wie er sich durch den bekannten Spaßmacher Prangerl durch Nachahmung achtbarer Männer, wie des Grafen Seeau, belustigen lasse, der Spaßmacher erhielt dafür zehn Karolinen zum Geschenke; man erzählte, wie er den Dienern seiner jungen Gemahlin verboten habe, ihr in dem, was er schon erlaubt, Gehorsam zu leisten; wie die Kurfürstin hinwieder ihren Gästen, z.B. dem mainzischen Domherrn von Hoheneck eine Fledermaus vorgesetzt habe, worüber der Prälat so heftiges Erbrechen bekommen, daß man für sein Leben besorgte, worauf er nach seiner Herstellung sogleich von München abgereist sei. Des

Kurfürsten Tochter, Eleonore, Gräfin von Leiningen-Guntersblum, welche, als sie siebzehnjährig 1787 ihren fünfzigjährigen
Eheherrn geheiratet, ihren damaligen Geliebten, einen Baron
Pfeil, schon mit einem Geschenk von 1000 Karolinen abgefunden
hatte, war die Geliebte eines französischen Generals geworden.
Sie schrieb dem Kurfürsten aus Guntersblum im Juni 1798: »Sie
sei es nun müde, sich ferner ihrem Vater und ihrem alten Manne
aufzuopfern und wolle ihres Lebens einmal froh werden.« Im
Jahre 1801 ward sie geschieden.

Ungeheure Barschaften lagen in dem Hausschatze des Kurfürsten, er war aber nicht zu bewegen, für das Bedürfnis des Landes
davon auch nur zu leihen, er sparte sein Vermögen für seine
natürlichen Kinder auf, deren Wohl ihm ausschließlich am Herzen lag. Um ungestört noch vor seinem Tod sie aus dem Schatz
bereichern zu können, entfernte er noch 1797 sogar seinen bisherigen alten Kabinettssekretär Stephan von Stengel, einen redlichen, uneigennützigen, das öffentliche Vertrauen vorzugsweise
genießenden Mann, der 25 Jahre lang in täglichem Geschäftsver-
kehr mit dem Kurfürsten gestanden hatte: er ward plötzlich orien-
talisch gestürzt und als Unterkanzler ins Oberland versetzt. Der
heuchlerische Lippert kam an seinen Posten.

Karl Theodor hatte unterdessen beschlossen, da ein neuer
Ausbruch des Krieges mit Frankreich drohte, sein Heer auf
30 000 Mann zu verstärken und sich mit größerer Energie an
Österreich und Rußland anzuschließen. Es hieß, der Hof werde
München vielleicht auf immer verlassen, nach Neuburg an der
Donau gehen, vielleicht nach Böhmen. Man sprach sogar von
naher Erscheinung einer österreichischen Verwaltung.

Des Kurfürsten Briefschaften, ja selbst seine Hauskasse, deren
Schlüssel seine Gemahlin in Händen hatte, waren bereits in den
Palast seines Lieblingssohnes, des Fürsten von Bretzenheim,
gebracht worden. Da wurde plötzlich Karl Theodor am
12. Februar 1799, abends 9 Uhr, als er mit dem Generalleibadjutanten Baron Niclas Casimir von Hertling und dem Obrist-
jägermeister Grafen von Waldkirch l'hombre spielte, vom Schlag

getroffen. Vier Tage lang lag er fast ohne Sprache und Besinnung. Am 16. Februar starb er.

Karl Theodor starb ohne rechtmäßige Erben. Wollüstig, gestrenge und hart, ja grausam, war er seinen Ländern ein gar nicht beliebter Herr gewesen, die Bevölkerung derselben hatte größtenteils unter so schwerem Drucke von feilen und käuflichen Beamten gestanden, daß sein Tod mehr ein Glück als ein Unglück erschien. Die Franzosen hatten dadurch namentlich leichtes Spiel gefunden. Die Hauptplage des Landes war der ganz übermäßige Hof- und Beamtenstaat und der ganz übermäßige Schwarm der Mönche. Fünf Jahre nach der Vereinigung der Pfalz mit Bayern 1782 zählte der Münchner Hof 421 Kammerherrn; während Friedrich der Große bei seinem Tod 1786 nur 60 hinterließ, hinterließ Karl Theodor 1799 5–600. Geheime Räte gab es in Pfalzbayern 1782 152, darunter 85 Exzellenzen, Räte aller Art gegen 1000. Der Hof- und Staatsbeamten hoher und niederer Gattung Gesamtmasse überstieg die Zahl 10 000. Der Generale waren 60 auf eine Armee von 20 000 Mann. Mönche gab es in den achtziger Jahren noch 5000 in Bayern in 200 Klöstern, von denen auf Altbayern und die Oberpfalz allein mehr als 150 kamen. Mehrere von den bayerischen Klöstern hatten 30 000 bis 40 000 Gulden Einkünfte, das Kloster Niederaltteich sogar über 100 000; alle Einkünfte der Klöster und Stifte wurden auf ungefähr zwei Millionen angeschlagen. Etwa der hundertste Mann im Land war geistlich.

Die Witwe des Kurfürsten Karl Theodor, die steinreiche Erzherzogin Marie Leopoldine von Modena-Este, heiratete im Jahre 1804, 28jährig, in zweiter Ehe den Grafen Ludwig von Arco, ihren Oberhofmeister. Sie lebte noch bis zum Jahre 1848 in München, wo sie in der Herzog-Maxburg ihre Residenz hatte, und war durch ihren fabelhaften Geiz berühmt: auf den Bällen, die sie bisweilen im Winter gab, war so wenig zu essen und zu trinken, daß die Offiziere, ganz ausgehungert, nach dem Tanz in die Restaurationen eilten, und so wenig geheizt, daß die Damen à la lettre im Pelz tanzen mußten.

# DER HOF VON ZWEIBRÜCKEN
## 1654–1799

Nach dem unbeerbten Tod des Kurfürsten Karl Theodor von
Pfalz-Bayern gelangten beide Länder an die jüngste Linie des
Pfälzer Hauses, an die Linie Zweibrücken, dieselbe Linie, die
nach der Konversion und Resignation Christinens als gut protestantisch den Thron von Schweden bestiegen und diesem nor-
dischen Reich in den Personen Karls X. Gustav, der den ganzen
Norden zittern machte, aber schon 1660, erst 38jährig, starb,
Karls XI. und ganz besonders Karls XII. drei große Könige
gegeben hatte.

Das Fürstentum Zweibrücken, das spätere Rheinbayern, lag
jenseits des Rheins und war ein kleines Holz- und Bergland, das
ungefähr 150 000 Einwohner hatte und eine halbe Million, ja
nach den reisenden Franzosen gar 800 000 Gulden jährliche Einkünfte ertrug. Die beiden letzten Könige Schwedens aus der Linie
Zweibrücken hatten es von 1681–1718, wo Karl XII. in den
Trancheen vor Friedrichshall fiel, besessen.

Darauf war es an einen Brudersohn Karls X. gefallen, an
Gustav Samuel; er war erst Obristleutnant im Dienste der Generalstaaten, konvertierte sich 26jährig im Jahre 1696 zu Wien und
lebte als päpstlicher Staatssekretär in Rom. Wie die Herzogin
von Orleans, seine Verwandte, schreibt, war er »ein schlechter
Potentat und wohl der unangenehmste Mensch in allem, in
Figur, in Humor, in allem, so Gott geschaffen hat, wunderlich,
langweilig und verdrießlich«. Seine Gemahlin, zwölf Jahre älter
als er, war die letzte Pfalzgräfin aus der Nebenlinie Pfalz-Vel-
denz, sie war unfruchtbar, er schied sich eigenmächtig von ihr
und heiratete, um sich Erben zu erwecken, im Jahre 1723 eine
Beamtentochter, ein ganz neu geadeltes Fräulein von Hofmann,

neben seiner Gemahlin. Diese starb in demselben Jahr noch, worauf Gustav Samuel 1724 das Fräulein von Hofmann zur Reichsgräfin von Hofmann erheben ließ. Er starb 1731, ohne Erben erweckt zu haben.

Nun fiel das Fürstentum Zweibrücken an den jüngsten Zweig der Linie Zweibrücken-Birkenfeld, in der Person Christians III. Dieser war, wie ehemals das ganze Pfälzer Haus, noch Protestant und ein Sohn Christians II.

Dieser Christian II. ist der Ahnherr des später in Bayern regierenden königlichen Hauses: er war ein Spezial der Herzogin von Orleans und starb im Jahre 1717, 80 Jahre alt.

Christian III., sein rechtmäßiger Sohn, dem das Fürstentum Zweibrücken nach dem Tod seines Vetters, des Konvertiten, zufiel, hatte während seines Vaters Lebzeiten sich viel im Venusberg zu Paris umhergetrieben, und seine Verwandte, die ehrbare Herzogin von Orleans, erzählt darüber gar ergötzliche Dinge. Sie schreibt unter anderem den 18. Oktober 1698: »Das freut mich, daß sich die Weiber und Jungfern um unsern Prinzen von Birkenfeld gerissen haben, da will ich ihn brav mit plagen, wenn Ihre Liebden wieder hier sein werden. Was wird aber Fanchon Moreau vom Opera hierzu sagen, welche dieses Prinzen Heroine ist usw. Ich wollte, daß die deutschen Fürstinnen ihm die französische Operatrice aus dem Kopf bringen möchten.« Und unterm 13. November 1699 schreibt die Herzogin: »Ich bin versichert, daß der Prinz von Birkenfeld sich brav hat in Deutschland auslachen machen, der Fanchon Contrefait im Sack zu tragen, alle rechtschaffenen Leute lachen ihn hier auch genug mit aus, seine Heroine von einer Coureusen zu machen. Ich habe ihm auch meine Meinung gar dichte darüber gesagt u. s. w. Diese leichtfertigen Stücken kosten mehr, als etwas recht. Der Fanchon Preis ist gemacht: sie kostet über 1000 Pistolen, denn der Grand Prieur de Vendome erhält sie und ist jaloux von ihr und wenn er etwas erfährt, soll er sie prügeln, also müssen die andern wohl die Püffe bezahlen. Jedoch so hat sie der Prinz viel wohlfeiler als andere, denn sie hat eine starke Inclination für ihn. Frankreich gar voll von coquetten Weibern ist, hätte der Prinz besser gethan, eine zu nehmen, so ihm brav Geld geben könnte, als eine, so er theuer bezahlen muß.«

Pfalzgraf Christian III. blieb 45 Jahre lang Junggesell, dann endlich im Jahre 1719 heiratete er eine Prinzessin von Nassau-Saarbrück. Er erlebte 1731 den Anfall von Zweibrücken, das ihm 1734 durch einen Familienpakt überlassen wurde, ein Jahr darauf starb er, 1735, 61 Jahre alt.

Sein mit der nassauischen Prinzessin erzeugter Sohn Christian IV. sukzedierte. Dieser konvertierte sich im Jahre 1758. Er lebte nicht in Zweibrücken, sondern in Paris, wo er einen Palast hatte, für einen der vertrautesten Freunde König Ludwigs XV. galt, der Madame de Pompadour den Hof machte und sich eine französische Tänzerin antrauen ließ als Gräfin Forbach – von einem Schloß in Lothringen, das er ihr schenkte, so benannt, man nannte sie auch Madame de Deux-Ponts. Aus dieser Ehe stammen die Grafen von Forbach, die sich 1792 den Namen Freiherrn von Zweibrücken erteilen ließen.

Christian IV., der Konvertit, der übrigens als ein Herr von vortrefflichen Eigenschaften gerühmt wird, starb im Jahre 1775. Er nahm ein drastisches Ende: er ward, wie die Baronin Oberkirch in ihren Memoiren berichtet, bei einer Jagd von einem Hirsch aufgespießt, er starb ohne sukzessionsfähige Erben. Nun sukzedierte in Zweibrücken der schlimme Karl, der Sohn seines Bruders, des Pfalzgrafen Friedrich.

Friedrich hatte sich schon zwölf Jahre vor seinem Bruder, 1746, konvertiert, fungierte als Reichsfeldmarschall und war der Favorit der gescheiten Herzogin Clemens, der Freundin Friedrichs des Großen, Maria Anna von Sulzbach. Als Reichsfeldmarschall erwarb er sich gerade keine Lorbeeren: im Siebenjährigen Krieg war Prinz Heinrich von Preußen nicht imstande, die Reichsarmee, die jener 1758–1760 kommandierte, zum Stehen zu bringen, und während er mit der Armee lief, flehte er noch aufs kläglichste den französischen Marschall Broglie um Sukkurs an. Es war keine Heldentat, daß er mit 40 000 Mann gegen 4000 unter dem Grafen Schmettau 1759 Dresden durch Kapitulation nahm. Er verließ den Dienst 1760 und starb 1767, 43 Jahre alt.

Herzog Karl von Zweibrücken hat sich eine traurige Berühmtheit verschafft: er war einer der letzten und größten unter den vielen kleinen deutschen Tyrannen und Untertanplackern. Der starre Eigensinn, der den Kopf dieses Principion erfüllte, steigerte sich nicht selten bis zur Grausamkeit, ja Wildheit. Man erzählt die rohsten Stücke, die er an seinen Umgebungen ausließ. Einer seiner Köche hatte einmal nicht nach seinem Kopf getan, er ließ ihn in sein Kabinett rufen, ihn ganz nackt ausziehen, übergoß ihn dann mit Branntwein und zündete hierauf den armen Menschen an: der Mann ward wahnsinnig infolge der erduldeten Qualen. Einem seiner Sekretäre ließ er dieselbe Behandlung angedeihen, und dieser verdankte seine Rettung nur einem Kammerdiener, der ihn in feuchten Dünger einlegte: er ging so für seine Lebenszeit verstümmelt in der Hauptstadt umher. »Einer gewissen Dame«, erzählt der Aufsatz ›Fetz und Marocco‹ in Schlözers Staatsanzeiger aufs Jahr 1782, »die der Herzog an seinem Hofe nicht leiden konnte, nahm er einst die Hand, als wenn er sie küssen wollte, und biß ihr mit den Zähnen den Zeigefinger entzwei.«

Wie gemeiniglich die Barbaren, war dieser kleine Barbar von Zweibrücken stark den Wollüsten ergeben. Vermählt war er seit dem Jahre 1774 mit Marie Amalie, einer Schwester des gerechten Friedrich August, der der erste König von Sachsen wurde. Neben der Gemahlin aber hielt er sich Maitressen. Seine Hauptfavoritin war Frau von Esebeck, geborene von Gayling. Sie wohnte auf dem Schloß, während die Herzogin unten in der Stadt wohnen mußte, sie zog überall mit ihm hin, saß bei Tafel zu seiner Rechten, während die Herzogin den Platz zur Linken einnahm. Neben ihr wurden eine Menge jüngere Reize begünstigt.

Ludwig von Esebeck regierte als Staatsminister das Land mit zwei andern Vertrauenspersonen, dem Geheimen Rat von Getto, aus einer Patrizierfamilie in Como abstammend, die schon seit zwei Jahrhunderten durch Handelsverbindungen in Wien und am Rhein sich bekannt gemacht hatte, und dem Abbe Salabert. Dieser Salabert war der würdige Erzieher des Duodez-Tyrannen gewesen, ein geistvoll lüsterner, verschmitzter Franzose; er kam später, als die Erbschaft von Bayern gemacht wurde, auch mit nach München, wo er als Minister fungierte und sich den nachmaligen Palast des Prinzen Karl im englischen Garten erbauen ließ.

Das Hauptziel dieser Regierer von Zweibrücken war, wie in Bayern und in der Pfalz: Geldbeschaffung. Eine Anleihe nach der andern ward deshalb in Frankreich gemacht: mit dem verschafften Geld schuf der kleine Herzog Bauten im größten Stil Frankreichs. Ein Prachtbau im Stil von Versailles war der berühmte Karlsberg: er kostete 14 Millionen. Karl hielt hier 1000 Pferde im Marstall und noch mehr Hunde und Katzen in den Zwingern. Ganz Zweibrücken war gleichsam ein einziges Jagdrevier und immer umzäunt, damit kein Wild in die benachbarten Länder übergehen könne. Die Regimenter Jagdhunde, die der Herzog hielt, wurden bei den Bauern einquartiert und mußten von ihnen frei beköstigt werden. Jeder mußte für seine Einquartierung mit dem Kopf haften. »Das ganze Land«, sagt von Gagern als Augenzeuge in seinem »Antheil an der Politik«, »war ein Thiergarten zum Verderben der Unterthanen. Wildfremde Familien hausten auf dem Karlsberge in dem Costüme ihres Landes unter Bäumen und Thieren ihres Landes: hundert Gardisten bewachten die Zugänge.« Die Untertanen, die vor dem Karlsberge vorbeigingen, mußten den Hut ziehen, wie einst die Schweizer vor Geßlers Hut. Karl hielt im Gefolge von 600 Jagdhunden wochenlange Jagden ab, und diese Dianenfeste wurden durch die Zügellosigkeit der Jäger und Höflinge in Venusfeste umgewandelt, die für die Töchter der zweibrückischen Untertanen das waren, was der Hirschpark Ludwigs XV. für die Franzosen. Karl hatte dabei noch zahllose kostspielige Liebhabereien, eine der unschuldigsten war ein Kabinett von einigen 1000 Tabakspfeifenköpfen.

Die einzige Anstalt, die in dem kleinen Ländchen, wo kein Handel und keine Industrie war, gedieh, war die Druckerei der bekannten Zweibrücker Schulausgaben der Klassiker seit 1779.

Aber schon Mirabeau bemerkte in seiner Schrift über die preußische Monarchie, daß der tüchtigste Mann an dieser Schule seine Stelle niedergelegt habe. Mirabeau schloß sein Werk, das die Franzosen zuerst gründlicher mit den deutschen Zuständen bekannt machte, mit einer Übersetzung des Aufsatzes: »Fetz und Marocco« aus Schlözers Staatsanzeiger, der mit den Worten endigte: »Das ganze Land ist wie betäubt. Kein Mensch wagt vor den vielen Tyranneien, die vorgehen, zusprechen, noch jemand außerhalb des Landes davon ein Wort zu schreiben, ausgenommen ich

Ibrahim Ben Abdallah.«

Dieser Ibrahim Ben Abdallah war einer der Standesgenossen des Herzogs Karl von Zweibrücken, Georg, Herzog von Sachsen-Meiningen. Aber weder sein Tadel, noch der Tadel des Reichsoberhaupts Kaiser Josephs II. tat den Untaten des Zweibrückner Unholds Einhalt. Als die Revolution ausbrach, übten die Republikaner endlich schreckliche Volksjustiz, der Karlsberg ist nicht mehr, der Herzog ward 1793 verjagt und starb, 51 Jahre alt, zwei Jahre darauf, 1795.

# Kurfürst Maximilian IV. Joseph
(als König Maximilian I. Joseph)
1799–1825

Es folgte nun als Nachfolger des gestrengen Illuminatenverfolgers Karl Theodor in Bayern Maximilian Joseph von Zweibrücken-Birkenfeld, der Bruder des wilden Karl, der der geliebte Reformator des Landes wurde und sein erster König.

Maximilian Joseph verdankte die Nachfolge in Bayern eigentlich nur der hohen Gewissenhaftigkeit der Witwe Karl Theodors, der später mit dem Grafen Arco in zweiter Ehe vermählten Erzherzogin Marie Leopoldine von Modena-Este.

Im Laufe des Sommers des Todesjahrs Karl Theodors 1799 kam eine vornehme Dame in tiefer Trauerkleidung und verschleiert mit ein paar Begleiterinnen mit Extrapost von Kassel nach Paderborn, wo sie im Hause des Postmeisters Daltrop abstieg und sich Zimmer geben ließ. Sie fertigte sofort einen Boten an den Fürstbischof Freiherrn von Fürstenberg ab, der auch in kürzester Frist in Person sich einstellte. Die Familie des Postmeisters sah, wie der geistliche Herr die fremde Dame mit der größten Ehrfurcht begrüßte; die Unterredung währte geraume Zeit, und man vernahm aus dem Zimmer, wo sie stattfand, ein lautes Schluchzen. Beim Weggehen empfahl der Fürstbischof dem Postmeister die möglichste Rücksichtnahme für die Dame. Sie reiste am andern Morgen auf dem Wege nach Pyrmont mit ihren Begleiterinnen ab. Nach Verlauf von vier Wochen kam sie wieder und brachte einen Knaben mit, den sie inmittelst geboren hatte. Es ward nun der Familie des Postmeisters das Anerbieten gemacht, ob sie gegen eine ansehnliche Summe, die jährlich gezahlt werden solle, die Auferziehung des Knaben übernehmen wolle. Das Anerbieten ward angenommen und auf die Frage, wie

*gemalt in Wien* *gest. von Hoff*

## Maximilian Joseph

### KÖNIG von BAŸERN

*Seiner Königlichen Majestät in Ehrfurcht gewidmet, von dem K. B. Kämmerer und A. G. Präsidenten K. F. von Mann.*

der Knabe heißen solle, nannte die Dame den Namen von Ocra – rückwärts zu lesen von Arco. Nachdem zehn Jahre verstrichen waren, ward der Knabe gegen Präsentierung eines verabredeten Erkennungszeichens aus Paderborn abgeholt, die Familie Daltrop erhielt als letztes Geschenk noch eine namhafte Summe. Der Postmeister, der schon wohlhabend war, starb mit Hinterlassung eines sehr ansehnlichen Vermögens.

Es hätte offenbar nur an dem Willen der Kurfürstin-Witwe gelegen, den im Sommer 1799 geborenen Sohn als posthumus Karl Theodors auf den Thron von Bayern zu bringen: sie war aber so ehrenhaft, dies nicht zu tun und später dem König Max zu eröffnen, daß dieser Sohn nicht der Sohn Karl Theodors sei. Allgemein bekannt war in München, daß die Kurfürstin-Witwe eine sehr große Figur am Münchner Hofe machte und eine sehr hohe Sprache führte: der für das Kurfürstentum dankbare Max hat auch keine der ansehnlichen Summen verweigert, die die allerdings, wie erwähnt, ungemein geizige Kurfürstin von Zeit zu Zeit sich auszubitten bedacht war; sie starb so reich, daß versichert wird, sie habe ein Vermögen von 60–70 Millionen hinterlassen. Der als von Ocra in Paderborn erzogene Knabe soll ein ansehnliches Besitztum in der Nähe von Salzburg mit einem prächtigen Schloß angewiesen erhalten haben.

Maximilian Joseph, der jüngere Sohn des Pfalzgrafen Friedrich, des Favoriten der gescheiten Herzogin Clemens von Bayern, war geboren im Anfangsjahr des Siebenjährigen Krieges, wo sein Vater als Reichsfeldmarschall keine Lorbeeren sich erwarb, in der Pfalz, auf dem Lustschlosse Schwetzingen bei Mannheim. Sein Vater war, wie erwähnt, erst 1746 von der evangelischen Konfession zur katholischen übergetreten: geschah das nicht, so wäre Bayern einem protestantischen Hause zugefallen.

Max erhielt seine Erziehung am Hof meines Oheims, Herzog Christians IV. von Zweibrücken, des in Paris stationierten Gemahls der französischen Tänzerin, der Gräfin Forbach, der Madame de Deux-Ponts. Zwei Jahre nach dem Tod desselben, im Jahre 1777, damals 21 Jahre alt, trat Max in französische Kriegs-

dienste: er übernahm als Obrist das Regiment d'Alsace in Straßburg. Teils in diesem Garnisonorte, teils in Paris, teils auf Reisen
in dem Süden von Frankreich lebte er bis zum Ausbruch der französischen Revolution, wo er sich wieder in sein Heimatland, in
die Pfalz, nach Mannheim begab.

In Straßburg sah ihn im Jahre 1778 die Baronin Oberkirch, aus
der elsässischen Familie Waldner, und schreibt von ihm in ihren
englisch herausgegebenen Memoiren: »Jeden Sonntag nach der
Parade begab sich Prinz Max von Zweibrücken, Obrist des Regiments Elsaß, von mehreren Offizieren begleitet, nach dem Schloß
Ollwillon und blieb hier bis Montag. Der ganze Adel war eingeladen, sich einzufinden, und die Festlichkeiten fanden in einem
mehr als gewöhnlichen Stile statt; es ging die Rede, es werde bei
diesen Gelegenheiten hohes Spiel gespielt. Prinz Max ist ein sehr
verschwenderischer Herr (very extravagant), Ludwig XVI. hat
seine Schulden bezahlt, aber er macht immer wieder neue. Er ist,
was man sagt, ein bon vivant, dessen Lust Jagd und Tafelfreuden
sind, die Lästerzunge sagt auch, daß er sich öfters in der Gesellschaft von Operndamen befinde. Doch ist sein Betragen würdig
und elegant, sowohl für einen Hof als für einen Salon passend. Er
besitzt ein sehr amüsantes Talent, possierliche Geschichten zu
erzählen. Den Montag brachten wir in seiner Gesellschaft zu, er
war in der glücklichsten Laune, er ahmte eine Menge berühmte
Personen nach, Schauspieler, Schriftsteller usw., unter andern den
vor erst wenigen Monaten gestorbenen Voltaire. Er kannte eine
Menge amüsanter Anekdoten, die Geschichten der berühmtesten
Schauspielerinnen, die Genealogien ihrer Liebhaber, alles das
erzählte er in einer Art, die dem verwöhntesten Ohre angenehm
klingen mußte. Die Uniform seines Regiments stand ihm sehr
gut. Prinz Max war ein weit besserer Mensch, als er zu sein
schien, oder wofür er gehalten sein wollte; ich habe viele Dinge
von ihm gehört, die ihm sehr zur Ehre gereichen.«

Im Jahre 1799 kam Max nach Karl Theodors Tod in den Besitz
von Pfalz-Bayern, und im Jahre 1805 ward er durch Napoleons
Gnade erster König von Bayern. Sein Stammland Zweibrücken

mit Birkenfeld, die Pfalz und Jülich mußte er zwar dem Frieden von Lüneville und dem Reichsdeputationshauptschluß von 1803 gemäß teils an Frankreich, teils an Baden abtreten, dafür aber kamen jetzt an Bayern die großen fränkischen Bistümer Würzburg und Bamberg und ein Dritteil vom Bistum Eichstädt. Bayern erhielt fernerhin das große schwäbische Bistum Augsburg und die Abtei Kempten, erhielt dazu das bayerische Bistum Freising und einen Teil von Passau und zu alledem noch zwölf Abteien und 15 Reichsstädte, worunter das militärisch sehr wichtige Ulm sich befand. Durch den Preßburger Frieden 1805 ward dieser Besitz noch vermehrt mit dem Rest von Eichstädt und Passau, mit der Reichsstadt Augsburg und mit den österreichischen Ländern Tirol und Vorarlberg und den Bistümern Trident und Brixen. Dagegen ward Würzburg wieder abgetreten. Zugleich mit der in demselben Jahr erlangten Souveränität ward die Hoheit über die mediatisierten Fürsten von Leiningen, Löwenstein, Öttingen, Fugger, Thurn und Taxis, die Grafen von Erbach, Pappenheim, Waldbott usw. erlangt. Hierzu kam 1806 das preußische Anspach, wogegen Berg weggegeben wurde, und die Reichsstadt Nürnberg: das war lauter protestantisches Frankenland, ein sehr wichtiges Ferment für das katholische Altbayern. Endlich kam 1809 nach dem Wiener Frieden noch die Ländervergrößerung mit dem Bistum Regensburg, dem Österreichisch gewordenen Erzstift Salzburg, dem Inn- und Hausruckviertel, dem dereinstigen Preis für den Teschner Frieden, und das preußische protestantische Bayreuth, wogegen Ulm wieder an Württemberg weggegeben werden mußte. Durch den Wiener Kongreß kamen die von Österreich erworbenen Länder Tirol, Vorarlberg, Salzburg, Trient und Brixen wieder an Österreich, dagegen aber ward Würzburg und Zweibrücken (Rheinbayern) wiedererlangt, die Pfalz aber mit Heidelberg blieb beim Hause Baden, sogar durch Vorschub Kaiser Alexanders von Rußland, als die aus der Ehe mit der Gräfin Hochberg erzeugten Kinder sukzedierten. Das kleine Stammland der regierenden Könige von Bayern, Birkenfeld, wurde im Jahre 1817 an das mit Rußland verwandte Oldenburg überwiesen.

Max war ein mit allen Tugenden eines unzerstörbaren Wohl-
wollens von Natur ausgeschmückter, in dem aufgeklärten Frankreich erzogener und einer freieren, gesunderen Lebensbildung
entschieden zugeneigter Herr. Er gewann sogleich, als er die Regierung in Bayern antrat, alle Herzen und machte sich so populär,
daß er es nicht verschmähte, auf der Schranne mit den Bauern
und ihren schmucken Töchtern sich zu unterhalten und mit
ihnen über ihre häuslichen Angelegenheiten zu sprechen. Auch
bei öffentlichen Unglücksfällen kam er aus seinem Schloß hervor
und zeigte sich als ein tätiger Mithelfer, wie im Jahre 1801 beim
Einsturz zweier Häuser in München, aus deren Schutt damals
unter andern der nachher durch seine Gläser so berühmt gewor-
dene Joseph Fraunhofer, aus Straubing gebürtig, hervorgezogen
wurde.

Zum ersten Mal drang unter Max die religiöse Toleranz in
Bayern durch: schon im ersten Jahr seiner Regierung war die erste
protestantische Predigt in München, und im folgenden Jahre 1800
erhielt München die ersten ansässigen Protestanten. Infolge des
durchgreifenden Reichsdeputationshauptschlusses von 1803 wurden auch in Bayern alle Klöster aufgehoben und, was ebenso neu
war, 1807 auch die bisherige Steuerfreiheit des Adels.

Aber Max kam in München in eine bis zum Unglaublichen lie-
derliche Geschäftsverwaltung und in ein noch unglaublicher ver-
derbtes Beamtenregiment hinein. Die Mönchsherrschaft hörte
auf, aber das Unkraut dieses Beamtenregiments erhielt sich noch
im üppigsten Fortwuchern auf dem Hof- und Staatsfeld.

Max war selbst gar nicht ohne Schwächen. Ein Selbstregierer
war er nicht. Er überließ die Geschäfte seinen Vertrauten, sich
selbst aber einer behaglichen Geschäftslosigkeit. Die Memoiren
des Ritters von Lang enthalten über den Hof Maximilians interessante Schilderungen, aus eigner Anschauung geschöpft und mit
der ihm eigenen kaustischen Darstellungskraft entworfen.

Unter den Vertrautesten des neuen Kurfürsten befanden sich
ein Original, aber ein sehr schlimmer Geschäftsverschleifer, sein
Geheimer Kabinettssekretär Rheinwald, und ein Genie, ein sehr

hell und scharfblickender, gewandter und tüchtiger Minister, der Baron, spätere Graf von Montgelas.

Johann Ludwig Rheinwald (gest. 1811 als Geheimer Legations-rat) war von Maximilian aus Zweibrücken zum Lehrer seiner Kinder mitgebracht worden, und nachher ward er als Geheimer Sekretär im kurfürstlichen Kabinett angestellt. »Wenn der Kurfürst«, erzählt der Ritter von Lang, »den Hofbedienten Befehl erteilte, ›die dicke Sau‹ herbeizubringen, so wußten sie schon, wen sie zu holen hatten. Im Vorzimmer, oder vielmehr im Vorstall des Herrn Rheinwald, der von einem Troß armer Sollicitanten belagert wurde, traf man auf großen runden Tischen ganze Heustöße von Supliken und eröffneten Berichten, nicht eingetragen, nicht dekretiert, zum Teil zerfetzt und zerrissen, um die Pfeifen damit anzuzünden, oder Wurst und Schinken damit einzuwickeln. Auf ihnen lagen umher Gitarren, Punschbowlen, Nachtgeschirre und alte Kodices, denn Herr Rheinwald war auch bekannt als eifriger deutscher Sprachforscher. Trat man in das innere Zimmer ein, so sah man Herrn Rheinwald vor sich stehen in alten Schlorfen, die Strümpfe herabgelassen, Waden und Knie nackend, den Hals offen, in altem Hemd und schmierigem Überrock, die Haare struppig, den Mund aufgesperrt und gleichsam nach Trank lechzend. In der Stube liefen Sängerinnen umher und trieben ihr mutwilliges Spiel unter sich, auf dem Sofa lag ein Komödiant nach der Länge ausgespreizt, ohne sich um die Eintretenden im Mindesten zu bekümmern. Das Gespräch Herrn Rheinwalds selbst, soweit es der Lärm zu führen verstattete, war vertraulich und verständig. Von Zeit zu Zeit steckten Sollizitanten ihre Köpfe zur geöffneten Türe herein: ›Aber Ihr Gnaden, bitt' halt um Gottes willen um einen gnädigen Bescheid, bin schon seit acht Tagen alle Tage wieder bestellt.‹ – ›Was Bescheid?‹ hieß es dann, ›Bescheid ist schon da, Sie müssen sich vor examiniren lasse.‹ – ›Aber, Ihr Gnaden‹, hieß es zurück, ›bitt' doch um Gottes willen, bin ja schon examinirt; hab' Ihnen meine Testimonia selber in die Hand gegebe.‹ – ›Schad' alles nichts‹, hieß dann der letzte Spruch, ›gehen's nur hin und lasset sich nochmal examiniren.‹«

Rühmlicher lautet Langs Schilderung von dem Grafen Max von Montgelas. Es ist das eine Schilderung, die an manches erinnert, was auch bei zwei andern gleichzeitigen großen Ministern, den beiden Staatskanzlern in Österreich und Preußen, Metternich und Hardenberg, sich bemerklich gemacht hat. »Der Graf Montgelas«, sagt Lang, »von den günstigsten Umständen bei seinem Emporkommen geleitet, war anfänglich Privatsekretär des Zweibrückner Prinzen, dann dessen Ratgeber und Gefährte bei allem Mangel und Unglück und stieg endlich beim Sonnenschein zur Zeit des plötzlich seinem Herrn angefallenen Kurfürstentums ohne Schwierigkeit zum Posten eines allgewaltigen Ministers empor. Wirklich hätte auch das Glück nicht leicht einen verständigeren und ergebeneren Diener zuführen können. Montgelas war ein Mann, wie ich mir einen Mazarin oder Richelieu denke. Seinen Plänen, seinen Unterhandlungen, seinem richtigen Ergreifen des Augenblicks hat Bayern seine Erhebung zu einer größeren, selbständigen Macht und selbst den äußerlichen Schmuck einer königlichen Krone zu verdanken.

Montgelas' Geschlecht stammt ursprünglich aus Savoyen ab. Sein Urältervater, François Garnerin Seigneur de la Thuille Baron de Montgelas, starb zu Chambery als Staatsrat und Parlamentspräsident. Des Ministers Vater war bayerischer General in Diensten Kaiser Karls VII. Montgelas war 1759 in München geboren und studierte zu Straßburg Geschichte und Staatsrecht unter dem berühmten Koch. Seine Bildung und sein ganzes Äußere war altfranzösisch. Ein stark gepuderter Kopf, hell von Verstand, sprühende Augen, eine lang hervorstechende, krumme Nase, ein großer, etwas spöttischer Mund, gaben ihm ein mephistophelisches Ansehen, obgleich die kurzen Beinkleider und die gallamäßigen weißseidenen Strümpfe, anders erschien er nie, keinen Pferdefuß zu verstecken hatten. Kein Feind der sinnlichen Freuden und Genüsse, liebte er auch die Scherze und Gespräche der Tafel, weshalb er auch immer seine Gäste mit aus dem Künstler- und Gelehrtenstand wählte.

Der bayerischen Geschichte widmete Graf Montgelas eine besondere Aufmerksamkeit, obwohl er sie im ganzen für unerfreulich und überhaupt München – ich gebrauche seinen eigenen Ausdruck – noch für ›eine sehr rohe Stadt‹ hielt. Im Arbeiten wußte er ein Maß zu finden und haßte das pedantische Treiben.«

Gleich beim Regierungsantritt Maximilians war Montgelas Minister des Äußeren geworden, 1806 übernahm er dazu das Ministerium des Innern und 1809, nach Hompeschs Tod, auch noch das der Finanzen. »Von diesen drei Ministerien«, fährt der Ritter von Lang fort, »behandelte er das des Innern und der Finanzen ebenfalls wie das dritte, diplomatisch, zu diplomatisch, er leistete darin, aufrichtig gesagt, nicht viel, das ist, er pausierte, lauerte und schlich auch hier und ließ darin den lieben Gott zu viel walten. Für Audienzen und Sollizitationen war er nicht gut allezeit zu erwischen, im ganzen aber für die Staatsdiener mild und nachsehend, oft bis ins Weite. Der Bescheid: ›Ich kann nichts thun, es dependiret Alles von S. Maj.‹ galt eigentlich als eine definitiv abschlagende Entschließung. Ergötzlich war es, wenn der Graf Montgelas sich in seiner dreifachen Eigenschaft als Minister des Äußern, des Innern und der Finanzen so rein individualisiert anschaute, daß er nicht selten, bei der Tafel besonders, über die Verordnungen des Finanzministeriums loszog und seine Gäste befragte, ob sie darin eine Spur von Menschenverstand fänden? Wobei es denn freilich das sicherste Spiel war, S. Excellenz, die sich doch unfehlbar auch ihrer Eigenschaft eines Finanzministers hätten entsinnen können, das Widerpart zu halten. Ein lächerlicher Konflikt der drei in Montgelas' Person vereinigten Ministerien ereignete sich in Augsburg. Die neugestaltete Maut verlangte, daß der Postwagen zur Visitation bei ihr vorfahren solle, und da das nicht geschah, requirierte sie Militär. Dagegen erbat sich das Postamt, das unter dem Ministerium des Äußern stand, ein andres militärisches Detachement. Und endlich erwirkte auch die Polizei zur Bewachung der städtischen Freiheiten ein Hilfskorps. Von allen drei Ministerien ließ man den König in den ungnädigsten Worten und unter seiner eignen Unterschrift sagen, wie aufgebracht der eine Max Joseph über die zwei andern Max Josephe wäre. Am Ende mischte sich ein vierter Max Joseph, der Kriegsminister, darein und befahl seinen Leuten, auf der Stelle nach Hause zu gehen. Der fünfte Max Joseph, der Justizminister, blieb ohne Teilnahme. In Bezug auf den Unterschied der Stände und die Vorrechte des Adels, das ist des hohen Adels – den papiernen, wenigstens den nicht begüterten, zog er gar nicht in Betracht – waren Montgelas' Ansichten nicht unbefangen, doch verschloß er nirgend die Wege unbedingt, wie die unter seiner Verwaltung bekannt gewordenen Namen Cetto, de Bray, Giese und Stichaner † beweisen.«

Der König aber pflegte, wenn er solche große Erhebungspatente Bürgerlicher unterzeichnen sollte, oft mißmutig auszurufen: »Warum muß es denn schon wieder so ein Abenteurer sein!«

Des Ministers Gemahlin, Ernestine, Gräfin von Arco (die, sobald er sich mit ihr vermählt hatte, 1803, bewirkte, daß sein System der Staatsverwaltung minder liberal ward), war eine schöne, geistreiche Faustina, ganz erfüllt von dem Genuß des Münchner Freuden- und Vergnügungslebens. Lang, obgleich als Reichsarchivar von seiner Regierungsdirektorsstelle in Anspach in die Hauptstadt berufen, ward neun Monate lang ganz unbeschäftigt gelassen und machte einmal der Gräfin eine Andeutung auf die Geschäfte. Sie fiel ihm mit den Worten in die Rede: »Ah! Monsieur, laissez ça, ça se fera.« Der Sommeraufenthalt Montgelas' war sein Landhaus in Bogenhausen, damals noch einem Dorf bei München. Hier oder in der Stadt sah er abwechselnd alle höheren Staatsbeamten der Reihe nach bei sich zu Tisch oder zur Abendgesellschaft und unterhielt sich bei dieser Gelegenheit mit ihnen über die Staatsgeschäfte.

Im Jahre 1805, nach dem Preßburger Frieden, der Bayern Tirol von Österreich verschaffte, ward Maximilian König, über die Wirtschaft an dem neuen Königshofe enthalten die Langschen Memoiren besondere Aufschlüsse. Lang hatte 1811 Audienz bei dem König. »Sie fand«, schreibt er, »früh um 6 Uhr statt, in den königlichen Zimmern, die sich drei Treppen hoch unterm Dache befanden, indem die eigentliche königliche Wohnung zum Theil von der Königin eingenommen, zum Theil für die damals von allen Enden herreisenden Kaiser und Könige aufbewahrt wurde. Im Vorzimmer befand sich, in Ermangelung des dienstthuenden Kammerherrn, der erst später herbeikam, ein großer Affe, der mich ziemlich geringschätzend anblickte und dann eifrig in seinem Geschäft des Insektensuchens fortfuhr. Diese Frühstunde war es, wo der bereits angekleidete König sein Frühstück nahm, das er mit einem großen Löwenhunde theilte, hierauf sich die Ausfertigungen zur Unterschrift vorlegen ließ, geringere zeremonielose Audienzen gab, hierauf vom Staatskassierer sein Taschengeld, täglich 1000 Gulden, in Empfang nahm und vom Polizei-Direktor die Geschichte des Tags und die Abenteuer der Nacht erfuhr. Dann ging es umher in den Gängen, im Stalle, auf der Schranne, wo die Höflinge Schwanke mit Bauern und Dirnen aufzuführen suchten. Nach der Wiederkehr ins Schloß erfolgten militairische Rapporte und Aufwartungen und dazu die schamlosesten Anbetteleien von allen Ständen, schriftlich und mündlich, so daß die 1000 Gulden täglich meist schon in den Vormittagsstunden ausgeflogen waren. Hierauf Besuch bei der Königin, die vor zehn Uhr nicht vom Bette erstand, dann bei den königlichen Töchtern. Auf den Besuch bei der Familie folgten diplomatische Vorstellungen und Empfang fremder Herrschaften, und endlich ging's zur Tafel, welche aus Mangel an Aufsicht sehr schlecht bestellt war. Man that sehr ängstlich wegen weiterer Unterhaltung bis zur Theaterzeit oder dem Hof-Konzert, griff auch an andern Tagen zur Karte. Um zehn Uhr eilte der König zu Bette.«

Merkwürdig war die Art und Weise, wie der König mit seinen Töchtern verfuhr. »Im Januar 1819«, berichtet der preußische General von Wolzogen, »besuchte ich München, ward vom König außerordentlich gnädig empfangen und zur Familientafel eingeladen. Dabei machte er mir die Eröffnung, sein sehnlichster Wunsch ginge dahin, daß der Kronprinz von Preußen eine seiner Töchter heirate, dann würde er ruhig sterben. Er präsentierte sie mir hierauf mit den Worten: ›Sehn Sie, ich bin ein vornehmer

Mann, ich fahre mit Sechsen!« Von diesen sechs Prinzessinnen waren indes erst die beiden ältesten (Elisabeth und Amalie, Zwillingsschwestern) erwachsen, und der König sprach mir die Vermutung aus, daß der Kronprinz wohl die zweite von ihnen wählen möchte, wenn er sich überhaupt zu einer solchen Liaison entschlösse. Ich erwiderte ihm, daß ich, obwohl mir der Auftrag geworden sei, den Kronprinzen in der Kriegskunst zu unterrichten, nicht aber die ars amandi mit ihm zu traktieren, dem ungeachtet nicht ermangeln würde, ihm den Wunsch Sr. Maj. kund zu tun.«

»Da der König«, schreibt Lang, »nichts las und keine besondere Liebhaberei für irgendeinen Zweig der Künste oder Wissenschaften hegte, so wenig als für Jagd und Reiterei, dabei auch kein Schwelger oder Trinker war, so blieb es eine schwere Aufgabe für die Höflinge, den Tag mit Spazierengehen, Liebeleien, verkappten Hofnarren, Stadthistorien und Kleinigkeitskrämereien aller Art auszufüllen. Aus solcher Geschäftslosigkeit des Königs gingen dann auch viel üble Launen hervor, besonders wenn irgend etwas sich seinen schnellen Wünschen entgegenzustämmen schien. War er einmal gegen gewisse Personen, besonders wider Geschäftsleute, durch die Einblasungen seiner Umgebung eingenommen, so brach er nicht selten in Drohungen aus, ›diesen Saukerlen fünfundzwanzig Prügel aufzählen zu lassen‹, welches zwar nicht stattfand, jedoch zur heftigen Kränkung der armen Beleidigten von den Höflingen überall schadenfroh ausgebreitet wurde. Auf diese Art galten bei Sr. Majestät der Staatsrat von Hazzi, der berühmte Advokat von Ehrne in München, der allgemeine Anwalt bei der Anklage von despotischen Streichen in Bayern, überhaupt jeder, der sich etwas keck und selbständig darstellte, wenigstens als ›Saukerl‹.«

Ein höchst anstößiges, ganz unnennbares Wort hatte der König, dessen er sich, wenn er ärgerlich war, bediente, um den spezifischen Gattungsbegriff »Frauenzimmer« auszudrücken. Eines Tages stritten sich die jungen Prinzessinnen, und in der Hitze des Streites ließ die eine gegen die andere in Gegenwart der Mutter, der Königin Karoline, dieses höchst schreckliche Wort ganz unbefangen ausgehen. Die Königin war darüber außer sich. Die Oberhofmeisterin, die Hofdamen wurden sofort ins strengste Verhör genommen und sollten, da die Schuldige sich nicht fand, samt und sonders sogleich ihre Entlassung erhalten, um die Residenz von solchen Subjekten zu säubern, welche solche Ausdrücke verbreitet haben müßten. Ein allgemeines Lamento war die Folge dieser harten Sentenz, auf welche Ihre Majestät die Königin bestehen zu müssen glaubte.

Inmitten dieses Damentumults erschien König Max. überrascht fragte er nach der Ursache der großen Aufregung. Es erfolgte keine Antwort – er fragte dringender. »Ach, ich kann es nicht sagen!« antwortete die Königin, und so fragte er die eine und die andere Hofdame, ohne von irgendeiner eine Antwort zu bekommen. Endlich ward er höchst ärgerlich, ging und ließ noch im Abgehen gegen die Damen dieselbe höchst schreckliche Gattungsbezeichnung fallen, weswegen die Untersuchung stattgefunden hatte. Das Rätsel war damit gelöst, die Oberhofmeisterin und die Hofdamen waren gerettet.

»Überhaupt«, fährt Lang fort, »war in dem König eine gewisse Anlage zur Strenge nicht zu mißkennen, der es nur an Ausdauer fehlte und die sich nicht selten in gewaltsamen Ausbrüchen äußerte. Gleichsam als besonderer Ehrenpunkt galt es, daß die Hofdamen und Kammerzofen, wenn sie in gesegnete Umstände kamen, was so zu sagen unter die gewöhnlichen Zufälle gehörte, sich unter den höchsten Schutz flüchteten, wofür sie dann 60 000 Gulden Ausstattung aus der Schuldentilgungskasse und einen Gardeoffizier zum Gemahl erhielten.

Die Leitung der Staatsangelegenheiten war unter solchen Umständen ausschließlich dem Grafen Montgelas überlassen. Der Neigung, sich je zuweilen in die Besetzung großer Staatsämter einzumischen, begegnete der Minister in der Art, daß er alsbald mündlich dazu jemanden vorschlug, von dem er wußte, daß er dem König über alles zuwider war. Indem nun der König sich mit allen Verwünschungen und Beteuerungen dagegen erklärte, rückte der Minister mit einem neuen nicht minder mißfälligen Bewerber hervor und endlich, nachdem auch dieser verworfen war und gleichsam nach langem Besinnen mit seinem eigenen Kandidaten, an dem aber der Minister selbst tausend Einwürfe und Ausstellungen machte. Dann rief der König, froh, die andern Schreckensmänner abgewiesen zu haben, gewöhnlich triumphierend aus: ›Nein, nein, den will ich gerade haben und Sie werden nun meinen Befehl zu vollziehen wissen.‹ An der Tafel rühmte er sich dann: ›Heute bin ich dem Patron, dem Montgelas, wieder recht durch den Sinn gefahren. Der hat mir zwei saubere Bursche einschwärzen wollen, aber ich habe ihn schon von weitem schleichen sehen und, habe meinen Kopf aufgesetzt.‹

Die Wirtschaft am Hofe war die elendeste. Zu Hunderten standen die Leute in eine Reihe gestellt, um zur Besoldungskasse eingelassen zu werden. Gendarmen und Grenadiere hatten nur zu tun, um das gewaltsame Hineindrängen zu verhüten. Gleichsam nur als Armenrecht, erhielten vielleicht unter Hunderten nicht zehn manchmal ein paar Gulden auf Abschlag. Was sonst übrig war, verschlang täglich die Haushaltung des Hofes, das Militär und der wucherische Judenwechsel. Wer recht glücklich war, erlangte Tratten, das ist Anweisungen oder Wechsel auf die Kasse selbst ausgestellt, wozu hernach noch ein zweites Glück gehörte, daß Wucherer oder Juden diese Anweisungen zu fünfzig oder sechzig Prozent Verlust auslösten.

Die alltäglich bestürmte und belagerte Kasse war am Ende in einer solchen Konfusion, daß man gar nicht wußte, an wen man solche Tratten ausgestellt, oder was darauf bar oder in Abrechnung wieder abbezahlt war. Manche verschmitzte Burschen erlangten ihre Befriedigung anfangs in lauter Abschlagszahlungen, und weil man diese nicht gehörig in der Hauptrechnung vorgemerkt, endlich auch noch einmal das Ganze in der Hauptsumme. Der Staat nahm Geld auf zu dreißig Prozent Abzug und remittierte dann diese Papiere, welche nun im Umlauf abermals dreißig Prozent wenigstens verloren. Daher erschienen auch Karikaturen, worin ein wohlerkenntlicher Geheim-Rat v. K. den Juden und

Wucherern, die ihm ihre Geldsäcke zu den berüchtigten Lotto-
anlehen darbrachten, die Antwort erteilte: ›Nein, neunzig Prozent
ist für eine Anleihe nicht zu viel; macht man Lotto daraus, wird
wieder die Hälfte an Kapital gewonnen.‹ Beim Lotto kamen in
der betrügerischen Zeit des ersten Drittels des 19. Jahrhunderts
selbst in dem weit strenger beaufsichtigten preußischen Anspach
die stärksten Betrügereien, sogar durch falsches Spiel, vor, die
Lang zur Anzeige brachte: die Lottobeamten hatten sich mit den
Unterkollekteurs verbunden und setzten auf Nummern, nachdem
sie schon gezogen waren, indem sie die Bücher verfälschten.

Ruder und Segel waren in den bayerischen Finanzen verloren
und das an der jüdischen Küste gelandete Schiff einer völligen
Plünderung preisgegeben. Die Gesandten und das auswärtige
Ministerium erhielten ihre Besoldungen unverkürzt und auf den
Tag aus den Händen der dankbaren Judenschaft durch Herrn
Hofbankier Aaron Elias-Seligmann, der aber dem König dafür
wieder Spesen und Provision aufrechnete. Der König, außer den
1000 Gulden bar, die ihm täglich früh um sechs Uhr der General-
kassierer überbringen mußte, stellte außerdem noch eine Menge
Wechsel aus auf Herrn Seligmann, auf die Schuldentilgungskasse,
auf die Lottokasse und auf die Kriegsökonomiekasse. Er bezahlte
die Schulden der Komödianten, der Tänzer, des Sängers Bricci
unter anderm von mehr als 20 000 Gulden und einer Menge anderer Personen. Als ein geh. Sekretär K., später Staatsrat,
gewohnt, unter dem Schein kleiner Aufträge und Ausfertigungen
dem König lustige und süße Geschichten vorzutragen, ein paar-
mal schwermütige Mienen machte und Seufzer ausstieß, fragte
ihn der König, dessen ungewohnt: ›Was ist denn Dir, daß Du tust,
als ob Dir die Hunde das Brot genommen?‹ worauf Herr K. erwiderte: ›es ginge ihm schlimm.‹ – ›Wie denn schlimm, was fehlt
Dir?‹ – ›Ach es drücken mich jetzt im Augenblick Schulden.‹ –
›Schulden? Schulden? jetzt schaut an, hat der auch Schulden? Wie
viel wird denn das etwa sein?‹ – ›10 000Gulden, E. Maj.‹ – ›Was?
so ein Bettel? Geh hinauf zum Kaiser, dem Kabinettskassierer,
und laß Dir's zahlen.‹

Aufs Äußerste wurde der König erbittert gegen jede Maaßregel der Sparsamkeit oder einer Kontrolle, in der Meinung, man wolle ihm allen persönlichen Genuß verpönen. Beim Frühstück genoß der König ein weißes Brötchen und reichte davon einiges seinem Lieblingspudel hin. Für dieses Brötchen berechnete man ihm täglich fünf Gulden. Als nun der Oberrechenkammer diese Aufrechnung befremdend vorkam, und sie glaubte, daß mit einem halben Gulden schon ein so unbedeutendes Bedürfnis gedeckt werden könnte, brachte die Dienerschaft dem König das nächste Frühstück nur mit einem halben Brötchen und erwiderte dem erstaunt fragenden König mit Achselzucken: ›Die Oberrechenkammer habe befunden, daß S. Maj. sich künftig mit einem halben Brötchen begnügen könnten‹, worauf der König in solchen Zorn geriet, daß er sich im Augenblick, dem Rechnungshof zum Trotz, bei allen Bäckern in der Nähe für fünfundzwanzig Gulden weiße Brötchen herbeiholen ließ, welche dann der Hund und die höhnische Dienerschaft verzehrten.

Die Hofküche berechnete täglich für Rindfleisch eine so übermäßige Summe, daß jedes Pfund auf dreißig Kreuzer zu stehen kam. Als nun auch hierin der Rechnungshof ein Maß einführen wollte und sich deshalb an den Hofbeamten wandte, lief dieser in seiner Bosheit zum König, angeblich Befehl zu holen, was er dem Rechnungshof antworten solle. Der Bescheid war, den Burschen die gewöhnliche bayerische Einladung: ›sie möchten ihn …‹ zu schreiben. Für Kaffee wurden am Hofe Maximilians täglich sechzig Pfund berechnet. Unter dem Titel der Apothekenfreiheit ließen sich alle Hofdiener und Angestellte der Ministerien ihren jährlichen Bedarf an Zucker und Kaffee und nach Belieben die größten Körbe voll Punschflaschen und kostbaren Weinen holen. Nach dem Landhaus eines Hofbeamten gingen täglich aus der Hofküche ganze Wagen mit Wildpret, mit Fleisch, mit Zuckerhüten, mit Kaffeefässern und Weinkörben ab, was dem König, wenn er solchen Transporten begegnete, nichts als lustige Bemerkungen über diese Aufräumungsweise ablockte.«

Außer diesen Hofunterschleifen wurden im Staatshaushalt keine geringeren Veruntreuungen gemacht. Unterschlagungen von Staats-, Depositalf- und Vormundschaftsgeldern, erdichtete Umlagen und Aufschläge, Gelderpressen von den Untertanen waren in den einzelnen Landesdirektionen und Landgerichten an der Tagesordnung. Die Memoiren Langs enthalten eklatante Beispiele. Ja man erlaubte sich sogar die gröbsten Staatsbetrügereien, und zu einer wollte man sogar den ehrlichen Lang die Hand reichen lassen. »Unangemeldet«, erzählt er, »tritt in mein Büro herein ein Münchner Wechsler, Namens Dallarmi, ein Mitglied der unter Uzschneider errichteten Staatsschuldenkommission, mit dem Vermelden, Herr von Uzschneider werde unverzüglich selbst nachkommen, unterdessen wolle er mir vorläufig eine Ministerialordre hier einhändigen. Ich erbrach sie alsbald und las: ›Nachdem es nöthig ist, eine Anzahl Staatspapiere zu legalisieren, so habt Ihr solches nach Anleitung unsers geheimen Referendars von Uzschneider unaufhaltlich zu vollziehen.‹ Schon öffnete Herr von Uzschneider die Tür, und sein Knappe Dallarmi entfernte sich. Auf meine Frage, was denn das für Staatspapiere wären, die ich nach seiner Angabe zu legalisieren hätte, und in welcher Art? eröffnete er mir: ›Sie müssen wissen, daß das Haus Österreich den Stiftern und Klöstern in Franken kraft ausgestellter Obligationen mehr als 600 000 Gulden schuldig geworden ist und seitdem die Stifter aufgehoben worden, kraft des Heimfallrechts, sich der Kapitalien frei und ledig hält. Diese Einwendung fällt weg, wenn man die Schuldbriefe in einer Gestalt erscheinen lassen kann, nach der sie zur Zeit der Säkularisation nicht mehr zum Aktivvermögen der aufgehobenen Stifter gehörten, sondern sich schon durch Cession als Privatvermögen in den Händen dritter Personen befunden hätten. In solcher Art also ist es, wie Sie die Urkunden legalisieren sollen.‹ – ›Legalisieren belieben Sie das zu nennen?‹ antwortete ich. ›Als Archivbeamter kann ich das wohl vidimieren; was ist denn aber das Legalisieren?‹ – ›Eine Kleinigkeit‹, erwiderte Herr von Uzschneider. ›Sehen Sie, wir legen Ihnen die Originale vor und sagen Ihnen die Namen, auf welche wir sie gern zediert haben möchten. Sie nach Ihrer genauen Kenntnis des Kanzleistyls in allen diesen ehemaligen Stiftern, setzen passende Zessionsformeln auf und suchen im Archiv nach Mustern der damaligen Kanzleischrift, die ich dann durch die Teufelskerle von meinen Schreibern, so wie die Handschriften der Bischöfe und Prälaten nachmachen lasse. Sie werden sich freuen, was das für Tausendkünstler sind. Hernach holen Sie noch aus dem Archiv einen gleichzeitigen Siegelstempel hervor, oder ich lasse auch die notwendigen in der Münze stechen. Die drücken wir dann auf, und sehen Sie, herrlicher Freund, so ist dann die Urkunde legalisiert.‹ – ›Also legalisieren nennen Sie das‹, rief ich erstaunt, ›das heißt ja mit dem rechten Wort: falsche Urkunden machen. Dazu sind die Archive am allerwenigsten da. Wie geraten Sie denn mit Ihrem Vertrauen an mich? Das kann mir kein Minister befehlen.‹ « Vergebens versprach Herr von Uzschneider dem ehrlichen Lang, unter dem Vorwurf, »ob ihm denn König und Vaterland nichts seien?« eine Provision von 4 Prozent, 12 000 Gulden und die erste Hälfte noch heute bar zu schicken; Lang legalisierte nicht, und Uzschneider mußte andere Wege einschlagen, irre machen ließ er sich in seinem Unternehmen nicht.

Höchst ergötzlich ist die Erzählung des Ritters von Lang von der Art und Weise, wie es in den bayerischen Kollegien herging. Nach dem Pariser Frieden 1814 hatte der König eine Kommission zu Entwerfung einer neuen Konstitution ernannt. Sie bestand aus 15 Personen, von denen die ersten acht Wortführer der unbedingtesten Aristokratie waren.

»Der Graf Reigersberg als Präsident«, erzählt Lang, »suchte die Verhandlungen so viel als möglich abzukürzen und war ganz unruhig, wenn er majora bereits ersehen zu haben glaubte und jetzt erst die Untensitzenden, wozu auch ich gehörte, zu reden anfangen wollten. ›Aber mein Gott‹, hieß es da, ›Sie sehen ja, die Sache ist schon durch die vorausgegangenen Stimmen der gnädigen Herren entschieden, alle weiteren Abstimmungen von Nr. 9 an führen zu nichts. Wollen wir nicht lieber weiter gehen?‹ Was aber der Herr Präsident besonders scheute, das waren paria, denn da hätte er die Gründe beider Teile ausführlich abwägen und dann mit seinen Gründen einer Partei beitreten müssen. Als sich daher ein einzig Mal ein solcher Fall ereignete und der Sekretär beinahe mit Schrecken den Ausruf ertönen ließ: ›Ihro Excellenz! Ihro Excellenz! paria!‹ so wurde der Herr Präsident feuerrot, rückte den Sessel hin und her, zählte die Stimmen und sprach dann: ›Es kann nicht sein, Herr Sekretär, Sie werden sich geirrt haben. Wiederholen wir noch einmal kursorisch die Abstimmung.‹ Aber leider abermals sieben gegen sieben, Dann hieß es: ›Ich begreif's nicht, es ist mir doch anders vorgekommen.‹ Bis endlich einer der Herren, Herr von Effner, auftrat und sagte: ›Ich habe zwar meine Meinung dahin geäußert, aber es kommt mir nicht darauf an, und geh' zur andern Meinung über.‹ Da blickte denn der Herr Präsident mit freudestrahlendem Angesicht um sich, rief händereibend: ›Vortrefflich, vortrefflich!‹ fuhr über den Sekretär her, daß er die Meinung des Herrn Kollegen Effner nicht richtig aufgefaßt, behauptete, wo ein gutes Präsidium sei und die Verhandlungen verständig geleitet würden, könnten paria nie vorkommen‹, bei ihm sei es noch nie der Fall gewesen. Er lud Herrn von Effner, beim Abgang ihm die Hand drückend, zur Tafel.

Mehrere der Herren«, erzählt Herr von Lang, »ließen in sechs Wochen nicht ein Wort verlauten. Als Herr von Cetto beim Minister Montgelas zur Tafel geladen, in Kenntnis gezogen, daß dieser – nach der Tafel am Kamin stehend mit ihm, allernächst beim Ofenschirm – seine letzte Abstimmung seinen Ansichten schnurstracks entgegenlaufend gefunden, befahl er dem Sekretär, diese seine Abstimmung zu löschen und die ganz gegenteilige zu setzen. Drei bis vier andre Mitglieder traten dem sofort bei. Graf von Thürheim pflegte bloß mit einer zierlichen Kopfneigung zu lächeln, er stimmte gar nicht mündlich ab, dem Sekretär blieb anheimgestellt, sein Lächeln in eine beistimmende Protokollsphrase zu übersetzen. Graf von Preyssing pflegte zu schlafen, bis das Stimmen an ihn kam, wo er dann, leise aufgeweckt, mit der Frage auffuhr: ›Was ist's, was ist's?‹ Nun mußte ihm der Gegenstand der Frage noch einmal kurz vorkatechisiert werden, gewöhnlich durch Herrn von Zentner, der gewöhnlich auch unter irgend einem Vorwand als primus votans außer der Reihe vor den vorderstsitzenden alten Exzellenzen aufgefordert werden mußte. Der Vortrag bei seiner materiellen Abstimmung war freilich desto klarer, belehrender und das rechte Ziel erfassend. Die alte Professorskunst (er war früher Professor in Heidelberg gewesen) ließ sich nicht mißkennen. Sobald nun S. Exzellenz Graf Preyssing den kurzen rekapitulierten Vortrag Herrn von Zentners gehörig aufgefaßt, säumte sie nicht mit der Frage: ›Ja, wie ist's denn hernoch? Geht das mei Hofmark Achau au an?‹ – ›Allerdings‹, fuhr Herr von Zentner fort, sobald der Antrag zu einem verbindlichen Gesetz erhoben werden sollte.‹ – ›Na, no thu i's net‹, war nun die kurze Erklärung des Herrn Grafen von Preyssing, den Herr von Zentner in größter Geduld ersuchte, auf diesen Fall dem Sekretär die Gründe, warum er nicht beistimme, zu Protokoll zu geben. Schon wollte der Graf sich wieder in Schlummer neigen, als der Sekretär mit etwas verstärkter Stimme sich die Angabe erbat, was er demnach ins Protokoll bringen solle. Der Graf aber, die beiden Fäuste auf den Tisch gestemmt, den Vorderleib herübergebogen, rief in seiner breiten, altbayrischen Mundart: ›Herr Sekretär! Schreiba Sia, der Proassink thuats halt net!‹«

Der Diplomat, den Bayern zum Pariser Frieden 1814 schickte, war der Fürst Karl von Wrede. Auch über diesen enthalten die Memoiren Langs interessante Details. Wrede war 1767 zu Heidelberg geboren und der Sohn eines ehemaligen pfälzischen Beamten, damals Landschreiber genannt, ein Amt von etwa 3000 Gulden jährlicher Einkünfte für die nur figurierenden adeligen Oberbeamten vorstellend und meistenteils in kläglichen Erpressungen und Gewalttätigkeiten gehandhabt. Sein Vater hieß Joseph Wrede, war zuletzt Geheimer Rat und ward 1790 während des pfalzbayerischen Reichsvikariats baronisiert. Die Universitätsjahre in Heidelberg, 1783–1786, gingen dem jungen Wrede auf die angenehmste Weise vorüber; bei der Jubiläumsfeier 1786 übertrugen ihm die Studenten die Stelle eines Marschalls, gleichsam als gute Vorbedeutung für künftige Chargen. Schon 1785 gelangte er durch den Einfluß seines Vaters zu einer Hofgerichtsratsstelle, fühlte sich aber bald so sehr am unrechten Ort, daß er zu einem andern Fach, dem Forstwesen, übersprang. Als Forstmeister zeichnete er sich durch kräftiges Zusammentreiben der Landsturmbauern im Odenwald gegen die Franzosen unter dem Landsturmsgeneral und Kammergerichtsassessor von Albini vorteilhaft aus. Als Landsturmsoberster, »qui faisait merveille«, wie sich die staunenden adeligen Salongesellschaften ausdrückten, rückte er auf Empfehlung seines Gönners, des österreichischen Feldzeugmeisters Fürsten Hohenlohe, als wirklicher Obrist in die bayerische Linie ein, heiratete 1794 eine Hofdame, Sophie von Wiser, und stieg im Jahre 1800 zum General. 1801 wurde er nach Wien entsandt, um die eingetretene Spannung mit dem österreichischen Hofe auszugleichen. Auch hier leuchtete sein Glücksstern. Sofort nach seiner Ankunft meldete er sich nach der Dienstvorschrift beim Wiener Gouverneur, Herzog Ferdinand von Württemberg. Der betrunkene Lohnlakai führte ihn falsch, eine Treppe höher, wo Wrede sehr überrascht war, sich dem ihm zwar wohlbekannten, aber gar nicht erwarteten englischen Armeeminister Mr. Wickham gegenüber zu sehen. Wickham fing sogleich, als Wrede, sprachlos vor Überraschung vor ihm stand, mit der Versicherung an, er glaube zu erraten, daß sich die Sendung des bayerischen Generals auf die Seiten Englands an Pfalzbayern noch rückständigen Subsidien beziehe, er bedauere jedoch, er sei außerstande, darin etwas zu tun. Wrede, weit entfernt, die Geistesgegenwart zu verlieren, ging nun sofort auf den Gegenstand ein, und es gelang ihm, den englischen Minister zu bewegen, daß derselbe aus persönlicher Rücksicht und Freundschaft für Wrede, wie derselbe allerschleunigst seinem Hofe mitteilte, eine Abschlagszahlung von 200 000 Gulden bewilligte.

Seine Hauptheldentaten verrichtete Wrede in den beiden österreichischen Kriegen 1805 und 1809. 1809 führte er den Krieg in Salzburg und Tirol, rückte in Innsbruck ein und stellte

sich dann mit seinem Korps bei Linz auf. Er erhielt Befehl, in Eil-
märschen nach Wien vorzurücken und legte in drei Tagen
36 Stunden zurück.

Wie Berthier begehrt hatte, punkt 5 Uhr den 5. Juli morgens,
stand Wrede vor den Toren von Wien. Am 6. Juli ward ihm in
der Schlacht bei Wagram das Pferd unterm Leib weggeschossen,
er selber erhielt einen Streifschuß in die Seite.

Darauf ward Wrede französischer Graf durch Napoleon wegen
seiner im Krieg gegen Österreich bewiesenen Tapferkeit. Napoleon meinte von Wrede: »C'est un comte de ma façon, mais ce
n'est pas un maréchal à ma façon!«

Lang wirft Wrede vor, daß er, da der Abfall von Napoleon und
die Verbindung mit Österreich schon im September 1813 erfolgt
war, nicht mit seinem Heer vom Inn den Alliierten bei Dresden
entgegengeeilt sei und sich zur Völkerschlacht von Leipzig mit
eingestellt habe. Unterschrieben ward der Vertrag von Ried allerdings erst den 8. Oktober 1813. Er wirft ihm ferner vor, daß er,
statt den Alliierten bei Fulda entgegenzueilen, sich nach Hanau
begeben habe, um da von Napoleon »über den Haufen geworfen
und zertreten zu werden«. »Dadurch«, sagt Lang, »wurde es möglich, daß Napoleon Frankfurt und die Brücke bei Mainz noch
unbesetzt fand, wohin Wrede auf einem noch kürzeren Weg als
selbst nach Hanau hätte vorauseilen können, nämlich über
Donauwörth, Nördlingen und Mergentheim.« Andere sagen, daß
Wrede, wenn er sich im Engpaß von Geinhausen aufgestellt hätte,
das ganze flüchtige Heer Napoleons hätte zermalmen können.
Napoleon selbst rief, als er diesen Paß unbesetzt fand, freudig aus:
»Der Weg ist frei!«

Wrede war nach Steins Urteil ein entschiedener »Franzosen-
trabant«. Stein ward einst auf Metzlers Landgut bei Frankfurt zu
Mittag geladen. Gegen Schluß der Tafel fuhr Fürst Wrede vor,
und der Wirt stand auf, ihn zu empfangen. Sofort erhob sich auch
Stein und befahl einem seiner Leute, seinen Wagen anspannen zu
lassen, indem er erklärte, »mit einem solchen Franzosentrabanten
nicht in einem Zimmer beisammen sein zu können.«

Der Rieder Vertrag, den Wrede abschloß, war ein sehr wichtiger Vertrag für Bayern, er garantierte ihm nicht nur alle seine Besitzungen und beziehentlich ein Äquivalent dafür nach freier Übereinkunft, sondern er versicherte auch Bayerns gänzliche Unabhängigkeit von fremdem Einfluß. Metternich erklärte damals: »Endlich einmal müsse der alte Kampf zwischen Österreich und Bayern aufrichtig und gründlich beschwichtigt und die süddeutschen Verhältnisse so geregelt werden, daß Bayern als ein wahrer Mittelstaat nie nötig haben sollte, gegen Österreich den Schutz Frankreichs anzurufen.«

Wrede ward für die Hanauer Schlacht, wo er wieder und zwar gefährlich verwundet wurde, mit dem Marschallsstab beehrt und mit einer fürstlichen Begabung der Stadt und des Herrschaftsgerichts. Ellingen im ehemaligen Deutschmeistertum Mergentheim in Franken zu 50 000 Gulden Ertrag 1814 zum Fürsten erhoben. Er ward sogar auf Begehr Österreichs zum Gesandten auf dem Wiener Kongresse ernannt. »Es war kaum möglich«, sagt Lang, »daß die bayerischen Angelegenheiten mit weniger diplomatischer Gewandtheit hätten geführt werden können, und wie viel schärfer auch hierin lange voraus schon Montgelas gesehen, beweist der einzige Umstand, daß er, als der Pariser Frieden abgeschlossen werden sollte, den in Paris anwesenden Wrede daran erinnerte, darauf zu dringen, daß er den Frieden mit unterschreiben dürfe. Da hieß es aber: ›Ein Marschall Wrede unterschreibt nur mit dem Degen; laßt mir die andern Federfuchsereien!‹

Der König fing an, an Wrede immer mehr Geschmack zu finden, einesteils, weil er ihn so dienstfertig und ergeben für Österreich, andernteils durch einfache Derbheit und Geradheit seinem eignen Charakter wohl zusagend fand. In den Wiener Sälen diente sein soldatisches Auftreten, seine militärische Kraftsprache, selbst unter den Ohren der Monarchen, das Anschlagen an den Degenknopf und das drohende Ausstrecken der Marschallshand zu vieler Erheiterung.«

Nach den im Leben Steins von Pertz gegebenen Aufklärungen gingen die bayerischen Forderungen in Deutschland – für das an

Österreich abzutretende Tirol mit Vorarlberg, Brixen, Trident und Salzburg – nicht nur auf die Rheinpfalz mit Mannheim, sondern auch auf Frankfurt und sogar auf die wichtige Rheinfestung Mainz. »Die Bayern wollten dabei die Untertanen mediatisierter Fürsten nur als Drittelseelen gelten lassen; daß die reichen Frankfurter Seelen von Bayern jede zu drei angeschlagen worden, ist eine Sage, deren Wert dahingestellt bleiben mag.«

Noch geraume Zeit, nachdem die Nachricht von Napoleons Wiederkehr von Elba nach Wien gelangt war, konnte die bayerische Entschädigungsfrage zu keinem Abschluß kommen. Stein schrieb damals über Wrede: »Die störrige und beschränkte Aufgeblasenheit dieses Mannes hat nachteilig gewirkt bei den Verhandlungen über die deutsche Verfassung, die er lahmte, bei den Mißverständnissen über Sachsen, die er vermehrte und erbitterte, endlich bei der Auseinandersetzung wegen der Länder, die er aufhält.«

Montgelas war bis zuletzt entschieden französischer Richtung. In betreff der künftigen Verfassung Deutschlands äußerte er gegen den preußischen Gesandten in München: »Es sei genug, in Deutschland die Fürsten einzeln, unverbunden, wie in Italien, nebeneinander bestehen zu lassen, und wenn ja eine Verfassung, so sei sie nur als Bund gegen die Fremden, nicht in das Innere der Länder eingreifend zu bilden.«

»König Maximilian«, berichtet Lang, »war aus dem Faschingslärm von Wien zurückgekehrt. Des andern Morgens erhielt der Graf von Montgelas ein Handschreiben, worin der König ihm anzeigte, daß ihm gewisse Verhältnisse nicht gestatteten, ihn länger in Diensten zu behalten. Dies geschah dem Mann, der des Fürsten treuster Gefährte in Glück und Unglück gewesen war, dem achtzehnjährigen Minister und Ratgeber, dem er die Errettung und Erhaltung seiner Lande, die eigene Krone auf seinem Haupt zu verdanken hatte, die ihm daher auch zum sprechenden Sinnbild und zum ewigen Gedächtnis in sein Wappen (bei der Erhebung in den Grafenstand 1809) gegeben worden war. Als Rückzugsgehalt waren dem Minister 30 000 Gulden ausgesetzt.

Montgelas saß, eben arbeitend, mit einem Sekretär am Tisch, als
der Jäger das königliche Billett hereinbrachte. Der Minister öffnete es, lehnte sich, nachdem er die wenigen, sogar dankleeren
Zeilen mit fliegendem Auge durchgelesen, auf seinen Sessel
zurück, schaute eine Viertelstunde lang schweigend an die Wand
und brach endlich in die Worte aus: ›Und warum denn nur
30 000 Gulden?‹ Sein bisheriges Gehalt war 36 000 gewesen. Es
schien, als wäre ihm, gleichsam im Erwachen von einem abenteuerlichen Traum, nur noch das Bild des letzten kleinen Verlustes
gegenwärtig geblieben.

Man rief nun eilends den Kronprinzen aus Würzburg herbei,
dessen alter Haß gegen Montgelas den Triumph noch mehr ver-
herrlichen sollte. Drei Minister wurden jetzt aus dem alten Minister Montgelas herausgeschnitten, Rechberg und Thürheim, als
Freunde von Wrede, für das Äußere und Innere, Lerchenfeld, um
dem Kronprinzen zu schmeicheln, für die Finanzen. Große Not
hatte man, dem König die Person des Grafen von Thürheim
genehm zu machen, man setzte ihm noch als Unterminister den
Herrn von Zentner an die Seite.«

Dieser Georg Friedrich von Zentner, ein Parvenü, ward eine
Hauptperson in Bayern, als der Gründer der neuen bayerischen
Bürokratie. Er war ein Bauernsohn aus Heppenheim in der Pfalz,
wo er 1752 geboren wurde. In den Jahren 1777–1799 fungierte er
als Professor in Heidelberg und zeichnete sich als eifriger Illuminat
aus. Max berief ihn, als er die Regierung von Bayern übernahm,
als Geheimen Rat im geistlichen und zugleich im auswärtigen
Departement nach München. Zentner wurde der Hauptredakteur
der neuen Verfassungsurkunde von Bayern vom Jahre 1818, der
König baronisierte ihn 1819, bedachte ihn zugleich mit einem
ansehnlichen Lehen in der Oberpfalz und ernannte ihn zum
Staatsminister. Bei den Wiener Ministerkonferenzen im
Jahre 1820 sah ihn General Wolzogen und beschreibt ihn in seinen Memoiren als »einen alten Junggesellen, der sich nichts desto
weniger putzte und dadurch etwas lächerlich machte, übrigens
aber als einen grundgescheiten und liebenswürdigen Mann«. 1823

erhielt er das Portefeuille des Auswärtigen und des Justizministeriums und wurde im Jahre 1827 – als der erste unter den nicht adelig Geborenen – unter die Hubertusritter aufgenommen. 1831 nach den Bewegungen der Julirevolution zog er sich zurück und starb, 83 Jahre alt, 1835. Zentner brachte, wie Lang sagt, das System auf, »funktionierende Tagelöhner auf Widerruf anzustellen, sein Prinzip war: Anstellungen sind Gunst des Ministeriums, Aufrücken ist nicht als Lohn des Verdiensts zu betrachten«.

Der erste Akt des neuen, nach Montgelas' Entlassung gebildeten Ministeriums war das Konkordat mit dem Papst vom Jahre 1817, »geschrieben«, wie Lang sich ausdrückt, »in einem der bajoarischen Gesetze würdigen Lateine«. – »Und so ist sie«, schließt er seine Memoiren, »wieder da, die alte schöne Zeit der Wallfahrten, des Kapuzinerbettels, der Patrimonialgerichte, der Siegelmäßigkeit und Steuerprivilegien, der Landessperren, der neuen Fideikommisse, der wieder befestigten leibeigenen Gütergebundenheit, der geheiligten Gemeindeordnungen.«

Zum Behuf der neuen Organisation der Adelsreihen in Bayern, die damals nach dem Weltfrieden nächst dem Wiederaufbau der alten katholischen Kirchlichkeit ins Auge gefaßt wurde, ward Ritter von Lang als Chef des Reichsheroldamts mit der Regulierung der Adelsmatrikeln« beauftragt.

Es fand sich, daß der bayerische Adel aus 1116 Familien bestand. Davon war fast der dritte Teil ausländisch. Es stammten von diesen 401 Familien:

| | | | |
|---|---|---|---|
| 114 | Familien | aus | Schwaben, |
| 70 | " | " | den Rheinländern, |
| 78 | " | " | dem nördlichen Deutschland, |
| 21 | " | " | der Schweiz, |
| 7 | " | " | Holland, |
| 41 | " | " | Brabant und Frankreich, |
| 43 | " | " | Italien, |
| 13 | " | " | Böhmen, |
| 1 | " | " | Ungarn: die Grafen Yrsch, |

| | | | |
|---|---|---|---|
| 1 | Familien | aus | Polen: die Grafen Morawitzky, |
| 2 | " | " | England: darunter die Grafen Jenison – Walworth, |
| 3 | " | " | Spanien, |
| 6 | " | " | Schweden, |
| 1 | " | " | Dänemark. |

190 Familien waren von der Kreation des Kurfürsten Karl Theodor 1790 und 1792 in den beiden letzten Reichsvikariaten.

Der fürstlichen Stammhäuser waren 9, der gräflichen 105, die meisten von letzteren ganz neu und allein 23 von Karl Theodor zu ihren neunbeperlten Krönchen erhoben.

Lang schreibt aus guter Kenntnis und hinlänglicher Erfahrung vom bayerischen Adel: »Jeder beinahe, der in Bayern zu einer Zivil- oder Militärstelle vorgedrungen war, maßte sie für sich und seine Nachkommen eines adeligen Standes und Namens, selbst im höheren Grade, an. Überdem war das Reichsvikariat eine reiche Quelle von Grafen- und Freiherrnbriefen, die man um ein Spottgeld empfing; gemeinere oder niedere Adelsbriefe konnte man am Schluß des Vikariats beinahe umsonst, fast, wie bloße Visitenkarten erhalten.«

Nur etwa ein Drittel des bayerischen Adels war possessioniert, wovon wieder nur eine sehr kleine Zahl dem alten Adel angehörte. Die katholischen alten bayerischen Adelsfamilien, die Arcos, die Törring, die Preyssing, die Rechberg, die Lerchenfeld usw. waren, wie in Österreich, von großer Macht und Einfluß. Streng exklusiv, wie die spanischen Granden, hielten diese reichspossessionierten altbayerischen Adelshäuser sich auf ihren Schlössern und auch in ihren Stadtwohnungen in München in ihren Zirkeln abgeschlossen, unnahbar dem Schwarm des Bagatelladels und der Bürgerreihe. In dieser Beziehung war Bayern das süddeutsche Hannover.

König Max, »der bürgerlichste König«, starb ganz unerwartet, zehn Jahre nach dem Wiener Kongreß, am 13. Oktober 1825, 69 Jahre alt. Noch am Tag vorher war sein Namenstag feierlich begangen worden. Die vielen Aufwartungen mochten ihn erschöpft haben. Er wohnte damals in Nymphenburg, besuchte noch abends in München mit seiner Familie den Ball des russischen Gesandten, Grafen Woronzow, verließ ihn aber gegen 9 Uhr allein und in der Stille, um nicht die Lustbarkeit zu stören, und fuhr nach Nymphenburg zurück. Als er früh 6 Uhr nicht das gewöhnliche Zeichen des Erwachens mit dem Klingeln für den Kammerdiener gab und dieser nach längerem Warten in das Schlafgemach eintrat, lag der alte Herr, die eine Hand unter dem Kopf, wie ein noch ruhig Schlafender da. Aber der Körper war schon ganz erstarrt.

# König Ludwig I.
## 1825–1848

König Max, dem bürgerlichsten König seiner Zeit, folgte der kunstliebendste König seiner Zeit, ein Dichter auf dem Thron, ein Dichter, der sogar bei Lebzeiten seine Verse herausgab.

König Ludwig war geboren 1786, im Todesjahr des Großen Friedrich. Der obgleich gut und eifrig katholische Dichter auf dem Thron stiftete dem Philosophen auf dem Thron in seiner Regensburger Walhalla, trotzdem dieser ein schlimmer Protestant war, dennoch das Denkmal ganz unparteiisch und würdigte die beim großen Friedrich durch den Zorn seines Vaters bekanntlich bis ans Leben gehenden Jugendgefahren in dem von seiner dichtenden Hand gestellten Walhallabuche mit den ausdrucksvollen Worten seines nervösen Lapidarstils: »Friedrich der Große usw., fast enthauptet«, die in ganz Deutschland Anerkennung gefunden haben. Es stellte sich in König Ludwig eine der eigentümlichsten Erscheinungen des 19. Jahrhunderts dar: In ihm kulminierte der neue Hebel der Zeit, die Bildung, in der eigentümlichen Färbung, die sie an den deutschen Höfen angenommen hatte. Ludwig war von früher Jugend an durch innewohnenden Genius, durch den Einfluß der Erziehung und ganz besonders durch die Einwirkung der Ereignisse in dem sehr starken Weltumschwung der französischen Revolution ein Herr ausgesprochener Sympathien und Antipathien geworden. Ludwigs Gouvernante war die durch das sehr eigentümlich tragikomische Gedicht auf ihren Namen noch im Tod geehrte »Weiland«. Zum Erzieher seiner Kinder bestellte Max schon in Zweibrücken das oben vorgekommene »dicke Original«, den Kabinettssekretär Rheinwald, bekannt als eifrigen deutscher Sprachforscher. Sehr großen Einfluß hatte die Erziehung der Mutter, einer Protestantin. Ludwigs Idol ward die

Kunst: Er warf sich mit einem Enthusiasmus in diese Regionen, der fast rücksichtslos darauf losarbeitete, die Zeiten der Medizeer in Bayern zu erneuern. Wie Leo X. ward Ludwig Abgott aller Maler und Architekten, Cornelius und Kaulbach wurden sein Rafael und Giulio Romano, ja München sollte Athens Glanz widerstrahlen: Es erschien nur als eine Belohnung des Verdienstes, daß Griechenland, das klassische Griechenland, an die es würdigende Familie der Wittelsbacher kam. Die Antipathie Ludwigs, ihm von der Mutter eingeflößt, warf sich auf Teutonias Erbwidersacher, auf die Franzmänner, der große Napoleon ward sein Todfeind. Noch 1840, als der kleine Rheineroberer Thiers mit Krieg gegen Deutschland drohte, schickte Ludwig an Becker, den Dichter des deutschen Rheinliedes »Sie sollen ihn nicht haben!« ihn würdigend, »einen silbernen, vergoldeten, von ihm angegeben wordenen Becher«.

In den von Napoleon geschenkten Bergen Tirols, in Innsbruck, das sich nachher Österreich wieder ausbat, hielt Ludwig als Kronprinz des von Napoleon mit der Königskrone beschenkten Bayerlands seinen Hof. Er vollzog im Jahre 1810 mit Therese, Tochter Herzog Friedrichs von Hildburghausen, die Heirat, die ihr so viele Tränen kosten sollte. In Innsbruck wurden die patriotischen Verse gedichtet, die nachher so wesentlich dazu beitrugen, Männer wie Wrede zu entflammen und Männer wie Montgelas zu entfernen.

Auf dem Kongreß zu Wien sah der russische General von Nostiz, ein geborner Sachse und Spezial Rahels, ehemals Adjutant des Prinzen Louis Ferdinand von Preußen, den patriotischen und kunstliebenden, damals erst 28jährigen Kronprinzen von Bayern und stiftete ihm in seinem Tagebuch folgendes Coll' amore dell' odio gemaltes Bildnis:

»Der Kronprinz von Bayern sieht schlecht aus, ein fahles Haar, ein Mund ohne Zähne, eine Gestalt ohne Ausdruck. Er ist ein Prinz, der das Gute will, doch es nie thun wird, wenns Geld oder Entschlossenheit fordert. Er spricht gern, hilft sich, wenn es nicht anders geht, durch Fragen, die oft ungeschickt herauskommen, breitet sich aber lieber über das beliebte Thema deutscher Gesinnungen u. s. w. aus. Doch das Deutschland der Bayern hört bei ihren Grenzmarken auf. Die Sprache des Prinzen ist schwer. Noch schwerer aber sein Gehör. Seine Art ist gütig und zuvorkommend, doch nimmt sie Niemand für gnädig, weil sie sich so rund und leer hingiebt.«

Der Kronprinz von Bayern, der »seine« Deutschen hinter sich hatte, seine Poeten, Maler und Architekten, der Weihrauch von jedem gebildeten, kunstliebenden Deutschen empfing, der sich noch ganz besonders in der Liebe seiner Bayern, denen er die Glyptothek neben dem Bockschank gestiftet hatte, spezifisch sicher wußte, – er verachtete tief diese Diplomaten und Aristokraten, die den deutsch-bayerischen Patriotismus in ihm nicht würdig taxierten. Er fing schon damals auf dem Wiener Kongreß sogar mit dem Minister Stein einen kleinen Strauß an.

»Neulich«, berichtet Nostiz, »auf dem Ball des russischen Gesandten Stakelberg ereignete sich ein Fall, der alle Anwesenden in Erstaunen setzte. Der Kronprinz von Bayern fing auf einmal hinter dem Stuhl des Freiherrn von Stein mit gedehnter Stimme an zu rufen: ›Gewesen! – Gewesen! – Der Kronprinz von Bayern ist sonst ein hoffnungsvoller Prinz gewesen – er entspricht durch sein jetziges Benehmen aber nicht mehr den Hoffnungen! – Haben das E. Exz. auch gehört?‹

›Habe nichts davon gehört‹, antwortete Stein ganz brüsk.

›Nun der Verfasser wird doch seine eigenen Sachen lesen‹, erwiderte der Kronprinz.

Hier springt Stein schäumend auf und schreit: ›Mon Prince, c'était un propos insolent que vous vous êtes permis de tenir et (mit gehobener Faust) gare à qui-conque osera le répéter.‹

Nach einer Weile kam der Kronprinz, Stein um Verzeihung zu bitten oder sich wenigstens mit ihm zu erklären.«

»Bei einer großen fürstlichen Tafel«, erzählt der Biograph Steins, »geriet der Kronprinz von Bayern über die Insolenz des ›Rheinischen Mercurs‹, der den germanischen Gemeinsinn dem bajuvarischen und suevischen gegenüber gepriesen und die großen Souveränitätsappetite der beiden kleinen süddeutschen Könige gebrandmarkt hatte, in ein lebhaftes Gespräch darüber und stieß gegen einen der Anwesenden die lauten Worte aus: ›Ja es wird viel tolles Zeug jetzt geschrieben, wie von dem Görres und anderen, die Stein beschützt.‹ Stein hört dies am anderen Ende des Zimmers, fliegt dem Prinzen entgegen und ruft ihm ohne Umstände zu: ›Ich bitte, daß Eure Kön. Hoheit Ihre Stellung nicht vergessen, wer Sie sind und wer ich bin. Es ist nicht schicklich in so großer Gesellschaft, auf diese Weise Namen laut zu nennen!‹«

Ludwig erinnerte sich, als er die Regierung antrat, daß seine Residenz vom Mönche heiße und daß es ihm im 19. Jahrhundert gebühre, jenen Max Emanuel des 18. Jahrhunderts zu überpochen, der nach den Zeugnissen der Herzogin von Orleans lieber bei den Grisetten in Paris als in München gelebt hatte. Er begann seine Regierung damit, daß er 1827 die würdigen Franziskanermönche wieder Besitz vom ehemaligen Hieronymitenkloster in der St.-Anna-Vorstadt von München nehmen ließ, und er beschloß seine Regierung, nachdem er in dem »goldenen Sattel auf magerem Gaule« Monumente für die Ewigkeit gestiftet hatte, damit, daß er 1847 die schöne Tänzerin, die Spanierin Lola Montez zur Gräfin von Landsfeld erhob.

Zwischen Anfang und Ende liegen, wie gesagt, die Monumente, die Steine, welche reden. Sie redeten, indem sie viel unbewilligte Gelder kosteten, teils eigenmächtig verwandt, teils eigenmächtig aus den Staatsgeldern entnommen, und erst, nachdem Kolb die Geschichte mit dem sog. griechischen Anlehen in der Kammer aufgedeckt hatte, in den Schatz zurückgezahlt, in Papieren nach dem Nominalwert, ohne Differenz und Zinsen zu vergüten. Bereits unterm 30. Mai 1831 hatte Feuerbach in einem vertraulichen Brief an Elisa von der Recke nach Dresden geschrieben: »Ohne Konstitution und Ständeversammlung wäre bei uns kein Pfennig mehr in der Tasche eines Bettlers sicher und dem, der auch keinen Pfennig mehr in der Tasche hätte, würde die Haut über die Ohren gezogen, um sie als Leder auf den Markt zu bringen und dafür Paläste, Walhallas, Fossas Carolinas u. s. w. aufzuführen.« München aber ward durch die kostbaren Monumente die Stadt der Fremden, wie ein Jahrhundert früher Dresden unter dem starken August: sie zogen solche seltene Gäste wie Lola Montez herbei. Mit den Monumenten bewies König Ludwig, daß, während sein Stil in der Dichtkunst ein einziger sei, er in der Baukunst mit einer seltenen Mannigfaltigkeit alle Stile kenne und zu würdigen verstehe, ganz so den erhabenen Parthenonstil in der heidnischen, griechisch-klassischen Zeit, wie den vorgotischen, byzantinisch-arabischen Stil und den echten deutschen Gotenstil in der christlichen, mittelalterlich-romantischen Zeit, und so weiter herab bis auf Renaissance und Rokoko. Monumente aller dieser Stile sah München, und durch diese seltene Mannigfaltigkeit ward München eine so bunte Hauptstadt, daß sie in ihrer Art einzig in der ganzen Welt. König Ludwig lebte und webte nur für die Monumente: seine Vertrauensmänner, die ihm am nächsten standen, waren nicht seine Hofchargen, Minister und Generale, sondern hauptsächlich seine Baumeister, die Klenze und Gärtner, und seine Maler, mit denen er in München und namentlich in Rom in einer Intimität lebte, die fast fabelhaft klingt.

Unwidersprechlich ist, daß München, vor König Ludwig eine ziemlich stille Stadt, durch ihn großartig umgewandelt worden ist. Er gab ihm außer den Monumenten eine Menge neuer Elemente: die Künstlerkolonie, die sich hier mit ihren heitern Festen niederließ, und die Universität, 1826 gestiftet; zu Kapelle, Schauspiel, Oper und Ballett gehörte zuletzt unter ihm ein Personal, so stark, als die Anzahl der Tage im Jahr.

Nach der bedenklichen Julirevolution 1830 ward Bayern eine Zeitlang sehr liberal; der junge Minister des Innern, Eduard von Schenk, Poet, Verfasser des »Belisar« und »Dürer«, und Konvertit durch den Fürsten Hohenlohe, Chef der Kongregation und ein Hauptglied der Hofkamarilla, mußte 1831 seine Entlassung nehmen: er ging als Regierungspräsident nach Regensburg, wie Feuerbach in dem Brief an Elisa von der Recke schrieb, »zu seinen Brüdern, den Jesuiten«. Auch der alte rückwirkende Minister von

Zentner zog sich 1831 zurück. Der vorwirkende Generalleutnant Fürst Ludwig Kraft von Öttingen-Wallerstein, früher Gesandter in Paris, dann Regierungspräsident in Augsburg, Gemahl der Crescentia Bourgin, Hofgärtnerstochter in Baldern, ward an Schenks Stelle Minister des Innern und strebte die Ehren eines bayerischen Mirabeau an. Gleichergestalt erhielt der Freiherr von Giese an Zentners Stelle das Portefeuille des Äußern. In Rheinbayern zu Hambach durfte sogar 1832 das famose Freiheitsfest, bei dem Börne die Uhr gestohlen wurde, gefeiert werden.

Auf dieses folgte eine strenge Reaktion, und eine Menge Einkerkerungen kamen – nach der vorherigen, gar nicht klassischen Abbitte vor dem Bild des Königs. Behr, Bürgermeister zu Würzburg, Eisemann, der 1848 als Abgeordneter ins Frankfurter Parlament ging, und eine Menge liberaler Männer kamen in langwieriges Gefängnis. Fürst Wallerstein, der in der Ständeversammlung gegen das immer bedenklicher zunehmende, gar nicht klassische Klosterwesen aufgetreten war, mußte 1837 sein Portefeuille verlassen: er ging als neuer Kain gezeichnet hinweg. Darauf kam das ganz ultramontane Ministerium des Konvertiten Abel. Abel sprach öffentlich in der Kammer von »fluchwürdigen Taten« und »daß glücklicherweise in Bayern nur ein Individuum so tief gesunken sei«. Darauf fand am 11. April 1840 ein Duell im englischen Garten beim Forsthaus statt, der Präsident des Oberappellationsgerichts Graf August Rechberg war Sekundant des Fürsten, der Kriegsminister Baron Gumppenberg der Abels. Der Fürst streifte mit seiner Kugel seines Gegners Haare, dieser schoß sein Pistol in die Luft. Zuletzt wurde in diesem sehr weltlichen Passionsstücke auf die merkwürdigste Weise wieder das Ministerium Abel von dem reizenden Fuß der neuen heidnischen Helena, dem Tänzerfuß der zur Gräfin Landsfeld erhobenen schönen Spanierin auf die Seite geschoben, 1847.

Die Tänzerin Lola, die sogenannte Spanierin, war eine in England wohlbekannte, weil dort in einer Pension erzogene Schottländerin: ihr Vater war ein schottländischer Offizier, namens Gilbert, ihre Mutter eine Kreolin. Lola ward 1820 zu Montrose in

Schottland geboren und heiratete 1837 einen Leutnant, namens James, dem sie 1838 nach Ostindien folgte. Im Herbst 1840 verließ sie ihren Gatten, vertauschte in Paris ihren englischen Namen Mrs. James mit dem Namen Lola Montez und bereiste als spanische Tänzerin einen großen Teil von Europa. Ihre Liebesabenteuer waren zahllos, sie machte auch Furore mit ihrer brillanten Figur zu Pferde und mit ihrer unvergleichlichen Courage, mit der sie, wie bei dem Herbstmanöver in Berlin, kurz vor ihrer Epiphanie in München, über sehr breite Gräben setzte. Besonders ihre Reitpeitschen- und Ohrfeigenexzentrizitäten in mehreren Hauptstädten Europas verschafften ihr den Ruf einer der ersten Löwinnen Europas.

Lola Montez machte in München auf eine merkwürdige Weise ihre Epiphanie bei Hofe. Sie war nach Bayern in der größten Ebbe ihrer Glücksumstände gekommen. Lange und immer vergeblich hatte sie bei dem König Bittschriften über Bittschriften eingereicht, endlich erschien sie persönlich im königlichen Vorzimmer. Der diensthabende Kammerherr wollte ihr natürlich den improvisierten Zutritt, den sie begehrte, verweigern, sie suchte ihn nun sozusagen mit Gewalt durchzusetzen, es kam zu dem heftigsten Wortwechsel. Der gewaltige Spektakel zog Se. Majestät trotz des schweren Gehörs endlich aus seinem Appartement heraus, und der bezaubernde Anblick der in ihrer Zornesleidenschaft unwiderstehlichen, doppelt schönen Dame entschied über ihn und sein Schicksal. Gleich in der ersten Unterredung, wo die schlaue Spanierin nicht verfehlte, den König mit dem ausgesuchtesten Parfüm von Bitt- und Schmeichelworten und mit einer ganzen Weihrauchwolke von begeisterten Lobeserhebungen als Dichter zu gewinnen, verlor er sein Herz. Er war wie betäubt und gestand in Prosa und Poesie, sogar in Versen, die trotz ihrer Überschwenglichkeit öffentlich im Druck erschienen, daß ihm durch Lola ein neues Leben aufgegangen sei. König Ludwig sang:

»Deine Liebe ist mir die Sonne,
Würde ich um dieselbe gebracht,

Wäre mir dahin des Lebens Wonne,
Mich umgeben würde finstre Nacht.

Deine Liebe hat mich neu geboren,
Deine Liebe meines Lebens Luft,
Ging' dieselbe mir einmal verloren,
Ließe dann mich senken in die Gruft.

Auf Vertrauen stehet nun begründet
Unsrer Seelen heilig schöner Bund,
Welchen unsre Zungen laut verkündet,
Den besiegelt haben Hand und Mund.

Das Vertrauen wurde mir geboten,
Von dem Willen hänget es nicht ab,
Ist's gestorben, leg' es wie die Toten
Zurücke in das eigne Grab.

Daß ich diesen Tag noch erlebe!
Liebe und Vertrauen inniglich
Sind ein unzertrennbares Gewebe,
Nur in Deiner Liebe lebe ich.

Ausgeliebet ist dann ausgelitten.
Ohne Liebe keine Phantasie,
Ihre Flügel wären abgeschnitten,
Sterben müßte dann die Psyche hie.«

König Ludwig tat fortan alles für Lola. Sie durfte es wagen, als er krank im Schloß lag, der Königin, die ihren Gemahl besuchen kam, das Zimmer desselben im Moment, wo sie eintreten wollte, zu verschließen. Alle Gunstbezeigungen, die sie begehrte, wurden gewährt. Wie weit das ging, soll nur durch ein kurioses Exempel, das Exempel Nußbaumer, anschaulich gemacht werden. Dieser junge Leutnant hatte ihr in einer Modehandlung gegen eine der vielen Insulten, denen sie in München ausgesetzt war, ritterlichen Schutz gewährt, ohne sie zu kennen: sie beantragte beim König ein Hauptmannspatent dafür. Das Patent wurde gewährt und zugeschickt, zugleich mit einer Einladung zur Gräfin von Landsfeld. Nach ihrer Meinung zögerte der junge Mann aber zu lange, zu erscheinen, sie fuhr daher selbst in seine Wohnung. Hier traf sie ihn nicht und warf sofort Stühle und Tische um und zerschlug die Spiegel. Als die Haushälterin in Klagen darüber ausbrach, was ihr junger Herr dazu sagen werde, ward sie bedeutet, diesem jungen Herrn zu eröffnen: »Der Satan sei dagewesen.« In ihrem Zorn fuhr sie zum König und beantragte anderweit, dem neukreierten Hauptmann die Stadt zu verbieten. Eben war der Kriegsminister Baron Gumppenberg bei Sr. Majestät: er ward demgemäß angewiesen, die Versetzung anzuordnen. Unterdessen aber hatte Nußbaumer im Hause der Gräfin seine pflichtschuldige Aufwartung gemacht und seine Karte zurückgelassen. Als das die erzürnte Dame bei ihrer Zurückkunft in ihrem Haus erfuhr, schmolz ihr Zorn plötzlich, sie fuhr im Augenblick zum König zurück und bestand nun darauf, daß der Befehl der Versetzung zurückgenommen werden solle. Der König, der sich schämte, einen eben gegebenen Befehl sofort wieder zurückzunehmen, weigerte sich lange, Lola bestand aber darauf, daß der Kriegsminister nochmals vorbeschieden werden solle, und sie selbst wartete das ab, um ganz sicher zu gehen: sie blieb im Zimmer des Königs und stellte sich hinter einen Ankleidespiegel. Gumppenberg erschien und machte große Umstände, indem er andeutete, daß es sich doch wohl nicht passe, einen eben erlassenen Befehl, wenigstens nicht ohne die Ursache anzuführen, sofort wieder aufzuheben. Als der König zögerte, die Sache durchzusetzen, streckte die Tänzerin ihren Fuß unter dem Spiegel hervor. Als Gumppenberg diesen Fuß erblickte, erkannte er die Ursache und erklärte dem König, daß er auf alle weiteren Gegenvorstellungen verzichte.

Alle und jede ihrer Launen wollte die begehrliche Dame befriedigt haben: Se. Majestät mußten ihr sogar die jungen Männer im Offizierkorps und unter den Studierenden, deren nähere

Bekanntschaft sie wünschte, zuführen. Unter den Offizieren befand sich auch der Baron Rudolf von der Tann, ein Bruder des Adjutanten des Königs Max II., Louis, desselben, der sich in Holstein einen Namen gemacht hat. Dieser Baron von der Tann mochte die von der Gräfin begehrte Bekanntschaft nicht, er mußte aber Sr. Majestät bei der Einführung zu Willen sein. Der Empfang war von der einen Seite ebenso feurig, als auf der anderen kalt und stumm. Auf die Einladung der Gräfin, sich niederzulassen, fragte Tann die Majestät, »ob sie befehle, daß er sich niederlassen solle?« und auf eine andere Frage, die die Gräfin an ihn richtete, »ob der König befehle, daß er antworten solle?« Die Strafe, die die erzürnte Tänzerin diktierte, war hinwiederum: Versetzung.

Die Hauptfeinde der neuen bayerischen Gräfin waren die alten bayerischen Grafen und Gräfinnen, die mit Widerwillen die faszinierende Tänzerin ihren Reihen zugesellt sahen. Die Gräfin Landsfeld brüskierte freilich die alte bayerische Aristokratie nicht wenig. Sie ging einmal so weit, im Theater der Gemahlin eines der ältesten und reichsten bayerischen, noch dazu mit dem regierenden Hause verwandten Herren, der Gräfin Max Arco, einer schönen Italienerin aus dem Geschlecht der Grafen Marescalchi, Palastdame der Königin Therese, die aus ihrer Loge angestellte allzu aufmerksame Betrachtung ihrer Person durch die Lorgnette untersagen zu lassen. Es war k ein Wunder, daß so schwer beleidigte Personen sich rächten: Als Lola, wieder einmal auf der Straße insultiert, in das Haus des Grafen Arco flüchten wollte, rief dieser dem Portier vom Fenster zu, daß es ihr verschlossen werden solle. Diese schwer beleidigten Personen fanden auch, daß der 62jährige, jetzt klärlichst absolutistische, eigensinnige, schwachköpfige König Ludwig, indem er sich so rücksichtslos an diese Spanierin und ihre Lieblinge im Offizierkorps und im Alemannencötus der Studierenden hingebe, der Majestät einen unaustilgbaren Schaden zufüge, und gaben den König in dem merkwürdigen kleinen Lola-Aufstand in München auf, der der großen Februarrevolution in Frankreich kurz vorausging.

Ein in Tagebuchform gehaltener Spezialbericht an Metternich besagt darüber:

München, den 9. Februar 1848.
Das Studentenkorps »Alemannia«, welches die nächste Veranlassung zur gegenwärtigen Aufregung gab, verdankt seine Entstehung folgenden Umständen. An der hiesigen Universität bestehen vier bis fünf von der Regierung anerkannte Studentenverbindungen, welche sich im allgemeinen durch ruhiges, ordentliches Betragen auszeichnen und seit den Märzereignissen des vorigen Jahres sich ganz neutral verhalten haben. Gegen Ende des vorigen Semesters suchten mehrere Glieder der »Palatina«, aus Pfälzern bestehend, die Bekanntschaft der Lola Montez zu machen, von der sie auch sehr gut aufgenommen wurden. Die Senioren der »Palatina« hielten hierauf einen Konvent und stießen obige Mitglieder aus der Gesellschaft aus. Die Senioren der übrigen Verbindungen, hierdurch noch nicht zufriedengestellt, forderten die Palatinen, unter Androhung des Verrufs, auf, sich aufzulösen, was denn auch geschah. Gleich im Anfang des gegenwärtigen Semesters stifteten die obigen ausgestoßenen Studenten einen neuen Verein, dem sich mehrere neue Ankömmlinge anschlossen, und der auf Lolas Verwendung vom König autorisiert wurde, der ihm den Namen »Alemannia« beilegte und auf alle Weise seine königliche Gunst bezeugte. Von den übrigen Korps wurde aber diese neue Verbindung nicht nur nicht anerkannt, sondern in den akademischen Verruf und deren Mitglieder für unehrbar und nicht satisfaktionsfähig erklärt, welches natürlich von Lola sowohl als vom König sehr übel aufgenommen wurde, ohne daß er etwas daran ändern konnte. Diese Alemannen bilden nun seit mehreren Monaten auf die auffallendste Weise die Gesellschaft der Lola, bringen einen großen Teil ihrer Zeit bei ihr zu, begleiten sie ins Theater und auf die Promenade, sind natürlich in ihrem Salon in häufiger nächster Berührung mit dem König und feiern, wenn dieser Lola um 10 Uhr abends verläßt, oft Orgien, die bis spät in die Nacht dauern. Einem solchen Gelage soll (!) der König selbst

beigewohnt haben, wo er, Lola auf dem Knie, den Schläger in der Rechten, das karmesinrote Vereinsmützchen auf dem Kopf, den sog. Landesvater mit anstimmte und erst gegen 1 Uhr morgens, ziemlich weinselig, wie in seiner einstigen Studienzeit, in die Residenz zurückkehrte.

Diese Schar kräftiger junger Leute, ihrer zwölf bis vierzehn, bilden nun eine Art männlichen Harems und zugleich Trabanten- wache der Lola. Deren Senior, ein gewisser Sänger, brachte die letzten Wochen jede Nacht bei ihr zu. Dennoch beteilte sie der König mit allen an der Universität erledigten Stipendien, gab noch überdies den meisten eine besondere Zulage …, was natür- lich bei den Professoren, die über die gute Aufführung der Aka- demiker wachen sollten, als auch bei den übrigen Studenten, deren gesundes sittliches Gefühl dadurch verletzt wurde, sehr böses Blut machte.

Die ersten Monate des Studienjahres gingen übrigens ziemlich ruhig vorüber. Die Alemannen ließen sich nie auf der Universität sehen, und die übrigen Studenten beobachteten eine musterhafte, ebenso feste als von jeder Herausforderung entfernte Haltung. Statt dieses freiwillige Ausbleiben der Alemannen als einen glück- lichen Umstand zu ignorieren, beging der gegenwärtige Rektor, Hofrat Thiersch, den Fehler, die akademische Vorschrift des Kol- legienbesuchs den Alemannen vor ungefähr vierzehn Tagen in Erinnerung zu bringen, und als sie dieser Mahnung Folge leiste- ten, ging der Tanz los. Sobald sich ein Alemanne oder »Lolaner«, wie man sie auch nennt, im Kolleg zeigte, wurde er entweder hinausgeworfen oder ausgepfiffen, oder alles verließ den Hörsaal und ließ den Professor mit zwei bis drei Alemannen allein zurück. Da dies immer ärger wurde, so trug sich Fürst Wallerstein als Kul- tusminister dem König zur Beschwichtigung solchen Skandals an und wurde hierin von Seiner Majestät beifällig bestärkt.

Als gestern, am 8. vormittags, eine ähnliche Szene vorfiel, begab sich Fürst Wallerstein auf die Universität und harangierte die in der Aula versammelten Studenten, indem er ihnen vor- stellte, daß Antipathien und Sympathien mit den Studien nichts zu schaffen hätten, und daß die akademische Freiheit mit der Ordnung allein bestehen könnte usw. Er schloß mit einem Lebehoch auf den König, worin die anwesenden Studenten einstimmten, während die auf dem Platz vor der Universität Versammelten darauf mit einem Lebehoch auf die akademische Freiheit antworteten. Als diese dann nach Hause gehen wollten, ließen sich unglücklicherweise zwei vorübergehende Alemannen blicken. Die ganze Masse von 200 bis 300 Studenten zog ihnen nun durch die ganze Ludwigstraße nach, bis sie, am Hofgarten angelangt, noch ein donnerndes »Pereat Alemannia!« ausbrachten und dann ruhig auseinandergingen.

Schon gestern abend erfuhr man, daß heute eine noch großartigere Demonstration beabsichtigt sei. Die Sache fing, wie am gestrigen Tag, in der Ludwigstraße mit der Verfolgung von ein paar Alemannen, mit Zischen und Pfeifen an. Einer derselben, als sie bis zum Basar gekommen waren, zog, durch offene Verhöhnung eines neben ihm gehenden Studenten gereizt, einen Dolch hervor und stieß nach diesem, dessen dicker Mantel glücklich den Stoß abwehrte. Hierauf fiel ein Gendarm dem Alemannen in den Arm und forderte einen andern, neben ihm stehenden Studenten, namens Parceval, Sohn des Obersten des hiesigen Kürassierregimentes, auf, ihm das Gewehr zu halten, damit er des Dolchträgers Meister werden könne. Als Herr v. Parceval nun das Gewehr wirklich nehmen wollte, versetzte ihm der Alemanne auch einen Stich, der ebenfalls glücklicherweise nur die Brust seines Oberrocks aufschlitzte. Ersterer entwand sich darauf den Händen des Gendarmen und floh in das Rottmannsche Kaffeehaus, in der nördlichen Ecke des Basars, wo die Alemannen gewöhnlich ihre Kneipe zu halten pflegten. Die herandrängenden Studenten erklärten dem Gendarmen, sie würden keine Gewalt gebrauchen, wenn man den Alemannen verhaften wolle. Der Gendarmerieleutnant, der gerade hinzukam, verweigerte dieses aber unter dem Vorwand, daß das Tragen eines Dolches nur ein Disziplinarvergehen sei. Die inzwischen herbeigezogene Gendarmerie zu Fuß und zu Pferd besetzte alle Zugänge zum Kaffeehaus, das von einer zahlreichen Menge von Studenten und anderm Volk umlagert war. Mittlerweile war es 12 Uhr geworden. Um 11 Uhr hatte aber gerade ein Déjeuner dansant bei Hofe begonnen, wozu, da es nur ein Kammerball war, das Diplomatische Korps keine Einladung erhalten hatte. Als der obige Vorfall dem König gemeldet wurde, verließ er den Ball und verfügte sich allein zu Fuß auf die Universität, ließ dort den Rektor Thiersch vor sich kommen, dem er ziemlich unangenehme Dinge sagte, wurde von den Studenten nicht mit der gewohnten Ehrfurcht begrüßt, harangierte sie in kurzen Sätzen: »Mit König Ludwig spaßt man nicht; es ist, als ob man in der Türkei wäre« usw. Darauf ging er fort, der Briennerstraße zu. Da begegnete ihm Lola. Er gab ihr den Arm und führte sie in ihre Wohnung zurück. Ich stand gerade vor meinem Haus, als er zurückkam, und werde nie den Eindruck vergessen, den mir sein Anblick machte: das Gesicht war von Todesblässe bedeckt, der Blick war wild und unstet, alle Züge waren verzerrt. Dazu hatte er die Balltoilette an: weiße Halsbinde usw., nur einen leichten grünen Jagdrock statt des schwarzen Fracks. So kehrte er in die Residenz und auf den Ball zurück.

Inzwischen war es 1 Uhr geworden. Neugierde und das warme, wunderschöne Wetter hatten eine ungeheure Menschenmasse herbeigelockt, die teils vor dem Kaffeehaus, wo die Alemannen noch immer blockiert waren, teils auf dem Platz vor der Residenz und Feldherrnhalle sich sammelte. Plötzlich erscholl ein gellendes Geschrei von der Theatinerkirche her. Rechts von dieser befindet sich nämlich das Ministerium des Innern, und dort war Lola vorgefahren, um zu dem Minister Bercks sich zu begeben. Als sie nach einer Weile wieder herauskam, verschmähte sie, in ihren Wagen zu steigen, sondern ging zu Fuß, nur von einem Bedienten gefolgt, gegen die Ludwigstraße zu. Nun ging das Brüllen und Pfeifen los. Man drängte sich auf sie hin; ein Student faßte sie, gerade neben der Tür der Theatinerkirche, umklammerte ihren Hals, als wollte er sie erdrosseln; sie gibt ihm einen so tüchtigen Faustschlag ins Gesicht, daß er losließ. Sie flieht in die Kirche, worin sich schon viel Leute befanden, kniet vor dem

Marienaltar nieder und spricht laut: »Mon Dieu, protégez mon meilleur ami!« Dann steht sie auf und zieht ein Pistol aus der Tasche, das ihr aber von einem herbeigeeilten Freund entwunden wird. Inzwischen waren vier reitende Gendarmen herbeigeeilt, die sich vor der Kirchentüre aufstellten. Sie tritt heraus und schreitet, von ihnen eskortiert, lachend und mit der Faust drohend, gegen die Ecke der Residenzstraße. Die ganze Zeit brüllte und pfiff das Volk ganz unmenschlich, aber niemand wagte es, Hand an sie zu legen. Nur sechs bis acht Gendarmen genügten, um diese brüllende Menge im Zaum zu halten, während sie, von einigen wenigen ihrer Freunde umgeben, zwar leichenblaß, aber zornig und unerschrocken zu dem Volke sprach. Das dauerte 8 bis 10 Minuten, worauf sie endlich, immer umbrüllt, aber unbeirrt, in die königliche Residenz hineingeht zu ihrem obersten Schutzherrn, während vor dem Tor, neben der Hauptwache, das tausendstimmige Gejohle fortdauert. Nach anderthalbstündigem Verlauf erschien endlich Militär. Die Residenzstraße wurde abgesperrt, vor der Theatinerkirche eine Kompagnie aufgestellt, auf dem Odeonsplatz eine Schwadron Kürassiere, die Barerstraße, wo Lolas Haus steht, ward durch zwei Kompagnien Infanterie abgesperrt. Infanterie- und Kavalleriepatrouillen durchstreiften die Ludwigstraße und die Nebenstraßen.

Ich konnte nicht genug die Haltung des hiesigen Volkes bewundern, sei es Gutmütigkeit, sei es Apathie. Das Ganze war nur eine Emeute der Lungen, denn sie heulten und pfiffen barbarisch, aber rührten sich nicht und wichen den paar Gendarmen auf das allerhöflichste aus, bis sich endlich bei der Dämmerung alles nach und nach ruhig verlief. Anderseits muß man über den Mut und die Verwegenheit eines Weibes erstaunen, das allein, zu Fuß, sich mitten unter eine gegen sie erbitterte Volksmenge wagt und noch so viel Geistesgegenwart und kaltes Blut hat, in der Kirche die Komödie jenes Gebetes für den König zu spielen.

Es ist ein wahres Glück, daß das Volk zu keiner Gewalttat schritt. Denn nach allem, was ich über die Stimmung der Truppen und der Offiziere erfuhr, hätten sie sich nur höchst langsam und ungern herbeigelassen, um einer solchen Person willen auf das Volk zu schießen. Ein Zug ist hier bezeichnend. Die Infanterie, welche die beiden Eingänge zur Barerstraße, wo Lolas Haus steht, besetzt hielt, war von 1 Uhr nachmittags an bis gegen 1 Uhr nach Mitternacht unbeweglich aufgestellt, da sie wegen der Schwäche der Besatzung, die sämtlich auf den Beinen war, nicht abgelöst werden konnte. Von 9 Uhr abends an fiel der Regen in Strömen. Um 11 Uhr schickte Lola hinab und ließ den Truppen sagen, sie könnten Bier, Wein, Braten haben, soviel sie wollten. Die Soldaten, durchfroren und durchnäßt und seit zwölf Stunden nüchtern, gaben zur Antwort: »Von so einem Mensch wollen wir nichts.«

10. Februar.

Heute um 9 Uhr morgens versammelten sich die Studenten, 500 bis 600 an der Zahl, auf dem Universitätsplatz, wo durch Anschlag am schwarzen Brett bekannt gemacht war, daß die Universität infolge königlichen Befehls bis zum Oktober laufenden Jahres geschlossen sei, und zogen von da, ein lautes, vollstimmiges »Gaudeamus igitur« singend, das sich in der weiten Straße vortrefflich ausnahm, in geordneter Kolonne zu dem Haus des Rektors Thiersch. Dieser trat auf den Balkon und hielt eine kurze, eindringende Rede, worin er die Studenten zur Ruhe und Unterwerfung unter den königlichen Befehl ermahnte und ihnen versprach, daß er und seine Kollegen nichts unversucht lassen würden, um eine Milderung der über die Universität verhängten Maßregel zu erwirken. Hierauf zogen sie, abermals singend, aber in großer Ordnung vor das Kultusministerium und brachten dort dem Fürsten Wallerstein ein Lebehoch – als plötzlich eine Abteilung Gendarmen zu Fuß und zu Pferd aus einer Seitenstraße hervorbrach, ohne alle vorhergehende Aufforderung auf die Studenten einstürmte, die in die Tore des Ministeriums Flüchtenden mit gefälltem Bajonett verfolgte, wobei drei Personen verwundet wurden, davon einer im Laufe des Tages bereits verstorben sein soll. Hierauf wurde der Platz gesäubert, und alle zerstreuten sich.

Die Schließung der Universität bis zum künftigen Oktober hatte indessen bei der Bürgerschaft große Aufregung hervorgerufen, da sie dadurch mit einem materiellen Verlust von 600 000 bis 700 000 Gulden bedroht wäre wegen des schleunigen Abgangs und der längeren Abwesenheit von 1200 bis 1300 Studenten. Um 1 Uhr versammelten sich gegen tausend Bürger auf dem Rathaus und beschlossen nach lebhafter Beratung, eine Deputation an den König zu senden, um eine Audienz zu begehren. Um 2 Uhr begab sich der Magistrat in die Residenz, wo er aber den König nicht fand, der zu Lola gegangen war. Von dort verfügten sie sich auf den Universitätsplatz, wo sich gerade die Studenten versammelt hatten, und ermahnten sie zur Ruhe, indem die Bürgerschaft ihre Sache in die Hand genommen habe. Ein Student hielt hierauf eine Rede an seine Kommilitonen, worin er ersuchte, sich ruhig zu verhalten und auf die Bürgerschaft zu verlassen. Die Studenten gingen darauf ruhig auseinander. Die meisten begaben sich vor das Rathaus, um dort das Weitere zu erwarten.

Nach 3 Uhr zogen alle versammelten Bürger, gegen tausend an der Zahl, je vier und vier, auf den großen Residenzplatz und ließen den König für ihre Deputation um Gehör bitten. Seine Majestät, der gerade zum Essen gehen wollte, ließ ihnen sagen, er werde sich nach Tisch entscheiden, bedeutete übrigens dem abgeordneten Magistrat, daß er von einmal Beschlossenem nicht abgehe, daß er sich eher die Krone nehmen lasse als seinen Willen beugen usw. Als die Deputation fort war, beschwor Prinzessin Luitpold den König auf den Knien, er möchte seiner Bürger Wünschen gnädigst Rücksicht gewähren. Inzwischen harrten die vor der Residenz versammelten Bürger unbeweglich und schweigend durch drei Stunden auf eine Botschaft des Königs. Endlich gegen 7 Uhr ließ Seine Majestät sagen: sie möchten auf das Rathaus gehen, wo ihnen sein Wille eröffnet werden soll. Dort kam auch bald darauf der Minister Bercks an und verkündete drei Konzessionen: 1. Daß die Universität im Mai wieder geöffnet wird; 2. daß das gegenwärtige Semester den Studenten als ein volles gerechnet werden soll, und 3. daß der Hauptmann Bauer, welcher diesen Morgen die Gendarmen bei ihrem Angriff auf die Studenten geführt hatte, abgesetzt werden würde.

Die Meinung der Bürger war aber seit heute morgen weiter gegangen: von der Wirkung auf die Ursache. Es schien sich ihnen nicht mehr um Studenten und Universität, sondern um die Veranlassung von allem übel, um Lola und ihre Entfernung zu handeln. Die obigen Zugeständnisse wurden daher von den Bürgern nichts weniger als günstig aufgenommen. Und als Herr v. Bercks ihnen eindringlich die königliche Wohltat hervorheben wollte, wurde er von dem allgemeinen Ruf: »Nieder mit dem H....minister!« übertäubt und mußte sich aus dem Staube machen. Die Bürger verabredeten darauf, sich mit dem Gebotenen nicht zufriedenzustellen, sondern den folgenden Morgen in Landwehruniform sich abermals zu versammeln. – Bald nach Einbruch der Dämmerung wurden an zwei Stellen Exzesse begangen. In der Barerstraße suchte eine Schar von etwa fünfzig Menschen, mit Stöcken bewaffnet, gegen Lolas Haus vorzudringen, wurde aber von den dort aufgestellten Gendarmen zurückgeschlagen, wobei mehrere Gendarmen und von den Angreifern ein Gartenjunge durch einen Säbelhieb lebensgefährlich verwundet wurde. Das Linienmilitär sah ruhig zu und rührte sich nicht. Die andere Szene fiel in der Nähe der Polizei vor. Ein Bierwagen wurde umgeworfen, um als Barrikade zur Sperrung der Perusagasse zu dienen und die Reiterei abzuwehren. Hierauf wurden sämtliche Fenster des Polizeigebäudes eingeworfen und einige Gendarmen geprügelt. Dabei hatte es für diesmal sein Bewenden, und diesen Abend kam keine Gewalttätigkeit mehr vor. – Mittlerweile hatte schon vormittags Fürst Wallerstein eine Eingabe an den König gerichtet, worin er Seiner Majestät erklärte, er habe gestern inmitten der Emeute es für seine Pflicht gehalten, den König nicht zu verlassen, und seinen Befehl der Universität kundgemacht. Da er aber diesen Schritt als konstitutioneller Minister nicht vertreten könne, so bitte er Seine Majestät um Entlassung von seinem Posten. Ein gleiches taten (die Minister) Beisler und Heres, die Verweser des

Justiz- und Finanzministeriums. Bis abends 8 Uhr hatten sie noch keine Antwort vom König.

Die Stimmung hat sich im Laufe des heutigen Tages wesentlich verschlechtert. Die Bürgerschaft hat sich der Sache der Studenten, die sie selbst so nahe berührt, mit einer bedenklichen Entschiedenheit angenommen, und das Ziel der Bewegung ist nun eingestandenermaßen die Entfernung der Lola, die sich übrigens heute nirgends sehen ließ, aber in ihrem Haus den Alemannen und sonstigen Freunden ein großes Diner gab. Der König seinerseits war wie gewöhnlich, als ob nichts vorginge, abends im Theater, wo vor leeren Bänken gespielt wurde. Die hier anwesenden Reichsräte beschlossen heute abend, sich insgesamt, den Fürst von Leiningen an der Spitze, morgen zum König zu begeben und Seiner Majestät eine Adresse zu überreichen, worin sie die bedenkliche Lage der Dinge, die Notwendigkeit einer Abhilfe vorstellen und geradezu die Ausweisung Lolas verlangen.

11. Februar.

Heute um 8½ Uhr morgens fuhr die Herzogin von Leuchtenberg zum König, um ihn zum Nachgeben zu bewegen, konnte aber nichts erlangen. Zu gleicher Zeit versammelten sich die Bürger in großer Zahl, wie gestern, auf dem Rathaus und beschlossen, abermals bei Seiner Majestät um eine Audienz für ihre Deputation zu bitten, und sollte diese ohne Erfolg bleiben und der König die Ausweisung der Lola verweigern, um 2 Uhr in Landwehruniform und bewaffnet gegen das Haus der Lola auszurücken, um dort ihre Absicht mit Gewalt durchzusetzen. Die Nachricht von dieser gefährlichen Stimmung wurde durch den Polizeidirektor dem König hinterbracht, der sogleich seine Minister versammelte und verfügte, 1. daß die Vorlesungen an der Universität sofort wieder beginnen sollen, 2. daß Lola binnen einer Stunde München und sodann Bayern zu verlassen habe, 3. daß der Hauptmann Bauer von der Gendarmerie untersucht und abgestraft werden solle. Fürst Wallerstein begab sich sogleich mit dieser königlichen Entschließung auf das Rathaus, um sie dort zu verkünden. Hier folgte eine Szene unbeschreiblichen Jubels. Man umarmte sich, vergoß Tränen, rief dem König und dem Fürsten Wallerstein Lebehoch, trug diesen auf den Armen hinab, und die ganze Bürgerschaft, von dem Minister geführt, begab sich auf den Max-Josephs-Platz oder Residenzplatz und stellte sich dort vor dem königlichen Schloß auf. Der König war bereits ausgegangen, aber die Königin erschien mit dem Prinzen Eduard von Altenburg am Fenster und wurde mit einer dreimaligen Salve von Lebehoch begrüßt, das nimmer enden wollte.

Die Kunde von der Lola betreffenden Verfügung hatte sich indessen wie ein Lauffeuer durch die Stadt verbreitet und überall den größten Enthusiasmus bei der in den Straßen wogenden Bevölkerung hervorgebracht. Alles zog nun in die Barerstraße, um Zeuge von der Abfahrt der Person zu sein, die seit einem Jahr eine wahre Geißel des Landes gewesen war, den König seinem Volk entfremdet hatte. Lange harrte man vergebens mit steigender Ungeduld. Endlich, um ½11 Uhr, ging das Tor auf, und heraus rollte der der Bevölkerung wohlbekannte braune Brougham. Die Pferde in gestrecktem Galopp, fuhr er pfeilschnell gegen die Pinakothek zu fort. Darin saß Lola mit ihrem Schützling Leutnant Weber. Gellendes Geheul und Verwünschungen ertönten ihr zum Abschiedsgruß. Die anwesenden Studenten stimmten ein jubelndes »Gaudeamus igitur« an, wobei die Menge mitsang. Gleich darauf machte man Anstalten, das Haus zu demolieren, obwohl dessen Türen und Läden geschlossen waren. Man schleppte Steine herbei und warf nach den Fenstern. Die Kürassiere standen in geringer Entfernung unbeweglich. Da die Türen und Läden widerstanden, so umging man das Haus und suchte hinten durch den Garten einzudringen. Die Nebenzäune und Planken wurden umgerissen, die Gartenmauer mittels einer herbeigeschafften Leiter überstiegen. So drangen 200 bis 300 Personen in den inneren Hofraum und begannen dort das Zerstörungswerk. Ich stand auf einige Entfernung von der Gartenmauer neben einem Detachement Infanterie, das von einem Korporal befehligt wurde. Dieser sagte laut, so daß ich und die Umstehenden es hören konnten:

»Ich bin hier aufgestellt, und solange ich keinen Befehl bekomme, rühre ich mich nicht.« Dies bezeichnet die Stimmung des Militärs im allgemeinen. Es ließ geschehen, was geschehen wollte. Auf einmal sah man den König von der Pinakothek her kommen. Die ungeheure Menschenmasse in der Barerstraße hatte ihn verhindert, von vorn ins Haus zu dringen. Er ging daher hinten herum, wo ich ihn über den Zaun des Gartens steigen sah. Mittlerweile hatte von der Straße aus das Bombardement mit Steinen fortgedauert, und als der König vor das Haus selbst gelangte, traf ihn ein faustgroßer Stein am Arm. Einige Offiziere, die dort standen, erkannten den König, beschützten ihn mit ihren Säbeln. Einem davon gab er den Auftrag, das Volk aufzufordern, ruhig auseinander zu gehen, indem die Studenten dableiben sollten und die Ursache des Mißvergnügens bereits entfernt worden sei. Bald darauf trat er selbst vor das Volk, das ihn mit Lebehoch empfing, befahl den Leuten, das Haus zu schonen, das sein Haus sei, und ließ durch herbeigerufenes Militär die Straße säubern. Von dort begab er sich – immer zu Fuß – in die Residenz zurück und zeigte sich an einem Fenster des Max-Josephs-Platzes, wo er von den dort noch aufgestellten Bürgern und dem Volk, das den großen Platz dicht ausfüllte, mit lebhaftem Zuruf begrüßt wurde, bis er endlich im Zurückgehen ihnen winkte, nach Hause zu gehen. Dies geschah denn auch in großer Ordnung, wie sie immer waren, und eine Stunde später hatte sich alles Volk verlaufen und kehrte zu seinen täglichen Verrichtungen zurück. In dem äußeren Anblick der Stadt war keine Spur mehr zu sehen von der Aufregung und den inhaltschweren Ereignissen, die kurz vorher stattgefunden hatten.

Lola selbst war, als sie ihr Haus verließ, auf dem Umweg durch den Englischen Garten wieder zur Stadt zurückgefahren und hatte die Frechheit, hinter dem Theater neben dem mit Menschen übersäten Max-Josephs-Platz in die Residenz dringen zu wollen. Dort waren aber seit gestern abend alle Tore geschlossen. Sie mußte daher umkehren und fuhr mit Blitzesschnelle über die Isarbrücke hinaus auf die Innsbrucker Straße. Graf Louis Arco fuhr

ihr in seinem Wagen eine Poststation nach, und die letzten Nachrichten von ihr reichten bis Wolfratshausen auf der Tiroler Straße.
Das Volk wollte nicht recht an ihre Entfernung glauben, und
noch abends veranlaßte ein an der Residenz vorgefahrener Fiaker,
worin man sie in Verkleidung zu erblicken glaubte, Zusammen-
rottungen und Aufläufe. Im ganzen ist aber alles zur gewöhnlichen Ruhe und Ordnung zurückgekehrt, und in den Bierhäu-
sern ertönt der Jubel des Volkes über den ohne Blutvergießen
gegen den König errungenen Sieg.

König Ludwig, aus Verdruß über die Umwälzung – und wohl
nicht ohne Verdruß über die Umwälzer, dankte hierauf ab und
nahm in Aschaffenburg seinen Sitz. Als kluger Mann fügte er sich
in sein Schicksal, und die Nachrichten aus München stimmten
dahin überein, daß er erst jetzt als Privatmann, nachdem er die
Regierungssorgen abgeworfen, seine ganze Liebenswürdigkeit
sehen lasse: er genoß am Hofe seines Sohnes, wo er öfters
erschien und aufs heiterste und freieste sich bewegte, die größte
Konsideration, die fast die seines Nachfolgers in Schatten stellte.